改正保険業法の解説

顧客のための保険募集の実現に向けて

樽川　流
佐藤寿昭
錦野裕宗
大村由紀子

［著］

一般社団法人 金融財政事情研究会

はじめに

　平成28年5月29日、「保険業法等の一部を改正する法律」（平成26年法律第45号。以下、「改正保険業法」という）のうち、最後に残った「公布後、2年以内の施行」の部分が施行された。

　この改正保険業法については、平成24年6月〜平成25年6月までの間に行われた金融審議会「保険商品・サービスの提供等の在り方に関するワーキング・グループ（以下、「金融審議会保険WG」という）」における審議や、平成25年6月に金融審議会保険WGが公表した「新しい保険商品・サービス及び募集ルールのあり方について」（以下、「WG報告書」という）に基づき、改正保険業法案が策定され、国会審議を経て、平成26年5月23日に可決成立、同年5月30日に公布されたものである。そのうち、本書で取り扱う「公布後2年以内の施行」の部分は、主に「保険募集の基本的ルールの創設」と「保険募集人に対する規制の整備」から成るものであり、その施行により、保険募集の現場においては、情報提供義務（改正保険業法第294条）や意向把握・確認義務（改正保険業法第294条の2）、保険募集人に対する体制整備義務（改正保険業法第294条の3）といった新たな規制が導入されることとなった。法律の改正を受け、「保険会社向けの総合的な監督指針」（以下、「監督指針」という）も改正されることとなったが、その改正にあたっては、これら「情報提供義務」や「意向把握・確認義務」、「保険募集人に対する体制整備義務」などについて、改正保険業法で示された原則（プリンシプル）に基づき、保険会社や保険募集人が自ら行動するにあたり、これらの新たなルールが形骸化・形式化することなく、募集現場に定着していくよう、工夫をした。たとえば、「意向把握・確認義務」に関して、「全商品・募集形態を通じて満たすべき水準」を示すにあたり、募集実務において対応がしやすくなるようにとの観点から、主な募集形態について、当該「プリンシプルを満たすための具体的な方法」として、意向確認も含めたプロセスの例示を設けたところであ

る。

　この監督指針の改正にあたっては、一般社団法人生命保険協会や一般社団法人日本損害保険協会をはじめとする保険業界団体等との間で意見交換を繰り返し行った。また、保険代理店等の店頭において実際に保険募集がどのように行われているか視察させていただき検討の参考とするなど、実務的な視点を踏まえたうえで、保険募集の現場において、過度な実務負荷などが生じないよう考慮しつつ策定したものである。

　本書は、金融審議会保険WGの委員として新たなルールに係る議論に参加された弁護士法人中央総合法律事務所の錦野裕宗弁護士、金融庁在職中に監督指針の改正をご担当された弁護士法人長島・大野・常松法律事務所の大村由紀子弁護士（当時：金融庁監督局保険課課長補佐（法務担当））、金融庁監督局保険課に在職し監督指針改正に携わった小職および佐藤の4名により、金融審議会保険WGにおける議論の経緯や、それらを踏まえた改正保険業法および監督指針の策定における保険業界との議論なども踏まえつつ、改正保険業法および監督指針の解説を行うものである。

　また、錦野弁護士には、金融審議会保険WGでの議論以前から今回の法改正につながる一連の動きに関与されてきたというご経歴を踏まえ、さらには、金融庁から離れた立場からの俯瞰の目線をご提供いただきたいとの観点から、第1章については、単独での執筆をお願いしたものである。

　今回の改正によって導入された新たなルールの趣旨は、一言で申し上げるなら、保険会社や保険募集人等、保険市場に携わるすべての方々に、顧客本位の業務運営を行っていただきたい、というものであると考える。その運用にあたっては、改正保険業法や監督指針、さらには、それらに係るパブリック・コメントの結果（平成27年5月27日公表）を踏まえる必要があるが、著者としては、それらの策定等に携わった立場から、その検討過程や考え方等を本書に記録することによって、当該ルールが将来にわたって実効性を保ち、募集現場に定着していくことで、よりいっそうの適切な保険募集によって保険契約者等の保護が図られていくことの一助となることを願うものであ

る。

　最後に、今回の出版は、一般社団法人金融財政事情研究会出版部の田島正一郎氏、伊藤雄介氏および池田知弘氏のご尽力なくしてなしえなかったものである。ここに厚く御礼を申し上げる。

　なお、本書における記載・記述に関しては、著者の個人的見解であり、金融庁の公式な見解を表すものではない。

　平成29年3月
　　金融庁監督局保険課　損害保険・少額短期保険監督室長　**樽川　流**

【凡例】

保険業法等の一部を改正する法律（平成26年法律第45号）：改正保険業法
保険業法施行令：令
保険業法施行規則：規則
保険会社向けの総合的な監督指針：監督指針
保険商品・サービスの提供等の在り方に関するワーキング・グループ：金融審議会
　　保険WG
新しい保険商品・サービス及び募集ルールのあり方について：WG報告書

【執筆者一覧】（所属は平成29年3月現在）

樽川　流
　金融庁監督局保険課　損害保険・少額短期保険監督室長
　（平成26年7月〜現職）

佐藤　寿昭
　金融庁監督局保険課　保険サービス監視専門官
　（平成25年7月〜現職）

錦野　裕宗
　中央総合法律事務所　弁護士
　（元金融庁監督局保険課　課長補佐（平成17年4月〜19年5月））
　（平成24年6月〜25年6月金融庁金融審議会「保険商品・サービスの提供等の在り方に関するワーキング・グループ」メンバー）

大村　由紀子
　長島・大野・常松法律事務所　弁護士
　（元　金融庁監督局　保険課・銀行第一課　課長補佐（平成26年8月〜28年8月））

目　次

第 1 章　改正保険業法の施行まで

第 1 節　金融審議会保険 WG までの経緯 …………………………… 2
　1　監督指針の改正について……………………………………… 2
　2　金融審議会「保険の基本問題に関するワーキング・グループ
　　　（WG）」について ……………………………………………… 6
　3　金融審議会「我が国金融業の中長期的な在り方に関するワーキ
　　　ング・グループ（WG）」について ………………………… 7
第 2 節　金融審議会「保険商品・サービスの提供等の在り方に関する
　　　ワーキング・グループ」の開催について………………… 9
　1　金融審議会に対する金融担当大臣からの諮問について……… 9
　2　「新しい保険商品・サービス及び募集ルールのあり方について」
　　　（WG 報告書）の概要について………………………………10
第 3 節　改正保険業法・監督指針について……………………………16
　1　比較推奨販売に係る規制について……………………………16
　2　意向把握・確認義務について…………………………………20
結　　語…………………………………………………………………25

第 2 章　改正保険業法に関連した監督指針の改正について

第 1 節　監督指針改正に向けた対応について…………………………30
　1　保険募集管理態勢に係る規定の体系的な整理について………30
　2　保険代理店使用人の要件の明確化（いわゆる「委託型募集人の適
　　　正化」）について ………………………………………………31
　3　改正保険業法の施行後の保険募集人に対する監督のあり方につ

いて·· 38

第3章　改正保険業法の解説

第1節　保険募集の意義··· 50
1　「保険募集」の適用範囲について ································· 54
2　「募集関連行為」について ·· 68
3　「募集関連行為」と「それ以外の行為」（広義の募集プロセスにも属さないと考えられる行為）との線引き ················· 74
4　「保険募集」「募集関連行為」と「保険募集に係る業務」との関連性について·· 75
5　保険会社または保険募集人が募集関連行為を委託等する場合の体制整備について·· 75
6　「委託又はそれに準じる関係」について ······················· 80
7　「規模や業務特性に応じた委託先管理」について ········ 81
8　募集関連行為従事者に対する対価について················· 82
9　共同募集について·· 85

第2節　情報提供義務（改正保険業法第294条関係）················· 88
1　情報提供義務の規定の背景について··························· 88
2　情報提供義務に係る監督指針の規定について············ 92
3　情報提供を行う必要がある具体的な内容について·········· 104
4　情報提供の方法について·· 106
5　情報提供義務の適用除外となる場合について·············· 109
6　一律・画一的な手法（標準的手法）によらない情報提供が認められる場合··· 119
7　保険募集人等による被保険者への情報提供義務等が適用除外となる団体保険について··· 125
8　情報提供義務に係る体制整備について························ 141

9	顧客の意向に基づかない補償重複に係る対応について………	147
10	保険仲立人に対する情報提供義務および意向把握・確認義務の適用について………	148
11	情報提供義務に係る不祥事件届出について………	149

第3節　意向把握・確認義務（改正保険業法第294条の2関係）……… 151
  1　意向把握・確認義務の導入の背景について……… 151
  2　意向把握・確認義務の対象について（監督指針Ⅱ-4-2-2(3)②関係）……… 156
  3　意向把握・確認義務の適用除外について　（規則第227条の6関係）……… 158
  4　意向把握・確認義務を満たすべき水準と具体的な方法について……… 163
  5　顧客との書類等のやりとりが1度に限定される手法における「意向把握・確認義務」の果たし方について……… 182
  6　意向把握・確認義務に係る体制整備について……… 191

第4節　直接支払いサービスについて……… 202

第5節　保険募集人の体制整備義務関係……… 212
  1　保険募集人に対する体制整備義務の導入の背景について……… 212
  2　保険募集人に対する体制整備義務の全体像……… 215

第6節　特定保険募集人に係る義務（帳簿書類の作成・保存義務／事業報告書の作成・提出義務）……… 236

第7節　比較推奨販売に係る「情報提供義務」と「体制整備義務」について……… 266
  1　比較推奨販売に係る規制が導入された背景について……… 266
  2　比較推奨販売に係る「情報提供義務」について……… 269
  3　比較推奨販売に係る「体制整備義務」について……… 285

第8節　改正保険業法の施行に伴う保険代理店に対するヒアリングの実施について……… 295

第 4 章　電話による保険募集を行う際の留意点

 1 監督指針の規定の背景について……………………………………… 317
 2 当規定の適用範囲について……………………………………………… 317
 3 当規定が求める具体的な措置内容について………………………… 319

第 5 章　特別利益の提供の禁止に関する解釈の再整理について

第 1 節　特別利益の提供の禁止に関する解釈の再整理の背景について… 324
第 2 節　具体的な解釈の再整理について………………………………… 326
 1 当規定の遵守主体について…………………………………………… 327
 2 「保険契約の締結又は保険募集に関し」について ………………… 333
 3 「経済的価値」「社会相当性」の解釈について……………………… 333
 4 「換金性の程度と使途の範囲等」について ………………………… 334
 5 「公平性」について …………………………………………………… 336
 6 そ の 他……………………………………………………………… 337

おわりに……………………………………………………………………… 339

第1章

改正保険業法の施行まで

錦野 裕宗

第 1 節

金融審議会保険 WG までの経緯

　平成28年5月29日に改正保険業法が施行された。

　この法律は、「保険募集の形態の多様化が進展している状況等を踏まえ、保険募集に係る規制をその実態に即したものとするため、保険募集人の体制整備義務を創設する等の措置を講ずる必要がある」との理由によって改正されたものであり、金融審議会保険 WG が公表した WG 報告書における提言等を踏まえたものである[1]。

　改正保険業法は、保険商品の販売勧誘ルールに関して、保険業法制定以来の大きな変更を加えたもので、①「情報提供義務」、②「意向把握・確認義務」、③保険募集人に対する「体制整備義務」の3つの重要な制度が導入された。改正保険業法の具体的内容は第2章以降において詳述することとするが、まずは、金融審議会保険 WG 等の議論の経緯や、改正保険業法の保険商品の販売勧誘ルールに対する私見等を述べたい。

 監督指針の改正について

　平成17年4月1日より、金融庁監督局において、「保険商品の販売勧誘のあり方に関する検討チーム」(座長　野村修也　中央大学法科大学院教授。以下、「検討チーム」という)が設置・開催された[2]。

　検討チームは、平成16年12月24日に公表された金融改革プログラム[3]を受

1　http://www.fsa.go.jp/news/24/singi/20130611-2.html
2　http://www.fsa.go.jp/singi/singi_ins_p/index.html
3　http://www.fsa.go.jp/policy/ffre/index.html

けてのものであったが、その後、平成17年2月25日に大手生命保険会社に対し、一部の生命保険募集人が重要事項の説明を行っていない、不告知を教唆する等、保険業法第300条第1項第1号および同項第3号に違反する保険募集が認められたこと等を理由として、業務停止命令等の行政処分が行われたこと[4]からしても、その開催は時宜を得たものであったといえる。検討チームにおいては、以下の3つのテーマに関して、順次議論が行われ、それぞれ報告書が公表されている[5]。

① 保険商品の販売・勧誘時における情報提供のあり方
② 適合性原則を踏まえた保険商品の販売・勧誘のあり方
③ ニーズに合致した商品選択に資する比較情報のあり方

金融庁では、各報告書に示された提言を踏まえて消費者がニーズに合致した保険商品を購入するための環境整備として、順次、以下の3項目に関する監督指針の改正を行った。

(1) 情報提供書面としての「契約概要」・「注意喚起情報」制度の導入

平成18年2月28日の改正においては、保険商品の販売・勧誘時に説明すべき重要事項を「契約概要」(顧客が保険商品の内容を理解するために必要な情報)と、「注意喚起情報」(顧客に対して注意喚起すべき情報)に分類して、それぞれ記載すべき事項の枠組み、およびそれらの記載方法、説明方法等について明確化が図られた。

(2) 「意向確認書面」制度の導入

平成19年2月22日の改正においては、契約の申込みを行おうとする保険商品が顧客のニーズに合致した内容であることを確認する機会を確保するための保険会社における体制整備に関して明確化が図られた。具体的には、「意向確認書面」(契約の申込みを行おうとする保険商品が顧客のニーズに合致しているものかどうかを、顧客が契約締結前に最終的に確認する機会を確保するため

---

[4] http://www.fsa.go.jp/news/newsj/16/hoken/f-20050225-1.html
[5] 検討チームの各報告書、議事要旨等については、金融庁ホームページ参照（http://www.fsa.go.jp/singi/singi_ins_p/index.html）。

に、顧客のニーズに関して情報を収集し、保険商品が顧客のニーズに合致することを確認する書面）制度が導入されたものである。

(3) 比較情報提供に関するセーフハーバールール導入

平成19年7月5日の改正においては、比較情報の提供を行うに際しての一部比較や保険料に関する比較を行う場合の留意点等について明確化が図られた。

これら3つの制度改正は、当時の保険募集実務に大きな影響を与えるものであったが、消費者がニーズに合致した保険商品を購入するための環境整備として、きわめて重要な意義を有するものであったと評価できる。

「情報提供書面としての「契約概要」・「注意喚起情報」制度の導入」により、保険商品の販売勧誘時に提供すべき情報（「保険業法第300条第1項第1号（重要事項説明義務）」）の内容が整理されるとともに、わかりやすく理解しやすいかたちでの情報提供が求められるようになった。このため、保険会社から顧客に対する情報提供の品質は、従前に比し、相当に向上することとなった。

「「意向確認書面」制度の導入」により、情報提供を超えた、保険会社側の顧客に対する歩み寄りとして、顧客の意向・ニーズといった要素へ配慮すべきという認識が、保険業界内で共有されることとなった。

「比較情報提供に関するセーフハーバールール導入」により、複数保険会社の保険商品を取り扱う乗合代理店からの比較情報の提供が、一定程度促進されたものと認識している（利用者利便の観点からプラス）。

一方で、制度改正後、上記各制度に対する以下のような課題が、新たに認識されるようになった。

① 「契約概要」・「注意喚起情報」制度が、行為規制（禁止行為）の保険業法第300条第1項第1号、体制整備義務の規則第53条の7（保険業法第100条の2）の明確化との建付けで、監督指針への記載により制度化されたものであったため、銀行法等ほかの法律のように、書面交付義務が法令で直接的に要求されているものではなかった（法制面の課題）。

② 保険会社が実際に提供する「契約概要」・「注意喚起情報」が、真に簡潔で理解しやすいものとなっているか、情報提供義務を実質化する観点から、分量の削減や、わかりやすさへのきめ細やかな配慮等、さらに工夫すべき点があるのではないかとの問題意識（運用面の課題）。

③ 「意向確認書面」制度は、体制整備義務の規則第53条の7（保険業法第100条の2）の明確化との建付けで、監督指針への記載により制度化されたものであり、必ずしも法令で直接的に根拠づけされているものではない。保険募集時の、顧客の意向・ニーズへの配慮の重要性にかんがみれば、あたかも金融商品取引法上の適合性原則のように、直接的に法律上の義務化を行い、それが基本的義務であることを明らかにすることが必要とも考えられた（法制面の課題）。

④ 「意向確認書面」制度導入は、行政としても業界としても新たな取組みであった。事業者側・顧客側の負担増大も懸念されるなか、いわば「小さく産んで大きく育てる」の精神で、それら負担への配慮も行いながら実施に至ることとなった。しかしながらその実施後、一定の時間が経過するなかで、保険募集の実務における当制度に対しては、次第に「意向確認書面制度は形骸化している」「保険会社側の免罪符にすぎない」等その実効性に疑問を呈する指摘がなされるようになった（運用面の課題・内容面の課題）。

⑤ これら3つの制度改正は、必ずしも、複数保険会社の保険商品を取り扱う乗合代理店を直接的に念頭に置いたものではなかった。複数保険会社の保険商品を比較しながら、顧客の立場に立ち、顧客のニーズに最も合致した商品を選別・推奨すること（比較推奨販売、コンサルティング販売）を標榜し、これを訴求材料とする乗合代理店の世におけるプレゼンスが増大するなか、これら乗合代理店に対する別途の規制の必要性について、検討がなされる必要があった（内容面の課題）。

これらの課題は、その後の金融審議会の各WGでの検討においても認識され、今般の改正保険業法の内容にも影響を与えることとなっている。

金融審議会「保険の基本問題に関するワーキング・グループ (WG)」について

　金融審議会「保険の基本問題に関するワーキング・グループ(WG)」(座長 山下友信 東京大学大学院法学政治学研究科教授)は、平成19年9月より設置・開催された。当初は、保険法改正を受けた監督上の対応について議論がなされていたが、平成20年9月より保険募集規制に係る議論が行われた。平成21年6月19日公表の「中間論点整理」[6]では、保険募集規制について以下の論点が、「今後の検討に当たって留意していく必要があると考えられる点等」として整理・頭出しされているが、政権交代を機に金融審議会の運営方法が変更されたからか、本WGにおいては、この「中間論点整理」以降の議論は実施されていない。

(1) **情報提供の義務**

　保険会社による募集時の説明義務の強化を検討すべき、「契約概要」等の書面交付義務の法定化を検討すべき等の意見について、制度全体の望ましい姿を考えていくなかで検討していく必要がある。

(2) **適合性の原則**

　「意向確認書面」の法的根拠づけができるとともに違反防止の効果が考えられる等の理由から、法律上の義務として保険商品一般にも適合性の原則を導入すべき等の意見につき、「意向確認書面」による消費者ニーズ把握の効果等も検証しながら、検討していく必要がある。

(3) **募集文書(実務的検討)**

　「契約概要」等の活用状況等について、業界も含めた実務的な検証作業をすみやかに開始し、そのうえで必要な対応の検討を行っていくことが適当である。

　その他、(4)広告規制(実務的検証)、(5)募集主体、(6)募集コスト開示、(7)募

6　http://www.fsa.go.jp/singi/singi_kinyu/tosin/20090619-1.html

集人の資質向上（実務的検証）、(8)保険金支払、(9)商品のあり方、(10)保険料積立金等の支払、の各論点が、頭出しされている。

 金融審議会「我が国金融業の中長期的な在り方に関するワーキング・グループ（WG）」について

「我が国金融業の中長期的な在り方に関するワーキング・グループ（WG）」（座長 吉野直行 慶應義塾大学経済学部教授）は、平成23年6月より設置・開催され、平成24年5月28日に報告書「我が国金融業の中長期的な在り方について（現状と展望）」が公表されている[7]。

このWGや当報告書については、もとより保険業態のみではなく、銀行・証券を含めた全金融セクターに係る提言を目的・内容とするものであったが、保険の販売勧誘関連についても、以下の指摘が行われており、この報告書公表の直後より開始した金融審議会保険WGに少なからぬ影響を与えることとなった。

① 資金仲介者において、個人投資者の属性や世代の特性を踏まえた、きめの細かい商品開発や販売に向けた努力が十分になされていない。保険や投資信託の販売は、販売会社（銀行等を含む）にとって収益機会が大きいため、ともすれば販売会社側の事情により取り扱う商品が限定され、顧客側に適切な選択肢が与えられない懸念がある。投資信託会社と販売会社（証券会社や銀行等）の間や、保険会社と保険代理店の間における連携については不断のチェックが必要である。

② 中立的な立場での金融アドバイザーの育成が不可欠。健全性や信頼性を確保しながら、独立系の投資運用業者を育成していくことや、保険仲立人の機能が適切に発揮される環境の整備が必要である。中長期的には、顧客が中立的な立場にある専門家から助言を受けられるような環境がより整備されていかなければならない。独立系の金融仲介業者や中立的な金融アド

---

[7] http://www.fsa.go.jp/singi/singi_kinyu/tosin/20120528-1.html

バイザー等を育成していく必要がある。
③　金融業が商品開発・販売態勢を強化していくためには、その前提として、顧客が自己のニーズを明確に認識し、十分な情報と豊富な選択肢をもとに購入判断ができるような環境を整備する必要があり、顧客が投資信託や保険などの金融商品・サービスについて、品揃え豊かなメニューを与えられ、中立的かつ専門的な助言を得ながら選択・購入できる仕組みを構築することが求められている。

第2節

金融審議会「保険商品・サービスの提供等の在り方に関するワーキング・グループ」の開催について

 金融審議会に対する金融担当大臣からの諮問について

　平成24年4月11日の金融審議会総会において、金融担当大臣から金融審議会に対して、以下の諮問がなされた。

○保険商品・サービスの提供等の在り方についての検討
　　我が国における少子高齢化の急速な進行などの社会経済の変化を背景に、保険に対するニーズが多様化するとともに、保険の販売形態も多様化している。このような状況のもと、
　　一　保険契約者の多様なニーズに応えるための保険商品やサービスの提供及び保険会社等の業務範囲の在り方
　　二　必要な情報が簡潔で分かりやすく提供されるための保険募集・販売の在り方
　等について、規制の全体像を視野に入れつつ検討

　これを受けて、金融審議会「保険商品・サービスの提供等の在り方に関するワーキング・グループ」(座長　洲崎博史　京都大学大学院法学研究科教授)が、設置・開催されることとなった。

　金融審議会保険WGは、平成24年6月7日から16回にわたり開催された。議論の項目は多岐にわたるが、「保険募集・販売ルールのあり方に係る検討項目について（案）」(第4回事務局説明資料(1))が示す以下の検討項目案は全体を俯瞰するうえで、有用である。

1．利用者目線に立って必要な情報を提供する保険募集のあり方について（利用者にとってわかりやすい募集文書のあり方等）
2．利用者が多様な保険の中から安心して選択できる商品募集のあり方について
　　① 保険仲立人がより活発に利用されるようにするための方策について
　　② 募集にあたって複数商品の比較を行う場合の行為規制のあり方について
　　③ 乗合代理店に対する監督の実効性を確保するための方策について
3．募集・販売時規制の適用範囲について
　　① インターネットなど、顧客へのアプローチ手段の多様化に対応するための募集・販売時規制の適用範囲（「募集」の概念）の考え方について
　　② 保険募集人（代理店）が業務をアウトソーシングする際に求められる措置について

　最終回（第16回）に、報告書（「新しい保険商品・サービス及び募集ルールのあり方について」）が取りまとめられ、平成25年6月11日に公表された[8]。

「新しい保険商品・サービス及び募集ルールのあり方について」（WG報告書）の概要について

　「新しい保険商品・サービス及び募集ルールのあり方について」（WG報告書）の概要は、以下のとおりである。

8　http://www.fsa.go.jp/news/24/singi/20130611-2.html

(1) 保険募集の基本的ルールの創設
　a　意向把握・確認義務の導入
　保険募集にあたっては、募集人が顧客の抱えているリスクや、それを踏まえた保険のニーズを的確に把握したうえで当該ニーズに沿った商品を提案・わかりやすく説明することを通じて、顧客が、自らの抱えているリスクやそれを踏まえた保険のニーズに当該商品が対応しているかどうかを判断して保険契約を締結することの確保が重要である。
　「保険会社又は保険募集人は、保険募集に際して、顧客の意向を把握し、当該意向に沿った商品を提案し、当該商品について当該意向とどのように対応しているかも含めて分かりやすく説明することにより、顧客自身が自らの意向に沿っているものであることを認識した上で保険加入できるようにする必要がある」との趣旨の義務規定を法律上設けることが適当である。
　顧客ニーズを把握するための具体的な手法については、商品形態や募集形態に応じて、保険会社・保険募集人の創意工夫に委ねることとし、法律上は、上記の考え方を一般的義務規定（プリンシプル）として規定することが適当である。
　b　情報提供義務の法定化
　顧客による商品内容等の正しい理解を確保するため、保険会社や保険募集人が保険募集を行う際の情報提供義務について明示的に法令において位置づけることが適当である。
　具体的には、保険業法で、保険会社および保険募集人が保険募集を行う際に、現在は「契約概要」および「注意喚起情報」として提供することが求められている項目を中心に、顧客が保険加入の判断を行う際に参考となるべき商品情報その他の情報の提供を行うことを義務づけるとともに、「契約概要」等については本義務に基づく情報提供を行う場合の標準的手法として位置づけ直すことが適当である。
　c　募集文書の簡素化（業界の自主的な取組み）
　簡素でわかりやすい募集文書を作成することは、保険募集人が当該募集文

書を商品説明の際に使用することや、顧客が自身で当該文書を理解することなどを通じて、顧客による保険商品内容の理解を促進することにつながることから、情報提供義務を実質化するためにきわめて重要であり、生命保険・損害保険の両業界における、このための取組みの継続および各社における創意工夫を期待し、今後ともわかりやすい募集文書の実現に向けた自主的な取組みを促すことが適当である。

　意向把握、意向確認など、募集プロセスのうち、商品情報提供以外の場面で用いる文書についても、簡素でわかりやすい文書の実現を促すことが適当である。

(2)　保険募集人の義務

　　a　保険募集人の体制整備義務の導入

　保険募集人のなかには、いわゆる乗合代理店を中心に数百にも及ぶ店舗で保険募集を行うものなど大規模なものが出現していることに加え、情報提供義務や意向把握・確認義務など保険募集人自身も行為規制の対象とされることから、所属保険会社等による管理・指導に加えて、保険募集人自身もその業務を適切に行うための体制を自ら整備することが必要であり、保険会社のみならず、保険募集人に対しても、その業務の規模・特性に応じて、保険募集に係る業務を適切に行うための体制を整備することを義務づけることが適当である。

　　b　乗合代理店に係る規制の見直し（比較推奨販売）

　複数保険会社商品の比較推奨販売については、今後も拡大する可能性があることから、顧客がこのような募集形態の法的性質（あくまで保険会社から委託を受けた立場であること）について誤解することを防止するとともに、複数保険会社商品間の比較推奨の質の確保をすることを通じて、当該販売形態における募集活動の適切性を確保する観点から、見直しを行うことが適当である。複数保険会社間の商品比較・推奨販売を行う乗合代理店に対しては、当該商品比較・推奨の適正化を図る観点から情報提供義務等の一環として、①当該乗合代理店が取り扱う商品のうち、比較可能な商品の全容を明示する

とともに、②特定の商品を提示・推奨する際には、当該推奨理由をわかりやすく説明する、ことを求めることが適当である。

また、乗合代理店の立場等について顧客の誤認を防止する観点から、①乗合代理店は、法律上は保険会社側の代理店であるという自らの立場について明示することを求めるとともに、②保険会社の代理店としての立場を誤解させるような表示を行うことを禁止する、ことが適当である。

さらに、監督の実効性を確保するため、たとえば、乗合数の多い代理店など一定の要件を満たす代理店には業務に関する報告書の提出を義務づける等、監督当局が乗合代理店の募集形態や販売実績等を把握するための措置を講じることが適当である。

フランチャイズ方式を採用している場合には、顧客は当該フランチャイズの名称を使用している代理店からは一定水準のサービスを受けられることを期待するのが通常であることを踏まえれば、当該グループの名称やノウハウの管理・指導を行っている本部代理店（フランチャイザー）は、自らの保険募集に係る体制を整備するのみならず、グループ名称の使用許諾やノウハウ提供を行っている他の代理店（フランチャイジー）に対する教育・管理・指導についても、適切に行うための体制整備を求めることが適当である。

手数料の開示については、上記のような見直しを通じて、乗合代理店による保険商品の比較販売について、一定の適切な体制が整備・確保されると考えられることから、現時点において、一律に、これを求める必要はない。ただし、比較販売手法について問題が存在するおそれがある場合などには、必要に応じて、乗合代理店に支払われる手数料の多寡によって商品の比較・推奨のプロセスがゆがめられていないかについて、当局の検査・監督によって検証を行うことが重要である。

c 保険募集人の業務委託先管理責任

保険募集人が保険募集に関連する業務の一部について、外部委託を行う場合には、当該委託先の業務運営が適切に行われているかを確認するための体制整備を求めることが適当である。

保険募集人が業務についてアウトソーシングを行っている場合には、所属保険会社等に対して、当該保険募集人が適切な委託先管理態勢を構築しているかについて、保険募集人に対する管理・指導の一環として把握・指導をすることを求めることが適当である。

　保険募集人の業務委託先において問題が発生した場合に当局による実態把握等を可能とするため、保険募集人の業務委託先に対しても、保険会社の業務委託先と同様に、当局の報告徴求および立入検査権限を導入することが適当である。

(3) **募集規制の適用範囲の再整理・明確化**

　ある行為が保険業法上の「募集」に該当し、同法上の募集規制を受けるか否かについて、以下のメルクマールに照らして総合的に判断していくことが適当である。

① 　保険会社または保険募集人等からの（保険契約の成約に連動して支払われる等の）報酬を受け取るなど、保険募集人が行う募集行為と一体性・連続性を推測させる事情があり、かつ、

② 　具体的な保険商品の推奨・説明を行うもの

　広義の保険募集プロセスの一部であっても上記のメルクマールに該当しないもの（募集関連行為）を行う第三者が不適切な行為を行った場合や募集規制の潜脱行為を行った場合には、顧客に不利益が及ぶこととなることから、保険会社や保険募集人が募集関連行為を第三者に行わせる場合（当該第三者を「募集関連行為従事者」という）には、当該保険会社や保険募集人は当該募集関連行為従事者が不適切な行為を行わないよう、適切な管理態勢を整備することが求められる。

(4) **保険仲立人に係る規制の見直し**

　契約手続の簡素化、供託金の最低金額の引下げ等について

　保険仲立人をめぐる規制については、顧客からの委託を受けて業務を行う者であることを明確化するとともに、新規参入や保険仲立人の活動の活性化を通じて、顧客が「公平・中立」な立場からの媒介サービスを受けやすくす

るために、保険契約者等保護の観点から問題のないものについては、保険仲立人に関する現行の規制を緩和することが適当である。
　具体的には以下の項目について見直しを行うことが適当である。
①　委託契約書の法制化による保険仲立人の立場の明確化
②　結約書の簡素化
③　長期（保険期間5年以上）の保険契約の媒介に係る認可制の廃止
④　保証金の最低金額の引下げ
　まずは、保証金の最低金額を4,000万円から2,000万円に引き下げ、賠償責任保険の加入によって当該義務を代替できる範囲を4,000万円以上の部分から2,000万円以上の部分に拡大するとともに、顧客保護のために必要な場合には供託金の追加を命じることにより対応することが適当である。

第3節 改正保険業法・監督指針について

　WG報告書を受けて、金融庁においては、保険業法および監督指針を改正するかたちで制度整備が図られた。私見ではあるが、できあがった法制度は、WG報告書に忠実、かつ、それを具体化・発展化させた素晴らしい内容となっている。御努力いただいたすべての関係者の方々に、心より敬意を表したい。（図表1－1、図表1－2参照）

　実際に販売する保険商品の内容説明については、従来から義務化されており（重要事項説明義務としての「契約概要」・「注意喚起情報」による説明）、それが保険商品の販売勧誘規制のなかで特に重要であることは論をまたないが、新たな規制では、それを超える商品選択上のアドバイスが義務化されることとなった。それが比較推奨規制や意向把握・確認義務だと考えられる。

　比較推奨販売に係る規制について

(1) 比較推奨販売に係る規制のポイント

　改正保険業法のなかで、筆者が最も注目しているのは、比較推奨販売に係る規制（「情報提供義務」の「比較推奨」関係部分、改正保険業法第294条第1項、規則第227条の2第3項第4号ロ・ハ。以下、「比較推奨規制」という）である。これは、複数の所属保険会社の比較可能な同種の保険商品のなかから、一定の保険商品を提案する場合に適用される義務であり、規制対象の典型は乗合代理店となる。

　当該規制のポイントは、「顧客の意向に沿った保険契約を選別」するか、それを行わないかで規制内容が異なるという点である。「顧客の意向に沿っ

た保険契約を選別」する場合には、①取扱保険商品のうち、顧客の意向に沿った比較可能な同種の保険契約の概要、②当該提案の理由（推奨理由）、のそれぞれを説明することが求められる（規則第227条の2第3項第4号ロ、監督指針Ⅱ-4-2-9⑸①②）。

一方、「顧客の意向に沿った保険契約を選別」しない場合（要するに具体的顧客意向以外の、保険募集人側の都合等を含めた諸理由により提案商品を選別する場合）には、当該提案の理由（特定の保険会社との資本関係やその他の事務手続・経営方針上の理由等）を説明することが求められる（規則第227条の2第3項第4号ハ、監督指針Ⅱ-4-2-9⑸③）。

「顧客の意向に沿った保険契約を選別」するかどうかで、規則第227条の2第3項第4号ロが適用されるか、（規制内容の異なる）ハが適用されるかが決定されることとなるのである。

a 顧客の意向に沿った選別を行う場合

ここで注目すべきなのは、「顧客の意向に沿った保険契約を選別」する場合（ロ）には、①取扱保険商品のうち、顧客の意向に沿った比較可能な同種の保険契約の概要、②当該提案の理由（推奨理由）を、それぞれ説明することが求められている点である。

①によって、顧客に保険商品の選択肢が示され、（従前よりも透明性が確保されたなかで）顧客が自由な商品選択を行うことが可能となる（品揃え豊かなメニューの提示機能）。②は、保険募集人から顧客への商品選択上のアドバイスである。

この推奨理由説明は、従前より重要事項説明義務の対象とされてきた商品内容の説明とは質的に異なる。理念上、その前段階に存在する「どうして、その商品を選ぶのか」という商品選択上のアドバイスが、「顧客の意向に沿った保険契約を選別」する保険募集人には、規制として求められることとなるものである。

商品選択を行う際に他者からアドバイスを受けたい、という顧客側（ひいては社会）の要請が相応に存在するなかで、当該規制の新設は、利用者保

護・利用者利便の観点から、大きな前進と評価されるべきものだ。推奨理由説明が規制レベルで求められることは、その品質・正確性を、保険募集人において組織的に確保する必要があることを意味する。しかし、その実現は、それほど容易なことではない。

　推奨理由説明にあっては、それぞれの顧客の意向・状況に基づいたものであるうえに、保険募集人等と顧客とのインタラクティブなやりとりのなかで行われるものであり、事案ごとにさまざまなバリエーションが想定されるゆえである（要するに定型化が困難）。保険商品販売のプロでない筆者の知見で「解」が見出せるものでないことは百も承知だが、個々の保険募集人の能力・保険に係る知識・知見の当該保険募集人組織に相応しいプロレベルでの確保は、もちろんのこととして、典型的な顧客ニーズと取扱商品との関係性の整理、その関係性を顧客に対し説明する「言葉」を、社内規則・マニュアル等でパターン化し、最低限のレベルを確保すること、必要に応じシステム的に補助すること等が考えられるのではなかろうか。

　b　顧客の意向に沿った選別を行わない場合

　この規制のもう1つの肝は、「顧客の意向に沿った保険契約を選別」しないこと（ハ）も許容されている点、および、その場合に一定の説明（特定の保険会社との資本関係やその他の事務手続・経営方針上の理由等）が求められている点である。

　保険募集人は、その法律的な位置づけは保険会社から委託を受ける者（保険の売り手側の立場）であり、顧客から依頼を受けた顧客側のアドバイザーではない。そのような保険募集人にすべからく（高度なレベルの）商品選択上のアドバイス（推奨理由説明）を規制上義務づけることは、ややもすれば過剰ではないか、との躊躇を覚えるところである。

　しかし、当規制では、「顧客の意向に沿った保険契約を選別」しない選択肢（ハ）が許容されており、この悩みは解決される。そして、注目すべき点は、一定の説明（特定の保険会社との資本関係やその他の事務手続・経営方針上の理由等）が義務づけられている点である。著者は、この説明の「自分は、

「顧客の意向に沿った保険契約を選別」する者ではない」との保険募集人の立場を表示する機能はきわめて重要と考える。

　保険商品の販売勧誘に係るトラブルのなかには、「保険募集人は保険の専門家であり、複数の取扱商品のなかからあえて、この商品を勧める以上は自分にピッタリな商品を勧めてくれているのだろう」という顧客側の（事案によっては無理からぬ、事案によっては勝手な）認識・期待と、保険募集人側の認識（そもそもそんなことはしていない、サービスとしてやっているだけなので限界がある等）の「ギャップ」に起因するものが相応にあるとの印象を受ける（過去には、このような認識の「ギャップ」を埋めるために、「意向確認書面制度」が導入された）。

　上記説明により、このような認識のギャップは相応に解消される。トラブル防止となることは、顧客側、保険募集人側の双方にとってメリットであろう。保険募集人の立場が明らかにされることにより、販売勧誘の透明性が確保されることのデメリットを指摘する論拠は見当たらない。保険募集人としても、顧客への説明を行うことで自らの責任範囲を再認識することは、プロとして活動していくうえにおいて、また自らのリスクを管理していくうえにおいてもプラスになるものと考える。

　以上の理解に従えば、監督指針に、「形式的には客観的な商品の絞込みや提示・推奨を装いながら、実質的には、例えば保険代理店の受け取る手数料水準の高い商品に誘導するために商品の絞込みや提示・推奨を行うことのないよう留意する」「各保険会社間における「公平・中立」を掲げる場合には、商品の絞込みや提示・推奨の基準や理由等として、特定の保険会社との資本関係や手数料の水準その他の事務手続・経営方針などの事情を考慮することのないよう留意する」との記載が存在することも理解できる。自らの都合で提案商品を選択している場合に、あたかも顧客のために比較推奨を実施しているかのごとく装うことは、顧客に対してアンフェアな行動であり、そもそも許容されるべきものではなく、また、当局が、これに留意している点を、肝に銘じるべき、ということであろう。

このような比較推奨規制は、1社商品しか取り扱わない保険募集人には適用がない。当該規制対象外の保険募集人の推奨理由説明の品質確保をいかに図るべきか、との課題を設定することは可能であろう。これについて、筆者は心配していない。推奨理由説明を義務づけることのなかった改正保険業法以前の法制度のなかでも、コンサルティング販売を標榜し、自主的に推奨理由説明を行っている保険募集人が相応に存在（対面販売においては、大半といってもよいのではなかろうか）するのはなぜであろうか。いちばんの理由は、顧客が保険募集人からの商品選択上のアドバイスをまさに求めていたからであろう（保険募集人へのアドバイスの期待）。それゆえ、適切なアドバイスの提供は、保険募集人の顧客からの信頼獲得に直結し、顧客は保険商品を購入してくれたり、リピーターとなってくれたりする。顧客が、アドバイスの品質で、いかなる販売者から保険商品を購入するかを選択・決定することも想定されるため、推奨理由説明は、保険販売者にとって、まさに営業領域、競争領域の分野に属するものと評価できる。このような市場原理が働くなかで、同様にコンサルティング販売を行う乗合代理店が規制導入により推奨理由説明の品質を上げてくれば、ライバルの比較推奨規制対象外の保険募集人としても競争上その品質を向上・確保するインセンティブが生じるものとも考えられる。このような市場原理に基づく化学反応に期待している。加えて、比較推奨規制対象外の保険募集人にも後述の意向把握・確認義務が適用され、同義務は一定の推奨理由説明を求めるものであるため、この実効性ある（形骸化しない）機能発揮も重要と考える。

　意向把握・確認義務について

　改正保険業法において新設された意向把握・確認義務は、①「顧客の意向」の把握、②「顧客の意向」に沿った保険商品の提案、③「顧客の意向」に沿った当該保険商品の内容説明（ここで一定の推奨理由説明が実質的に求められることとなる）、④保険契約の締結に際して、「顧客の意向」と当該保険商品の内容が合致していることを顧客が確認する機会の提供を求める（改正

保険業法第294条の2）。

　「顧客の意向把握の具体的手法について画一的なものを強制することとした場合には、多様化している募集形態すべてに適合する手法を設定することの困難さから、結果として意向把握が形式化するおそれがあることや保険会社・保険募集人および顧客の双方に対して過度の負担を課すおそれがあること」（WG報告書10頁）を踏まえ、顧客ニーズを把握するための具体的な手法については、商品形態や募集形態に応じて、保険会社・保険募集人の創意工夫に委ねることとし、法律上は、その考え方を一般的義務規定（プリンシプル）として規定することとされたものである。

　典型的な対面販売を想定した場合、顧客が保険募集人に意向把握・確認義務が求めるような行動を期待することは自然であり、当該義務の存在により、「原則」「価値観」が保険関係事業者によって共有されることは真に有益なことと考える。

　金融審議会保険WGでは、「意向確認書面制度が形骸化している」という指摘を端緒に、この意向把握・確認義務の導入が提言された。その誕生の経緯よりしても、意向把握・確認義務は「形骸化」「形式化」することが許されないものであることを強調しておきたい。

　顧客の、保険募集人が意向把握・確認義務が求めるような行動を行うことへの期待は、対面か非対面か、保険募集人の態度（商品選択を保険募集人が請け負うことを顧客が期待する態度をとるか否か）、保険商品の複雑度・難解度・異例度等により当然異なるのであるから、それに応じて伸び縮みするような（金融商品取引法（昭和23年4月13日法律第25号）上の適合性原則のような）機能を発揮することを個人的には期待している[9]。

---

[9] 意向把握義務という新たな規律をめぐり生じうる法律問題を検討したものとして、木下孝治「顧客の意向の把握義務」ジュリスト1490号（2016）20頁。

図表1－1　保険業法改正の全体像

○背　　景

保険会社をめぐる経営環境の大きな変化
・保険商品の複雑化・販売形態の多様化
・「乗合代理店」（複数保険会社の商品を販売する代理店）等の大型化

新たな環境に対応するための募集規制の再構築

○改正保険業法（下表において、単に「法」という）の主な内容（平成26年5月23日成立5月30日公布）

保険募集の基本的ルールの創設	保険募集人に対する規制の整備
「不適切な行為の禁止」に限定されていた従来の募集規制に加え、顧客ニーズの把握に始まり保険契約の締結に至る募集プロセスの各段階におけるきめ細かな対応の実現に向け、「積極的な顧客対応」を求める募集規制の導入	独立系の保険代理店の増加等を踏まえ、所属保険会社等による管理・指導に加えて、「保険募集人」に対して募集の実態に応じた体制整備を義務づける規制を導入
情報提供義務の導入（法第294条関係） 　保険募集の際に、商品情報など、顧客が保険加入の適否を判断するために必要な情報の提供を求めるもの。	**保険募集人に対する体制整備義務の導入**（法第294条の3関係） 　複数保険会社の商品の取扱いの有無など、保険募集人の業務の特性や規模に応じて、保険募集人に対して体制整備を求めるもの
意向把握・確認義務の導入（法第294条の2関係） 　保険募集の際に、顧客ニーズの把握および当該ニーズにあった保険プランの提案等を求めるもの	保険代理店の委託先等に対する立入検査権限等の整備
	大規模な保険代理店に対する帳簿書類の備付け・事業報告書の提出の義務づけ

（資料）　金融庁保険課作成

図表1-2　改正保険業法に係る施行令・施行規則および監督指針の見直しの概要について

施行令・施行規則の概要	監督指針の概要
情報提供義務関係 ○保険募集に際し、顧客が保険加入の適否を判断するために必要な情報提供として、顧客に説明し、書面交付すべき事項を規定 ・保険金支払条件、保険期間、保険金額など［商品情報］ ・告知義務の内容、責任開始期、契約の失効など［顧客への注意喚起］ ・その他顧客の加入判断に参考となる情報 　　　　　　　　（規則第227条の2第3項） ○上記にかえて、以下の保険契約を取り扱う場合には、柔軟な取扱い ・契約内容の個別性・特殊性が高い保険契約等 ［一律の要式による書面交付義務を免除］ 　　　　　（規則第227条の2第3項第3号） ○複数保険会社の商品から比較推奨販売する場合には、「比較可能な商品の概要」「特定の商品の提案を行う理由」について、情報提供を求める旨を規定 　　　　　（規則第227条の2第3項第4号） ○被保険者の保険料負担が零である保険契約や保険期間がきわめて短期間かつ保険料がきわめて少額である保険契約、特定のサービス・イベント等に付随して提供される保険契約等 ［被保険者に対する情報提供については、適用除外］ 　　　　　　　　（規則第227条の2第7項） **意向把握・確認義務関係** ○「意向把握・確認義務」を義務づけない場合として、強制加入保険（自賠責保険）、情報提供義務の適用除外となる保険契約等を規定 　　　　　　　　　　（規則第227条の6）	**情報提供義務の具体化** ○内閣府令で規定する情報提供すべき事項について、指針上では、これまでと同様に「契約概要」「注意喚起情報」として分類したうえで、各項目に係る実務上の留意点等を規定 **意向把握・確認義務の具体化** ○具体的な手法は、形式化・形骸化を回避するため、商品や募集形態に応じ、各募集人の創意工夫に委ね、監督指針において、全商品・募集形態を通じて満たすべき水準と、その具体的な実務の例示を規定 (1) 意向把握・確認義務を満たすべき水準について、①初期段階で顧客の意向を把握する場合、②顧客の意向の推定を行う場合、③自動車保険などの場合、④年間保険料が5,000円以下の保険契約の場合、⑤事業活動に伴う保険契約の場合、⑥団体保険の加入勧奨の場合に係る具体的なプロセスや留意点等を規定 (2) 意向把握・確認すべき内容を保険分野ごとに規定するほか、意向把握・確認義務に係る体制整備の一環として、意向把握・確認に用いた書類の保存等を規定 (3) カード会社や金融機関等が契約者となり、その会員や預金者等が被保険者となる団体保険に加入させる行為（＝加入勧奨）について、募集規制に準じた取扱いを規定

保険募集人の体制整備義務関係

○所属保険会社による管理・指導に加えて、保険募集人自身が、その業務を適切に行うため、自ら整備すべき体制を規定
- 保険募集人全般（規則第227条の7～第227条の11）
  →重要事項の顧客への説明、顧客情報の適正な取扱い、委託先の管理など、健全・適切な業務運営を確保するための措置を求める
- 複数保険会社の商品の比較推奨販売を行う場合（規則第227条の12、第227条の14）
  →特定の商品を提示する場合の提案理由の説明、比較する場合の誤認防止など、適切な比較推奨に係る説明を行うための措置を求める
- フランチャイズ展開を行う場合（規則第227条の13、第227条の15）
  →フランチャイジーに対する指導のための適正な実施方針の策定、当該方針に基づき適切な指導を行うための措置、業務実施状況を検証し、必要に応じた改善策を講じるための措置を求める

○体制整備義務の導入に伴い、大規模な乗合代理店の募集形態や販売実績等を把握するための規定（帳簿備付け、事業報告書の提出）
（規則第237条、第238条）

※改正保険業法で追加された「保険募集人の関係者（業務委託先等）」に対する内閣総理大臣の検査権限等を財務（支）局長に委任［政令事項］

保険募集人の体制整備義務の具体化

(1) 保険募集人に対する体制整備義務について、保険募集に関する業務に関して、業務の健全かつ適切な運営を確保するために求められる措置
→顧客情報管理等の保険募集管理態勢について、規模や業務特性に応じた体制を整備することなどを規定

(2) 複数保険会社の商品の比較推奨販売を行う場合やフランチャイズ展開を行う場合の監督上の具体的な留意点を規定

その他

(1) 「保険募集の意義」について、基準を明確化
　　また、広義の保険募集プロセスのうち、保険募集に該当しない行為を「募集関連行為」として位置づけ、保険会社や保険募集人が募集関連行為を第三者に委託する場合等の留意点を規定

(2) 「直接支払いサービス」について、保険募集時に適切に顧客説明（情報提供）を行ううえでの留意点や保険会社および保険募集人に求められる措置の内容を規定

(3) 電話による保険募集に関して、顧客からの苦情やトラブル等が生じないよう保険会社等が講じるべき具体的な措置等を規定

（資料）　金融庁保険課作成

結　語

　本章では、平成17年から今般の保険業法改正に至るまでの、保険商品の販売勧誘ルールの変遷についてみてきた。
　これらは、概していえば、保険商品の販売勧誘に際して、販売する保険商品の内容説明が必要なことを前提として（保険業法第300条第1項第1号（重要事項説明義務））、そこから事業者側に対し、顧客へのさらなる「歩み寄り」を求める歴史と評価できる。「歩み寄り」は、3つの方向で求められることとなった。

1　1つ目は、商品内容説明そのものをわかりやすくする「歩み寄り」

　保険商品の内容説明（情報提供）に関し、顧客のわかりやすさへの配慮を求める「契約概要」・「注意喚起情報」制度がこれに対応する。「必要な情報を簡潔にわかりやすく提供する」という課題は、理解し共感することは容易だが、これを真に達成することは、本当にむずかしい[10]。
　保険業界の継続的かつ地道な努力・実践以外に、達成の途はない。その際には、顧客はもとより、保険販売のプロである保険募集人の意見にも耳を傾ける必要がある。当然、監督官庁のほうでも、このような業界の取組みを後押しし、阻害しない配慮が求められる。何か問題が起きたときに、これを説明対象に加える判断はある意味簡単であるが、逆に、説明対象から外すという判断には、大局観と勇気が必要となる。
　この点、一般社団法人生命保険協会、一般社団法人日本損害保険協会は、平成25年に、自ら立ち上げた有識者会議や外部専門家の意見を踏まえたうえで、よりわかりやすい情報提供という困難な課題に対する検討結果、対応方

---

[10] 情報提供について、利用者が理解しようとする意欲を失わない程度の情報量に限定すべきとする考え方は、「less is more」（過大な情報提供はかえって消費者の理解を妨げる、過ぎたるは及ばざるがごとし）と呼称される。

針を公表している[11]、[12]、[13]。このような業界の自主的な取組みにも、光が当てられるべきである。業界が、このような努力を真に継続することができれば、顧客・社会からの評価という最大のかたちで実を結ぶことを確信している。

2　2つ目は、重要事項説明を顧客に応じて柔軟化する「歩み寄り」

　上記1は、一般人を基準としたうえで商品内容説明のわかりやすさを追求する取組みである。重要事項説明書（契約概要や注意喚起情報）、パンフレット等の帳票のわかりやすさを求めることが中心のものである。他方、2は、個別具体的な顧客の知識、経験、財産状況、契約締結目的を踏まえたわかりやすさに配慮する取組みである。従来から「広義の適合性原則」・「実質的説明義務」の概念で整理されていたものである。

　保険業法の世界では、従来から保険会社の体制整備義務として、これが義務づけられていたが（保険業法第100条の2、規則第53条の7）、改正保険業法により新たに設けられた保険募集人の体制整備義務としても同様の規定が設けられている（改正保険業法第294条の3、規則第227条の7）。

3　3つ目は、商品内容説明を超えた部分で、アドバイスを求める「歩み寄り」

　改正保険業法において、新たに設けられた意向把握・確認義務や比較推奨規制は、いずれも顧客に対する保険商品選択上のアドバイスを一定の範囲で事業者に義務づけるものでる。業界の自主的な取組みとしては、公益財団法人生命保険文化センター、一般社団法人日本損害保険協会が策定・公表・周

---

[11] 「募集文書の簡素化・分かりやすさ実現に向けた取組みについて」（生命保険協会2013.7.1）http://www.seiho.or.jp/info/news/2013/0701.html
[12] 「重要事項説明をより分かりやすく」（日本損害保険協会2013.9.19）http://www.sonpo.or.jp/news/release/2013/1309_06.html
[13] 「募集文書の簡素化・わかりやすさ実現に向けた生命保険協会の取組み〈集中フォローアップ報告書〉」（生命保険協会、2016.6）http://www.seiho.or.jp/activity/guideline/activity/pdf/report.pdf

知の取組みを行っているバイヤーズガイドも、この領域に位置づけられるものである。

　それぞれの「歩み寄り」は、もちろん、今後、継続的に実効性を伴って運用される必要があるが、法的枠組みそれ自体は、ほぼ完成したと評価してよい、と考える。では、これらが実効性あるかたちで運用されれば、世の中がうまくいくのか、顧客とのトラブルが顕著に減少するのか、といえば、悲しいかな、そのようには思わない。聞く気のない人に、いくら説明しても意味がない、という世界があるからである。では、顧客に「聞く気」をもってもらうためには、どのようにすればよいのか、といえば、顧客に自己責任を認識・実感してもらう以外にはない。「利用者の自己責任の認識・実感」という最後の、かついちばん重要なパーツがそろわないことには、最終目的は実現できない。この醸成のための1つの方策は消費者教育ということとなろうが、その目的達成のための道のりは必ずしも短くはないように思う。

　保険募集人にとって、顧客とのトラブルは、大事な顧客を失うどころか、損害賠償責任も負担しかねない大いなるリスクであり、プロであれば、このリスクを管理する必要がある。私見ではあるが、「利用者の自己責任の認識・実感」を引き起こすような工夫、説明、行動を、その場その場で顧客の表情をみながら、柔軟かつ自在に行うのが「真のプロ」のように思う。

　これらの取組みがいずれも有効に機能し、利用者がニーズに合致した保険商品を購入するための環境がさらに整備されることを期待してやまない。

　　　　　　　　弁護士法人　中央総合法律事務所　弁護士　**錦野　裕宗**

第2章

改正保険業法に関連した監督指針の改正について

樽川 流・佐藤 寿昭・錦野 裕宗・大村 由紀子

第1節 監督指針改正に向けた対応について

 保険募集管理態勢に係る規定の体系的な整理について

　改正保険業法の成立・公布（平成26年5月23日・同年5月30日）を受けて、関係する政令や内閣府令（施行規則）、監督指針の改正内容の議論・検討に着手する一方で、当該改正に先立ち、その改正のベースとなる当時の監督指針を体系的に整理、平成26年9月16日に公表、同日より適用することとした。

　その主な改正内容は、改正前の監督指針にあった「保険募集態勢」（Ⅱ-4-3）の記載が、生命保険関係と損害保険関係に区分されており、一部に重複する内容が規定されていたことから、生命保険と損害保険のそれぞれに係る固有の規定（たとえば、改正後監督指針Ⅱ-4-2-2(1)法第282条第3項関係（生命保険募集人に係る制限（一社専属制）の例外適用）、同(2)法第295条関係（損害保険代理店に係る自己契約の禁止）など）は維持したうえで、共通事項の規定を統合し、また、用語の統一（たとえば、「保険代理店」の定義など）、全般的な構成の見直し（法令条文の順に規定を整理するなど）を行うものであった。

　この改正は、改正前の監督指針にあった規定の考え方や求められる措置等のレベルを変えるものではなく［PC.1］[1]、改正保険業法を踏まえた監督指針の見直しが今後行われることを見据え、行為主体を明確化するとともに、

---

[1] 金融庁「「保険会社向けの総合的な監督指針」の一部改正（案）に対するパブリックコメントの結果等について」（平成26年9月16日）の別紙1
　「コメントの概要及びコメントに対する金融庁の考え方」の番号1。以下、「PC.」と略記。

それぞれの行為主体に求められる措置等を、より明確に規定することを目的としたものである。

保険代理店使用人の要件の明確化（いわゆる「委託型募集人の適正化」）について

平成25年6月に金融審議会保険WGが公表したWG報告書において、保険代理店の使用人が行う募集業務に関して、以下のような指摘がなされている。

2-4-2　その他

　法人の損害保険代理店においては、当局に対して届出を行った使用人については保険募集に従事させることができることとされている。当該使用人については、以前は、当該代理店と雇用関係を有する者に限られていたが、平成12年の規制緩和要望を受けて基準が見直された結果、代理店との雇用関係は使用人たる要件から削除されたところである。

　その結果、代理店は本来その使用人が行う募集業務について、教育・指導・管理を行うことを当然に求められるにも関わらず、代理店と第三者の間に形式的に委託契約等の関係があることをもって当該第三者を使用人として届け出を行い、適切な教育・指導・管理を行うことなく当該第三者に募集業務を行わせている可能性がある、との指摘がある。

　このような状況を踏まえれば、使用人との間の契約関係の名目に関わらず、保険募集人が自らの使用人として位置づけて募集業務を行わせることが認められるのは、法令等に基づき使用人としてふさわしい教育・指導・管理等を受けている者のみであることを明確にすることが適当である。

また、保険募集人が第三者に保険募集を委託することについては、保険契約者等の保護の観点から保険業法第275条第３項の規定に基づく認可を受けた場合を除き、禁止[2]されているところである。金融審議会保険WGでは、使用人の教育・管理・指導を意識した議論がなされており、必ずしも保険募集の再委託禁止にフォーカスした議論が行われていたものではなかったが、当報告書を受けて、一部の保険会社等に対して、保険代理店と使用人との契約形態等の実態を聴取したところ、一部の保険代理店においては、保険業法第275条第３項に規定する再委託の禁止に抵触するおそれのある者や使用人の要件を満たさないおそれのある者を保険代理店の使用人として登録し、また、届出を行っていることが確認された。

　このような募集体制については、可及的かつすみやかに解消され、上記の趣旨を踏まえた新たな募集体制へ移行する必要があったため、金融庁は、すべての保険会社等および少額短期保険業者に対し、平成27年３月末までに必要な措置（いわゆる「委託型募集人の適正化」）を講じるよう求めるとともに、監督指針を改正することで、以下のとおり、保険代理店に係る保険募集に従事する役員または使用人の要件の明確化を図った。

（注：以下の監督指針は、平成27年５月27日の改正を踏まえたものである）

Ⅱ－４－２　保険募集管理態勢
Ⅱ－４－２－１　適正な保険募集管理態勢の確立
(3)　保険募集人の採用・委託・登録・届出
　①　保険募集人の採用、保険代理店への委託にあたって、その適格性を審査しているか。
　　また、その審査にあたっての審査基準が整備されているか。

---

[2] 平成24年保険業法改正により、保険業法第275条第３項の規定が新設され、同一グループ内の保険会社を再委託者とする保険募集の再委託以外の場合における、保険募集の再委託の禁止が明確となった。

なお、保険代理店の委託にあたっては、保険募集に関する法令等や保険契約に関する知識、保険募集の業務遂行能力に加えて、本来の事業目的、事業内容等について、以下の点を確認し、審査しているか。

ア．保険契約者等の保護及び保険募集の公正を確保するための内部管理態勢及び保険募集管理態勢が整備されていること。
イ．法令等により保険募集を行うことができない者ではないこと。
ウ．本来の事業目的・事業内容に照らし、保険募集を業務として行うに適した者であること。
エ．<u>保険代理店において、保険募集に従事する役員又は使用人については、以下の要件を満たすことに留意する必要がある。</u>

　(ｱ)　<u>保険募集に従事する役員又は使用人とは、保険代理店から保険募集に関し、適切な教育・管理・指導を受けて保険募集を行う者であること。</u>
　(ｲ)　<u>使用人については、上記(ｱ)に加えて、保険代理店の事務所に勤務し、かつ、保険代理店の指揮監督・命令のもとで保険募集を行う者であること。</u>
　(ｳ)　<u>法第302条に規定する保険募集に従事する役員又は使用人は、他の保険代理店又は損害保険会社において保険募集に従事する役員又は使用人にはなれないこと。</u>
　　(注)　<u>法第275条第３項に規定する場合を除き、保険募集の再委託は禁止されていることに留意する必要がある。</u>

　当改正は、上記のWG報告書の指摘（上記WG報告書の下線部分）などを踏まえ、保険募集・販売ルールの見直しに係る監督上の対応を図る一環として、保険代理店において、保険募集に従事する役員または使用人の要件の明確化を図ったものである。

ここでいう「保険代理店の使用人」とは、必ずしも正社員であることまで求めるものではないが、監督指針Ⅱ－4－2－1(3)①にのっとり、使用人要件および労働関係法規を遵守している者である必要がある。その契約形態としては、「雇用」、「派遣」あるいは「出向」といった形態が考えられる。

　また、保険募集人となりうる法人保険代理店の役員については、「取締役、会計参与及び監査役」のうち、「代表権を有する役員並びに監査役及び監査委員会の委員」（保険業法第2条第19項カッコ書）以外の者である必要があり、それらの該当・非該当については、個々の契約形態等に照らして、適切に判断する必要があると考えられる。

　上記要件の明確化を踏まえた対応としては、たとえば、保険代理店と委託契約を締結していた者（＝委託型募集人）については、①保険代理店との契約を「雇用」、「派遣」あるいは「出向」といった形態に切り替える、②個人代理店となる、③新たな法人代理店を設立し、その役員または使用人となるなどが考えられた。

　また、上記②または③となる場合には、たとえば、これまで当該使用人に対して保険募集を委託していた者や、さらには、保険会社も共同して、新たに設立された保険代理店に対して支援を行うといった対応を行うことも想定されていた。[PC.6～16][3]

　なお、監督指針Ⅱ4－2－1(3)①エ.(イ)にある「保険代理店の事務所に勤務」については、監督指針Ⅱ－4－2－1(3)①エ.の規定にのっとり、使用人要件および労働関係法規を遵守している者であれば、必ずしも保険代理店の事務所に毎日出社することまでを求めているものではない。[PC.19]

　また、ここでいう「労働関係法規」に関しては、平成28年10月1日より「厚生年金保険法」および「健康保険法」が改正されたことや、厚生労働省が行った事業所に対する立入調査において、法令にそぐわない実態が見受け

---

[3] 金融庁「「保険会社向けの総合的な監督指針」の一部改正（案）に対するパブリックコメントの結果等について」（平成26年3月18日）の別紙1「コメントの概要及びコメントに対する金融庁の考え方」の番号。

られたことから、厚生労働省（年金局事業管理課）と金融庁（保険課）は、平成29年3月28日付で「厚生年金保険法等に基づく届出の適正化の徹底について」として、以下の文書を業界関係団体に宛てて発出したところであり、今後も当局による保険代理店等の事業所に対する立入調査等が行われる可能性がある。

年管管発0328第5号
金 監 第 6 3 2 号
平成29年3月28日

一般社団法人　生命保険協会　御中
一般社団法人　日本損害保険協会　御中
一般社団法人　外国損害保険協会　御中
一般社団法人　日本少額短期保険協会　御中

厚生労働省年金局事業管理課
金融局　監督局　保険課

厚生年金保険法等に基づく届出の適正化の徹底について

　平素より、社会保険及び金融行政について、ご理解とご協力を賜り御礼申し上げます。
　さて、平成28年10月1日より、厚生年金保険法及び健康保険法（以下「厚生年金法等」という。）の改正により、厚生年金保険及び健康保険（以下「厚生年金等」という。）の適用を受ける従業員の範囲が拡大され、短時間労働者であっても、事業規模が501人以上の従業員を雇用する事業所の従業員は厚生年金保険等に加入させる取扱いとなりました。
　また、平成26年1月16日付金監第63号「保険募集に係る再委託の禁止について」により、保険業法第275条第3項に規定する再委託の禁止に抵触するおそれのある者や使用人の要件を満たさないおそれのある者を

保険代理店使用人として登録・届出を行っているような実態については、平成27年3月31日までに適正化するよう求められたことから、適正化の対象となった保険代理店においては、該当する使用人を雇用するなどの対応が行われたところです。

　これらを踏まえ、今般、厚生労働省においては、厚生年金保険法等に基づく届出に係る留意事項をまとめましたので、貴協会の会員各社に対し、所属保険代理店において、保険業法はもとより、法令等遵守の観点から、適切な厚生年金等に関する諸手続きや届出が行われるよう周知をお願いいたします。

記

1．厚生年金等の被保険者になる者

　　保険代理店における使用人の雇用にあたっては、次のいずれの雇用契約に該当するか確認し、厚生年金等の被保険者となるべき者であるかどうか、適切に雇用管理してください。

　(1)　正規社員

　　　雇用期間の定めがなく、常用的に勤務をする者（以下「常用勤務者」という。）をいいます。この場合、勤務時間がどのような定めであっても厚生年金等の被保険者として取り扱う必要があります。

　(2)　有期雇用職員

　　　雇用契約や勤務時間に関する規定に基づき、1週間の所定勤務時間および1月の所定労働日数が常用勤務者の4分の3以上である方が該当します。

　(3)　短時間勤務者

　　　勤務時間及び勤務日数が常用雇用者の4分の3未満であっても、次の要件全てを満たす方については、平成28年10月以降、短時間労働者として厚生年金等の被保険者に該当することとなりましたの

で、取扱いについて注意いただけますようお願いいたします。
① 特定適用事業所に雇用されていること
　　特定適用事業所とは、同一事業主（法人番号が同一）の適用事業所の被保険者数（短時間労働者を除き、共済組合員を含む）の合計が、1年で6ヶ月以上、500人を超えることが見込まれる事業所が該当します。
② 次の5つの要件を全て満たすこと
　ア）週の所定労働時間が20時間以上であること
　イ）雇用期間が1年以上見込まれること
　ウ）賃金の月額が8.8万円以上であること
　エ）学生でないこと
　オ）常時501人以上の企業（特定適用事業所）に勤めていること
(注)　就業規則や雇用契約書等で定められた所定勤務時間、所定労働日数、所定労働時間等が(2)、(3)の基準未満である者であっても、実際の労働時間が連続する2月において当該基準以上となった場合で同様の状態が続くと見込まれる場合は対象となります。

　　なお、保険会社向けの総合的な監督指針Ⅱ－4－2－1(3)①エでは、保険代理店使用人は、保険代理店の指揮監督・命令のもとで保険募集を行う者としていることから、保険募集は保険代理店の指揮監督で労働に従事する時間となることに留意が必要です。

2．標準報酬の対象となる報酬について
　報酬とは、賃金、給与、手当などの名称を問わず、労働の対償としてうけるすべてのものをいいます。
　保険代理店使用人に対する報酬の中で特に注意すべき点として、契約件数等実績に応じて支払われる報酬は、保険代理店と使用人との間の委託契約が禁じられている観点から、標準報酬の対象となる報酬に

含まれることとなります。この取扱いに齟齬が生じることのないよう、適正な取扱いをお願いいたします。
　３．本件に関する照会先
　　本件に関して不明な点は、管轄の年金事務所へお問い合わせください。

　　　　　　　　　　　　　　　　　　　　　　　　　　　以上

（注）　文中の下線については、保険代理店にとって、特に留意を要するものとして、著者が加えたのものである。

改正保険業法の施行後の保険募集人に対する監督のあり方について

　改正保険業法の施行に伴い、保険会社および保険募集人に対して、情報提供義務（改正保険業法第294条）や意向把握・確認義務（改正保険業法第294条の２）、さらには、保険募集人に対する体制整備義務（改正保険業法第294条の３）といった新たな義務が課せられることとなった。

　保険会社および保険募集人に対する監督・検査権限は、保険業法に基づくものであり、これらの監督・検査権限（保険会社等に対する事業免許や許認可、行政処分権限等）については、保険業法第313条第１項に基づき内閣総理大臣から金融庁長官に委任されている。

　また、これらの監督・検査権限のうち、保険募集人に対する以下の監督・検査権限については、保険業法第313条第２項および令第49条に基づき、保険募集人の主たる事務所の所在地を管轄する財務（支）局長に委任されている。

　これらの委任事項は、改正保険業法において新たに規定されたものではなく、従来から規定されていたものであったが、改正保険業法の施行後においては、たとえば、これまでも管轄財務（支）局が監督・検査を担っていた保険募集人に対して体制整備義務が課せられたことなどから、管轄財務（支）

局において、より実効性のある監督・検査が行うことが重要となる。

令第49条（保険募集人等に関する権限の財務局長等への委任）
　長官権限のうち次に掲げるものは、特定保険募集人の主たる事務所の所在地を管轄する財務局長（当該所在地が福岡財務支局の管轄区域内にある場合にあたっては、福岡財務支局長）に委任するものとする。ただし、第7号に掲げる権限は、金融庁長官が自ら行うことを妨げない。
　一　法第127条第1項第8号、第209条第9号、第234条第8号及び第272条の21第1項第6号の規定による届出（特定保険募集人又はその役員若しくは使用人に関するものに限る。）のうち内閣府令で定めるものの受理

　第二号　（略）

　三　法第277条第1項及び第304条の規定による書類の受理並びに法第280条第1項及び第302条の規定による届出の受理

　第四号～第五号　（略）

　七　法第305条第1項及び第2項の規定による報告及び資料の提出の命令並びに立入検査及び質問
　八　法第306条の規定による命令
　九　法第307条第1項の規定による登録の取消し及び業務の全部又は一部の停止の命令
　十　法第307条第2項の規定による公告及び登録の取消し
　十一　法第308条第1項の規定による登録の抹消

「より実効性のある監督・検査」には、たとえば、改正保険業法第303条に

規定する一定規模以上の特定保険募集人に対して、「帳簿書類の備付け」や、「事業報告書の提出（改正保険業法第304条）」を求めることを通じて、規模の大きな保険募集人に対するモニタリングを、より実効性のあるものとすることなどが含まれる。

　また、保険募集人に対する監督・検査については、これまでも、財務（支）局においては、保険募集人の登録（保険業法第276条）や、保険募集人に係る不祥事件届出の受理、苦情・相談への対応などを行ってきており、それらの具体的な事務については監督指針に規定されていた。

　しかしながら、このうち監督指針Ⅲ-2-15にある「不祥事件等に対する監督上の対応」に関しては、①ａ．保険会社による不祥事件（内勤職員によるものなど）に係る規定と、ｂ．保険募集人による不祥事件に係る規定とが混在しており、また、②不祥事件届出の受理時の確認事項および主な着眼点が乗合代理店を想定したものとなっていなかったことなどから、平成28年8月12日付で、以下のとおり、監督指針を改正したものである。

Ⅲ-2-15　不祥事件等に対する監督上の対応

　不祥事件等に対する監督上の対応については、以下のとおり取り扱うこととする。

(1) 不祥事件等の発覚の第一報

　保険会社において不祥事件等が発覚し、第一報があった場合は、以下の点を確認することとする。

　なお、保険会社から第一報がなく、不祥事件等届出書の提出があった場合にも、同様の取扱いとする。

①　本部等の事務部門、内部監査部門への迅速な報告及び社内規則等に基づく取締役会等への報告を行っているか。

②　刑罰法令に抵触している恐れのある事実については、警察等関係機関等へ通報しているか。

③　事件とは独立した部署（内部監査部門等）での事件の調査・解明

を実施しているか。
(2) 不祥事件等届出書の受理

規則第85条第5項各号（外国保険会社等においては、規則第166条第4項各号。免許特定法人においては、規則第192条第4項各号。以下同じ。）のいずれかに該当する行為を行った者が、保険会社、法第2条第12項に規定する子会社（保険会社の子会社である保険会社及び少額短期保険業者を除く。）若しくは業務の委託先又はそれらの役員若しくは使用人（保険募集人として登録又は届出されている者を除く。）（以下、Ⅲ-2-15において「保険会社等」という。）か、保険募集人として登録若しくは届出されている者又はそれらの役員若しくは使用人（以下、Ⅲ-2-15において「保険募集人」という。）かに応じて、以下のとおり取扱うこととする。

① 保険会社等に関する不祥事件等届出書の受理

保険会社等が規則第85条第5項各号のいずれかに該当する行為を行った場合は、当該保険会社等のうち保険会社の代表取締役から金融庁長官宛の不祥事件等届出書を保険課が受理することとする。

② 保険募集人に関する不祥事件等届出書の受理

保険募集人が、規則第85条第5項各号のいずれかに該当する行為を行った場合は、当該保険募集人を管理する保険会社の支社、支店等の長から当該保険募集人の主たる事務所の所在地を管轄する財務局長等宛の不祥事件等届出書を財務局等が受理することとする。

なお、当該不祥事件等届出書を受理した財務局等においては、当該不祥事件等届出書の内容及び受理件数について1ヵ月分を取りまとめのうえ、翌月10日までに保険課宛て報告することとする。

ただし、財務局等において緊急性が認められると判断するときは、随時、保険課宛て報告することとする。

③ 不祥事件等届出書の受理にあたっての確認事項は、以下のとおりとする。

ア．規則第85条第1項第17号の規定に基づき、保険会社が不祥事件の発生を知った日から30日以内に不祥事件等届出書が提出されることとなるが、当該不祥事件等届出書の受理時においては、法令の規定に基づき届出が適切に行われているかを確認することとする。

イ．保険契約者等の判断に重要な影響を与えるような場合であるにもかかわらず、保険会社等及び保険募集人が公表していない場合には、公表の検討が適切に行われているかを確認することとする。

ウ．二以上の所属保険会社等（法第2条第24項に定めるもの、免許特定法人及び法附則第4条の2に定める所属認可特定保険業者。以下、Ⅲ-2-15において同じ。）を有する保険募集人に係る不祥事件等届出書を受理する際は、事件の内容や性質等に照らし、当該事件が他の所属保険会社等においても生じ得るものである場合には、必要に応じて、当該保険募集人に対してヒアリングを行う等により、他の所属保険会社等で同様の事件が発生していないかを確認することとする。ただし、個人情報の保護に関する法律等に配慮する必要があることに留意する。

(3) 業務の適切性の検証

不祥事件と業務の適切性の関係については、以下の着眼点に基づき検証することとする。

なお、検証にあたっては、Ⅲ-4-1なお書き①②の要因も踏まえたものとする。

① 保険会社等に関する不祥事件等届出書の場合

ア．当該事件に役員は関与していないか、組織的な関与は認められないか。

また、経営者の責任の明確化が図られているか。

イ．事実関係の真相究明、同様の問題が他の部門で生じていないか

のチェック及び監督者を含めた責任の追及が厳正に行われているか。
- ウ．事実関係を踏まえた原因分析により、実効性のある再発防止への取組みが適時適切に行われているか。
- エ．当該事件の内容が保険会社の経営等に与える影響はどうか。
- オ．内部牽制機能が適切に発揮されているか。
- カ．保険会社等内における、役職員に対する教育・管理・指導は十分か。
- キ．当該事件の発覚後の対応が適切か。

② 保険募集人に関する不祥事件等届出書の場合
- ア．保険募集人の教育・管理・指導を担う保険会社に対する検証の着眼点は、以下のとおりとする。
  - (ア) 事実関係の真相究明、同様の問題が他の部門（保険代理店においては他の事務所等）で生じていないかのチェック及び監督者を含めた責任の追及が厳正に行われているか。
  - (イ) 事実関係を踏まえた原因分析により、実効性のある再発防止への取組みが適時適切に行われているか。
  - (ウ) 当該事件の内容が保険会社の経営等に与える影響はどうか。
  - (エ) 内部牽制機能が適切に発揮されているか。
  - (オ) 保険会社の保険募集人に対する教育・管理・指導は十分か。
  - (カ) 当該事件の発覚後の対応が適切か。
- イ．保険募集人に対する検証の着眼点は、以下のとおりとする。
  なお、保険募集人の規模や業務の特性、不祥事件の内容等を踏まえるものとする。
  - (ア) 当該事件に役員は関与していないか、組織的な関与は認められないか。
    また、経営者の責任の明確化が図られているか。
  - (イ) 事実関係の真相究明、同様の問題が他の部門（保険代理店に

　　　　おいては他の事務所等）で生じていないかのチェック及び監督
　　　　者を含めた責任の追及が厳正に行われているか。
　　(ｳ)　事実関係を踏まえた原因分析により、実効性のある再発防止
　　　　への取組みが適時適切に行われているか。
　　　　　特に、発生原因が保険代理店固有の問題である場合は、保険
　　　　代理店自身において上記取組みが適時適切に行われているか。
　　(ｴ)　内部牽制機能が適切に発揮されているか。
　　(ｵ)　保険代理店内における、保険募集人に対する教育・管理・指
　　　　導は十分か。
　　(ｶ)　当該事件の発覚後の対応が適切か。
(4)　監督上の措置
　　不祥事件等届出書の提出があった場合には、以下の措置を講じるこ
　ととする。
　①　事実関係、発生原因分析、改善・対応策等について保険会社に対
　　してヒアリングを実施し、当該保険会社における同様の事案の発生
　　状況等も踏まえ、必要に応じて、当該保険会社に対して法第128条
　　に基づき報告を求め、さらに、重大な問題があると認められる場合
　　には、法第132条又は第133条に基づき行政処分を行うこととする。
　　　なお、財務局等においては、適宜、金融庁との密接な連携に努め
　　るものとする。
　②　財務局等においては、事実関係、発生原因分析、改善・対応策等
　　について、上記①を踏まえつつ、必要に応じて、規則第85条第5項
　　各号のいずれかに該当する行為を行った保険募集人（又は当該保険
　　募集人が保険代理店の役員又は使用人である場合は当該保険代理店）に
　　対してヒアリングを実施する。
　　　また、その結果を踏まえて、必要に応じて、特定保険募集人に対
　　して法第305条に基づき報告を求め、さらに、重大な問題があると
　　認められる場合には、法第306条又は第307条に基づき行政処分を行

うこととする。

　なお、財務局等においては、適宜、金融庁との密接な連携に努めるものとする。

③　財務局等においては、規則第85条第5項各号のいずれかに該当する行為を行った保険募集人（又は当該保険募集人が保険代理店の役員又は使用人である場合は当該保険代理店）の業務を行う区域が、他の財務局等の管轄区域に及び、当該他の財務局等の管轄区域内での被害等が想定される等、必要性が認められる場合には、当該他の財務局等に情報提供する等、密接な連携に努めるものとする。また、連携を行った場合には、保険課に対して報告を行うこととする。

④　金融庁においては、規則第85条第5項各号に規定される行為の発生状況等を分析し、同様の事案が全国的に多発している傾向が見られる等、必要性が認められる場合には、財務局等に対して情報提供することとする。

(5)　標準処理期間

　不祥事件等届出書に係る法第128条（特定保険募集人にあっては法第305条）に基づく報告徴求や法第132条（特定保険募集人にあっては法第306条）又は第133条（特定保険募集人にあっては法第307条）に基づく行政処分を行う場合は、当該不祥事件等届出書（法第128条又は第305条に基づく報告徴求を行った場合は、当該報告書）の受理の日から原則として概ね1ヵ月（財務局等が金融庁への連携や保険募集人（又は当該保険募集人が保険代理店の役員又は使用人である場合は当該保険代理店）に対して直接ヒアリングを行う場合は概ね2ヵ月）以内を目途に行うこととする。

　当該改正は、①財務（支）局等における不祥事件等届出書受理時の監督上の対応の標準化と、②保険会社または保険募集人による予見可能性の向上に資することを目的としたものである。その主な改正内容としては、①不祥事

件等届出書の受理に関する事務について、(i)保険会社等に関する不祥事件の場合と、(ii)保険募集人に関する不祥事件の場合を区分（＝体系的な整理）し、また、②不祥事件等届出書の受理時の主な着眼点（業務の適切性の検証）として、それぞれ、(i)保険会社等に関する不祥事件の場合と、(ii)保険募集人に関する不祥事件の場合とを区分したうえで、さらに、(ii)保険募集人に関する不祥事件の場合にあっては、(ii)－1保険募集人の教育・管理・指導を担う保険会社に対する検証の着眼点と、(ii)－2保険募集人に対する検証の着眼点とを分けて規定したところである。

また、近年における乗合代理店での不祥事件の発生を踏まえ、不祥事件等届出書の受理時の確認事項として、新たに「二以上の所属保険会社等（法第2条第24項に定めるもの、免許特定法人及び法附則第4条の2に定める所属認可特定保険業者。以下、Ⅲ-2-15において同じ。）を有する保険募集人に係る不祥事件等届出書を受理する際は、事件の内容や性質等に照らし、当該事件が他の所属保険会社等においても生じ得るものである場合には、必要に応じて、当該保険募集人に対してヒアリングを行う等により、他の所属保険会社等で同様の事件が発生していないかを確認することとする。ただし、個人情報の保護に関する法律等に配慮する必要があることに留意する」（Ⅲ-2-15(2)③ウ.）旨を規定した。

なお、ある保険会社と代理店委託契約を締結している乗合代理店において、不祥事件が発生したことを知った場合、他の所属保険会社が当該乗合代理店に対して当該情報の提供を求めることは、個人情報の保護等の観点から困難な場合も想定されるが、監督指針Ⅲ-2-15(2)③ウ.の趣旨を踏まえ、当該所属保険会社は、乗合代理店に対して、他の所属保険会社で不祥事件が発生した場合、自社の保険募集において同様の事故が発生していないかを確認させ、発生している場合には、直ちに連絡するよう指導することが適切と考えられる。

当該監督指針の改正については、改正保険業法の施行によって、保険募集人自らに対する体制整備義務が導入されたことに伴い、保険募集人がこれま

でと同様、保険会社からの教育・管理・指導を受けつつも、自立した適切な業務執行を行うようになることを踏まえ、当局による監督を、よりいっそう実効性があるものとすることを意図したものである。

第3章

改正保険業法の解説

樽川 流・佐藤 寿昭・錦野 裕宗・大村 由紀子

第1節 保険募集の意義

　平成28年5月に施行された改正保険業法において、情報提供義務（改正保険業法第294条）や意向把握・確認義務（改正保険業法第294条の2）といった新たな義務が導入されたことから、監督指針の改正（平成27年5月27日公表）において、直接的な法令改正事項ではないものの、これらの義務に密接に関連する『保険募集の意義』に関しても、あわせて所要の改正を行ったところである。（図表3-1参照）

　平成26年6月に金融審議会保険WGが公表したWG報告書においては、募集規制の適用範囲等に関連する事項に関して以下のとおり示されている。

2-4　募集規制の適用範囲等について

　保険募集の際には、保険契約者が正しい理解に基づく適切な判断ができるよう適切な説明等が行われることが重要であり、適正かつ公正な保険募集を確保するため、法令上、保険募集が行える主体は当局の登録を受けた保険募集人等に限定されている。

　一方、保険募集の現場においては、保険代理店の大型化や募集チャネルの多様化をはじめとする環境の変化の中で、いわゆる比較サイトや紹介行為のように、見込み客の発掘から契約成立に至るまでの広い意味での保険募集プロセス（広義の保険募集プロセス）のうち、必ずしも保険募集の定義に該当することが明らかでない行為について、保険募集人以外の者が行うケースが増加している。この点について、現行の監督指針においては、保険契約の締結の勧誘や勧誘を目的とした商品説明は保険募

集に該当すると例示されている。しかし、いわゆる比較サイトや紹介行為等の中には保険商品の説明を行っているものもあるが、当該説明が保険契約の締結の勧誘を目的としたものであるかが不明確な場合もあり、現在のメルクマールのみでは、そのような行為が募集に該当するか否かの判断が難しいケースが存在する。

　このように、保険募集を巡る環境の変化に対して、現在の保険業法やその関連ルールは必ずしも対応しきれていないことから、募集規制の及ぶ範囲について再整理を行う必要がある。

2-4-1　募集規制の適用範囲の再整理・明確化について

　広義の保険募集プロセスの一部を保険募集人以外の者が担うことについては、保険契約の締結に至るまでには必ず保険募集人資格を有する者による商品説明が行われるのであれば、必ずしもそのようなケース全てにおいて問題が生じるわけではない。一方、保険募集人資格を有しない者によって過度・不適切な勧誘・推奨や誤った商品説明などの不適切な行為が行われるなど、保険募集人による顧客アプローチが行われる前のプロセスにおいて瑕疵があり、保険商品の内容等について顧客に誤った印象や情報が与えられた場合には、保険募集人が事後的に適切な商品説明等を行ったとしても顧客の誤解を解くことが困難であるなど、当該瑕疵の治癒が困難となるおそれがある。このため、保険募集プロセスのうち、保険募集人による顧客アプローチの前段階において行われている行為についても、保険契約者等の保護の観点から、一定のルールに基づいて行われる必要があるものが存在する。

　以上のような点を踏まえ、広義の募集プロセスの一環として行われる行為のうち、保険募集人が募集行為を行う際に顧客による正しい商品理解の妨げになるおそれがある行為など、当該行為に問題があった場合に保険募集人による募集行為を通じた当該瑕疵の治癒が困難となるものについて、募集行為に該当することを明確にする必要がある。この観点か

ら、ある行為が保険業法上の「募集」に該当し、同法上の募集規制を受けるか否かについて、下記のメルクマールに照らして総合的に判断していくことが適当である。

① 保険会社又は保険募集人等からの（保険契約の成約に連動して支払われる等の）報酬を受け取るなど、保険募集人が行う募集行為と一体性・連続性を推測させる事情[66]があり、かつ、

② 具体的な保険商品の推奨・説明を行うもの

①は、報酬の受領などにより過度・不適切な勧誘・推奨がなされる可能性が高まることを考慮したものであり、②は、前段階で具体的な説明がなされると保険募集人による保険商品等の説明の理解を困難にするおそれがあることを考慮したものである。

なお、広義の保険募集プロセスの一部であっても上記のメルクマールに該当しないもの、例えば、保険商品の推奨・説明を行わず契約見込客の情報を募集人に提供するだけの行為や比較サイト等の商品情報提供サービスのうち保険会社等からの情報を転載するにとどまるもの等（以下「募集関連行為」という。）については、直ちに募集規制が適用されるものではない。しかし、募集関連行為を行う第三者（以下「募集関連行為従事者」という。）が不適切な行為を行った場合や募集規制の潜脱行為[67]を行った場合には、顧客に不利益が及ぶこととなることから、保険会社や保険募集人が募集関連行為を第三者に行わせる場合には、当該保険会社や保険募集人は当該募集関連行為従事者が不適切な行為を行わないよう、適切な管理態勢を整備することが求められる。[68]

---

66 報酬の受領のほかにも、例えば、保険会社や保険募集人と資本関係等を有する場合などが考えられる。

67 例えば、以下の行為については、上記メルクマールに照らして、保険業法上の募集に該当することから、保険募集人資格を有しない者は行うことができないことに留意が必要である。

① 比較サイト等の商品情報提供サービスを提供する者が、保険会社等から（保険契約の成約に連動して支払われる等の）報酬を得て具体的な商品説明を行う行為

② 業として特定の保険会社の商品（群）のみを見込み客に対して積極的に紹介して、保険会社等から報酬を得る行為（例えば、監督指針Ⅱ－3－3－1(1)③に抵触するような行為など）

68　具体的な体制整備の内容としては、例えば、以下のようなものが考えられる。なお、その際、募集関連行為従事者の行為と募集人の行為を一体としてみた場合に保険業法に違反すると認められる場合には、募集関連行為従事者がそのような行為を行わないよう適切に管理していなかった保険募集人は体制整備義務違反を問われることに留意が必要である。

① 募集関連行為従事者が運営する比較サイト等の商品情報提供サービスにおいて、誤った商品説明や特定商品の不適切な評価など、保険募集人が募集行為を行う際に顧客の正しい商品理解を妨げるおそれのある行為を行っていないかを確認する。

② 複数の保険会社の商品や乗合代理店を紹介する募集関連行為従事者に対して紹介料を支払って見込客の紹介をうける場合、高額な紹介料やインセンティブ報酬を払って見込み客の紹介を受ける場合には、一般的にそのような報酬体系は募集関連行為従事者が本来行うことはできない具体的な保険商品の推奨・説明を行う蓋然性を高まることを踏まえ、支払手数料の設定や当該募集関連行為従事者の業務実態の把握等について、慎重な対応を行う。

③ 募集関連行為従事者において、個人情報の第三者への提供に係る顧客同意の取得などの手続が個人情報保護法等に基づき、適切に行われているか確認する。

④ 募集関連行為従事者において、特別利益の提供などの募集規制の潜脱につながる行為が行われていないかを確認する。

図表３−１　「保険募集」と「募集関連行為」について①
　　　　　　（監督指針Ⅱ-４-２-１(1)(2)関係）

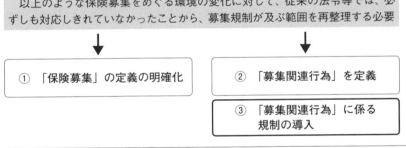

○背　　景
　募集現場においては、保険代理店の大型化や募集チャネルの多様化をはじめとする環境の変化のなかで、いわゆる比較サイトや紹介行為のように、見込客の発掘から契約成立に至るまでの広い意味での保険募集プロセス（広義の保険募集プロセス）のうち、必ずしも保険募集の定義に該当することが明らかでない行為について、保険募集人以外の者が行うケースが増加。
　保険募集人による顧客アプローチが行われる前のプロセスにおいて、保険募集人資格を有しない者によって、過度・不適切な勧誘・推奨や誤った商品説明などの不適切な行為が行われるなど、保険商品の内容等について顧客に誤った印象や情報が与えられた場合には、保険募集人が事後的に適切な商品説明等を行ったとしても顧客の誤解を解くことが困難となるおそれがある。

　以上のような保険募集をめぐる環境の変化に対して、従来の法令等では、必ずしも対応しきれていなかったことから、募集規制が及ぶ範囲を再整理する必要

①　「保険募集」の定義の明確化
②　「募集関連行為」を定義
③　「募集関連行為」に係る規制の導入

（資料）　金融庁保険課作成

　「保険募集」の適用範囲について

　「保険募集」とは、保険業法第２条第26項において、「保険契約の締結の代理又は媒介を行うこと」と定義されている。

　この点、「保険募集」を行う主体に関しては、保険業法第275条（保険募集の制限）において、生命保険募集人（第１号）、損害保険会社の役員・使用人（第２号前段）、損害保険代理店および損害保険代理店の役員・使用人（第２号後段）、少額短期保険募集人（第３号）、保険仲立人およびその役員・使用人（第４号）以外の者は、何人も保険募集を行ってはならないと規定されて

おり、保険業法第276条に基づく内閣総理大臣の登録、保険業法第302条に基づく届出等が求められているところである。

このように、保険募集を制限（募集主体を制限）することについては、前述のWG報告書にもあるとおり、「保険契約者が正しい理解に基づく適切な判断が出来るような適切な説明等が行われることが重要である」ためであり、仮に、登録・届出を行っていない者が「保険募集」を行った場合には、無登録募集、または、無届募集として、保険業法第317条の2第4号に基づく罰則が適用されることとなる。

したがって、「保険募集」の適用範囲に関しては、「保険募集」に該当する場合と、「保険募集」に該当しない場合を、明確にする必要があるところ、改正前の監督指針（Ⅱ-4-2-1(1)②）においては、以下のように規定されていた。

【改正前の監督指針】
Ⅱ-4-2　保険募集管理態勢
Ⅱ-4-2-1　適正な保険募集管理態勢の確立
(1) 保険募集人の採用・委託・登録・届出
　① （略）
　② 以下のいずれかの業務を行う者は、法第276条に規定する特定保険募集人（法第276条に規定する「特定保険募集人」のうち、「少額短期保険募集人」を除いた者をいう。以下同じ。）の登録、及び損害保険代理店の役員又は使用人の場合は、法第302条に規定する届出を行っているか。
　　ア．保険契約の締結の勧誘
　　イ．保険契約の締結の勧誘を目的とした保険商品の内容説明
　　ウ．保険契約の申込みの受領
　　エ．その他の保険契約の締結の代理又は媒介
　　（注）登録・届出の要否については、一連の行為の中で当該行為の

> 位置付けを踏まえたうえで、総合的に判断する必要があるが、例えば、以下に掲げる行為のみを行う者は、基本的に上記の登録・届出は不要であると考えられる。
> (ア) 保険募集人の指示を受けて行う、商品案内チラシの単なる配布
> (イ) コールセンターのオペレーターが行う、事務的な連絡の受付や事務手続き等についての説明
> (ウ) 金融商品説明会における、一般的な保険商品の仕組み、活用法等についての説明

　そのようななかで、近年、「保険募集の現場においては、保険代理店の大型化や募集チャネルの多様化をはじめとする環境の変化の中で、いわゆる比較サイトや紹介行為のように見込み客の発掘から契約成立に至るまでの広い意味での保険募集プロセス（広義の保険募集プロセス）のうち、必ずしも保険募集の定義に該当することが明らかでない行為について、保険募集人以外の者が行うケースが増加して」おり、前述のWG報告書において、「いわゆる比較サイトや紹介行為等の中には保険商品の説明を行っているものもあるが、当該説明が保険契約の締結の勧誘を目的としたものであるかが不明確な場合もあり、現在のメルクマールのみでは、そのような行為が募集に該当するか否かの判断が難しいケースが存在する」との指摘が示された。

　また、「このように、保険募集を巡る環境の変化に対して、現在の保険業法やその関連ルールは必ずしも対応しきれていないことから、募集規制のおよぶ範囲について再整理を行う必要がある」との提言が示された。

　これを受けて、監督指針の改正作業においては、まず、「Ⅱ-4-2-1　適正な保険募集管理態勢の確立」の冒頭に「保険募集の意義」（Ⅱ-4-2-1(1)）を設けたうえで、改正前の監督指針（Ⅱ-4-2-1(1)②）にあった保険業法第2条第26項に定める「保険募集」に該当する行為類型を再整理・明確化することとした。

具体的には、改正前の監督指針にあった、
　ア．保険契約の締結の勧誘
　イ．保険契約の締結の勧誘を目的とした保険商品の内容説明
　ウ．保険契約の申込みの受領
　エ．その他の保険契約の締結の代理又は媒介
については、改正後の監督指針においても再掲（Ⅱ-4-2-1(1)①）したうえで、このうち「エ．」を補足するものとして、以下の下線部分の規定を新設することとした。

【改正後の監督指針】
Ⅱ-4-2　保険募集管理態勢
Ⅱ-4-2-1　適正な保険募集管理態勢の確立
(1) 保険募集の意義
　① 法第2条第26項に規定する保険募集とは、以下のア．からエ．の行為をいう。
　　ア．保険契約の締結の勧誘
　　イ．保険契約の締結の勧誘を目的とした保険商品の内容説明
　　ウ．保険契約の申込の受領
　　エ．その他の保険契約の締結の代理又は媒介
　② なお、上記エ．に該当するか否かについては、一連の行為の中で、当該行為の位置付けを踏まえたうえで、以下のア．及びイ．の要件に照らして、総合的に判断するものとする。
　　ア．保険会社又は保険募集人などからの報酬を受け取る場合や、保険会社又は保険募集人と資本関係等を有する場合など、保険会社又は保険募集人が行う募集行為と一体性・連続性を推測させる事情があること。
　　イ．具体的な保険商品の推奨・説明を行うものであること。

第3章　改正保険業法の解説

図表3－2　「保険募集」と「募集関連行為」について②
　　　　　（監督指針Ⅱ-4-2-1⑴⑵関係）

○「保険募集」の定義の明確化
　「保険募集」とは、保険契約の締結の代理または媒介を行うこと（保険業法第2条第26項）であり、従来から監督指針においては、当該定義を補足していたところであるが、今回の改正においては、顧客紹介行為などの保険募集プロセスにおける一部行為が「保険募集」に該当するか否かを、以下の要件に照らして総合的に判断することとし、明確化したところ。

「保険募集」の定義 （監督指針Ⅱ-4-2-1⑴①）

保険募集の定義
　ア．保険契約の締結の勧誘
　イ．保険契約の締結の勧誘を目的とした保険商品の内容説明
　ウ．保険契約の申込みの受領
　エ．その他の保険契約の締結の代理または媒介
　　　　　　　　　　　　　　　　　　　　　　　　　　　保険募集

［上記エ．に関する補足］
new
　○上記エ．に該当するか否かについては、一連の行為のなかで、当該行為の位置づけを踏まえたうえで、以下のア．およびイ．の要件に照らして、総合的に判断するものとする。
　　ア．保険会社又は保険募集人などからの報酬を受け取る場合や、保険会社又は保険募集人と資本関係等を有する場合など、保険会社又は保険募集人が行う募集行為と一体性・連続性を推測させる事情があること。
　　かつ
　　イ．具体的な保険商品の推奨・説明を行うものであること。

（資料）　金融庁保険課作成

　上記⑴①ア．～ウ．の内容は一義的に明らかであり、広義の募集プロセスのうち、「必ずしも保険募集の定義に該当することが明らかでない行為」とは、同エ．に規定される「その他の保険契約の締結の代理又は媒介」に該当しうるものと整理したうえで、前述のWG報告書で示された「①　保険会社又は保険募集人等からの（保険契約の成約に連動して支払われる等の）報酬を受け取るなど、保険募集人が行う募集行為と一体性・連続性を推測させる事情があり」かつ「②　具体的な保険商品の推奨・説明を行うもの」を「そ

の他の保険契約の締結の代理又は媒介」の該当性の判断に用いる要件として新たに規定（Ⅱ-4-2-1(1)②ア．イ．）したものである。

なお、ア．～ウ．については、改正前の指針による考え方を変更したものではない。[PC.202][1]

また、実際に、ある行為が当要件に照らして「保険募集」に該当するかを判断する場合、たとえば、保険会社または保険募集人との人的関係性や具体的な商品説明の程度、具体的な報酬額の水準や商品の推奨・説明の程度等によって結論は異なりうることから、当規定においては、「保険募集」の該当性の判断にあたっては、WG報告書の記載も踏まえつつ、「一連の行為の中で、当該行為の位置付けを踏まえたうえで、以下のア．及びイ．の要件に照らして、総合的に判断する」旨を規定した。（図表3－2参照）

(1) 当規定中に用いている用語等の解説

　a 「保険会社又は保険募集人など」とは

　Ⅱ-4-2-(1)②ア．にある「保険会社又は保険募集人など」の「など」は、たとえば、保険会社や保険募集人が支払う報酬を保険会社や保険募集人以外の第三者を介して受領した場合の当該「第三者」が該当する。このような場合であっても、受領者に生じる実質的な効果は同様であり、保険会社や保険募集人が行う募集行為と一体性・連続性を推測させる事情は変わらないと考えられるためである。

　b 「資本関係等」とは

　Ⅱ-4-2-1(1)②ア．にある「資本関係等」の「等」については、たとえば、役職員の出向・派遣などの人的関係も含まれる。こうした人的関係によって、保険会社または保険募集人が行う募集行為との一体性や連続性を推測させる事例も考えられるためである。[PC.189] なお、個別具体的な事案

---

[1] 金融庁「「平成26年改正保険業法（2年以内施行）に係る政府令・監督指針案」に対するパブリックコメントの結果等について」（平成27年5月27日）の別紙1「コメントの概要及びコメントに対する金融庁の考え方」の番号22。以下、同節において「PC.」と略記。

においては、親族関係についても、かかる「人的関係」に含まれる場合があると考えられる。[PC.191]

「資本関係」については、たとえば、平成10年大蔵省告示第238号第1条第1号イ～ニに掲げる法人は一定程度、保険会社または保険募集人が行う募集行為と一体性・連続性を推測させる事情があると考えられ、人的関係、取引関係等その他の事情も考慮したうえで、Ⅱ-4-2-1⑴②ア．の該当性を判断することになる。

他方、たとえば、資産運用の結果、わずかな資本関係を有するに至った場合であっても、それをもって当規定（Ⅱ-4-2-1⑴②ア．）に該当すると判断されるものではない。[PC.192]

大蔵省告示第238号（平成10年6月8日）
第1条（生命保険募集人又は保険仲立人と密接な関係を有する者の範囲）

　保険業法施行規則第234条第2号に規定する生命保険募集人、少額短期保険募集人又は保険仲立人と密接な関係を有する者として金融庁長官が定める者は、次に掲げるものとする。
　一　資本関係に照らし当該生命保険募集人、少額短期保険募集人又は保険仲立人（以下「生命保険募集人等」という。）と密接な関係を有する次に掲げる法人の役員又は使用人
　　イ　当該生命保険募集人等の特定関係法人
　　ロ　当該生命保険募集人等を特定関係法人とする法人
　　ハ　イに掲げる法人の特定関係法人
　　ニ　イ又はロに掲げる法人を特定関係法人とする法人
　二　当該生命保険募集人等との間で、常務に従事する役員又は使用人の兼職、出向、転籍その他の人事交流を行っている法人の役員又は使用人
　三　その他設立の経緯又は取引関係に照らし当該生命保険募集人等と密接な関係を有すると認められる法人の役員又は使用人

> 2　前項第1号に規定する特定関係法人とは、一の法人に係る次の各号に掲げる者（第2号から第6号までに掲げる者については、当該法人の議決権（保険業法（平成7年法律第105号。以下「法」という。）第2条第11項に規定する議決権をいう。以下同じ。）を保有しない者を含む。）に該当する者であって、合計して当該法人の総株主又は総出資者の議決権の25/100以上の議決権を保有するもの（法人に限る。）をいう。
> 一　当該法人の議決権の全部又は一部を保有する一の者
> 二　前号に掲げる者の総株主、総社員又は総出資者の議決権の50/100を超える議決権を保有する者
> 三　前号に掲げる者の総株主、総社員又は総出資者の議決権の50/100を超える議決権を保有する者
> 四　第1号に掲げる者により総株主、総社員又は総出資者の議決権の50/100を超える議決権を保有される法人
> 五　前号に掲げる者により総株主、総社員又は総出資者の議決権の50/100を超える議決権を保有される法人
> 六　第2号に掲げる者により総株主、総社員又は総出資者の議決権の50/100を超える議決権を保有される法人

c 「報酬」とは

Ⅱ-4-2-1(1)②ア．にある「報酬」については、WG報告書において、「（保険契約の成約に連動して支払われる等の）報酬」と記載されていたが、保険契約の成約に連動していない報酬であっても、保険会社や保険募集人が行う募集行為との一体性や連続性が推測される事例は考えられることから、監督指針においては、「保険契約の成約に連動して」との条件を付していない。

また、WG報告書においては、一体性や連続性の起点となる募集行為を行う者として「保険募集人」のみが記載されていたが、インターネットなどを用いて保険会社も自ら保険募集を行うことから、監督指針においては、「保険会社や保険募集人」と規定している。

d 「具体的な保険商品の推奨」とは

Ⅱ-4-2-(1)②イ. にある「具体的な保険商品の推奨」については、具体的に、どのような発信・訴求をした場合に、これに当たるのか、たとえば、商品内容はいっさい説明せず、「この商品は評判がいい（プロが選ぶ第1位）」「この商品は人気がある（人気ランキング第1位）」といった発信・訴求をした場合等は、「具体的な保険商品の推奨」に当たるのかという問題がある。

具体的な保険商品の「推奨」に当たるかは、かかる文言が、どのような場面において、どのような文脈で用いられたのかによって異なるため、<u>一連の行為のなかで、当該行為の位置づけや内容を踏まえ総合的に判断する必要がある</u>ことに加えて、このような文言を用いる場合においては、表現の根拠を明確に提示する必要がある。[PC.251]

なお、単に保険会社名等を告げる場合であっても、一連の行為のなかで、特定の保険会社や保険商品を推奨するような意味合いで行われる場合には、Ⅱ-4-2-1(1)②イ. に該当する場合もありうることに留意する必要がある。[PC.257]

(2) 「総合的に判断」するうえでの留意点について

「平成26年改正保険業法（2年以内施行）に係る政府令・監督指針案」に対するパブリック・コメント（意見募集期間：平成27年2月18日～同年3月19日、結果公表：平成27年5月27日）においては、当規定を踏まえた場合に「保険募集」に該当するか否かの照会意見も多数寄せられた。

そのうち、主な照会意見は以下のとおりであるが、前述のとおり「保険募集」への該当の適否判断については、個別具体的な事象を当規定の要件に照らして、具体的な商品説明の程度や報酬額の水準等を踏まえたうえで、総合的に判断する必要がある。

【照会のあった主な意見と金融庁の考え方（→）について】

① 保険の相談に来た顧客または見込み客を営業店に在籍する保険募集人Aが、より保険の専門的知識のある本部に在籍する保険募集人B

> に取り次ぐ（トスアップする）場合

→この場合は、本部における募集行為が、営業店における行為と一連のものとして行われているのであれば、営業店における保険募集人Aの行為も保険募集および保険募集に係る業務に該当しうると考えられる。[PC.198]

> ② 資本関係等を有する保険会社または保険募集人に対して見込み客を紹介しているケースで、具体的な保険商品の推奨、説明を伴う場合
> ③ 業としてではなく、保険会社または保険募集人が、保険に興味ある知人を紹介していただいた方に報酬等を支払う「お知り合い紹介キャンペーン」を行う場合

→このような行為が「保険募集」に該当するかについては、Ⅱ-4-2-1(1)②ア．およびイ．に照らして総合的に判断する必要がある。[PC.200、201]

> ④ 保険募集人ではない者がインターネットのHP等に独自の意見・見解等を掲載しているようなケースにおいて、Ⅱ-4-2-1(1)②ア．イ．の両方に該当する場合については、保険募集に該当する蓋然性が高いという理解でよいか。
> ⑤ 保険会社や保険募集人の広告を掲載するのみにとどまらず、たとえば「アフィリエイト広告にみられるアフィリエイターの行為など、保険会社等からの情報に関する独自の見解を表明し、顧客を当該情報に誘引する行為」は、Ⅱ-4-2-1(1)②イ．の「具体的な保険商品の推奨・説明」に該当する蓋然性が高いという理解でよいか。

⑥　具体的な保険商品や優位性に触れるものでなければ、単に会社名や保険商品・種目名、代理店名に触れたことをもって、直ちに募集行為にあたるものではないとの理解でよいか。

→Ⅱ-4-2-1(1)①エ．への該当性の適否判断にあたっては、特定の行為がⅡ-4-2-1(1)②ア．とイ．のいずれにも該当するか否かを判断することとしており、Ⅱ-4-2-1(1)②ア．とイ．の両方に該当する場合には、具体的な報酬額の水準や商品の推奨説明の程度などから総合的に判断することとなる。[PC.203〜205]

⑦　税理士およびその事務所に勤める職員が顧問先である法人やその経営者、従業員に保険加入を勧め、特定の保険会社や募集人を紹介し、加入実績に応じ報酬を受け取る場合
⑧　社会保険労務士、ファイナンシャル・プランナーおよびその事務所に勤める職員がその顧客に特定の保険会社や募集人を紹介し、加入実績に応じ報酬を受け取る場合
⑨　保険募集を前提として保険会社、募集人より報酬を得て保険会社や募集人を紹介する行為（インターネットサイトなどの利用を含む）

→⑦〜⑨については、Ⅱ-4-2-1(1)②ア．に該当しているケースに関するものと考えられることから、この場合は、Ⅱ-4-2-1(1)②イ．に該当するか否かを判断したうえで、具体的な報酬額の水準や商品の推奨・説明の程度などから総合的に判断することとなる。[PC.209]

⑩　すでに申込手続を行った顧客に対し、契約成立までに、社外の委託業者から、申込内容や当該申込内容に係る留意点等の再確認を電話で

行うことに関し、当該再確認が上記の内容に限定されていれば、当該
　　委託業務に係る事務委託手数料を支払っていたとしても、「保険募集」
　　に該当しないとの理解でよいか。

→この場合は、「すでに申込手続を行った顧客」を対象とした行為である
　ため、「保険募集」に該当しないと考えられる。

⑪　見込み客から、具体的な商品に紐づかないニーズを聞いても（たと
　　えば、「死亡した場合の遺族保障を望む」というニーズを聞くだけで、具体
　　的な商品提案は行わない）それだけでは、保険募集には該当しないと
　　いうことでよいか。

→この場合は、（　）内の例示において、「具体的な商品提案は行わない」
　とあることから、Ⅱ-4-2-1(1)②イ．にある「具体的な保険商品の推
　奨・説明を行うもの」ではないと解されるほか、同ア．にある「保険会
　社又は保険募集人などからの報酬を受け取る場合」や「保険会社又は保
　険募集人と資本関係等を有する場合」などを前提としていないことか
　ら、当該照会意見にある事例については、「保険募集」には該当しない
　ものと考えられる。[PC.211]

⑫　一定の行為が、保険会社や保険募集人等からの報酬を受け取らずに
　　行われている場合（使途や換金性が限定されている金券や物品類等の社
　　会通念上妥当なお礼の程度にとどまる場合）は、「保険募集」「募集関連
　　行為」のいずれにも該当しないと考えてよいか。
⑬　一定の行為が、保険会社や保険募集人等との資本関係等を有するも
　　のの、「報酬」を受け取らずに行われている場合であり、かつ、保険

以外の本業取引顧客に対して、別途同意等を得て、本業に関連するサービス紹介の一環として、付随的に保険代理店に紹介する場合、さらには、一定の行為が、保険会社や保険募集人等との資本関係を有するものの「報酬」を受け取らずに行われている場合であり、かつ、福利厚生制度の一環として対象従業員等の同意等を得て、保険代理店に紹介している場合は、「保険募集」「募集関連行為」のいずれにも該当しないと考えてよいか。

⑭　保険代理店が、既存顧客等に対して商品等の特定を行うことなく、単に、見込み客の紹介のみを依頼する場合で、当該顧客は保険商品の説明は行わず、保険代理店からの報酬（社会通念上妥当な範囲内のお礼を除く）も受けていない場合は、「保険募集」「募集関連行為」のいずれにも該当しないと考えてよいか。

→基本的に「保険募集」「募集関連行為」のいずれにも該当しないものとしては、Ⅱ-4-2-1(2)（注3）に例示しているとおりであり、上記⑫～⑭の場合については、いずれも報酬としての金銭を受け取らずに行われている場合であるものの、その実態の経済的な価値や目的等に照らして、総合的に判断すべきものと考えられる。[PC.212、213]

⑮　Ⅱ-4-2-1(2)（注3）ア．～エ．の行為は、報酬を得て行っている場合であっても、保険募集・募集関連行為のいずれにも該当しないと理解してよいか。

→Ⅱ-4-2-1(2)（注3）については、「基本的に保険募集・募集関連行為のいずれにも該当しないものと考えられる」行為の例示を規定しているものであるため、当事例については、「保険募集」「募集関連行為」のいずれにも該当しないものと考えられる。[PC.215]

⑯ 「チラシの備付け」を行っている事業者が当該チラシに対し、独自見解の表明や具体的説明を行った場合については、Ⅱ-4-2-1(1)②イ．に記載の「具体的な保険商品の推奨・説明」に該当し、募集関連行為への該当のみならず、保険募集にも該当する可能性があることに留意する必要があるとの理解でよいか。

→単にチラシを備え置いた場合には、Ⅱ-4-2-1(1)②イ．には該当しないと考えられるが、当該チラシにある保険商品を推奨・説明するような行為が伴った場合には、それらの行為を個別具体的にみて、Ⅱ-4-2-1(1)②イ．に該当するかどうかを判断する必要がある。[PC.214]

⑰ 保険募集人がショッピングセンターと契約し、店内に保険募集人名義のパンフレットスタンドを設置し、買い物客がパンフレットを読み、パンフレットに記載された方法で保険契約を申し込む方法は、募集行為や募集関連行為のいずれにも該当しないという理解でよいか。

→当該ケースにおけるショッピングセンターの行為は、基本的には、募集行為・募集関連行為のいずれにも該当しないものと考えられるが、この場合においても、Ⅱ-4-2-1(1)および(2)に照らして、個別の事案ごとに総合的に判断する必要がある。[PC.216]

⑱ 市販されている名簿や人名録を保険募集人が購入し、保険募集に利用しようとする場合、保険募集人に対して当該名簿等を販売した者は、「募集関連行為従事者」に該当するか。また、当該名簿等を販売した者は、あらかじめ当該保険募集人が当該名簿等を保険募集に利用

することを認識していた場合はどうか。

→個別具体的に判断する必要があるが、委託またはそれに準じる関係に基づいて行われる行為と関連して行われるものでなければ、基本的に、当該名簿等を販売した者は募集関連行為従事者には該当しないものと考えられる。[PC.240]

⑲ 保険代理店等が保険業法第300条、規則第234条により自らが募集できない分野の保険商品について、外部の保険代理店等に自社の従業員等を紹介し、紹介手数料等の対価を得るようなケース（報酬の名目が異なるケースも含む）

⑳ 規則第212条等の潜脱を目的として、銀行等が外部の保険代理店等に融資先企業の従業員等を紹介し、紹介手数料等の対価を得るようなケース（報酬の名目が異なるケースも含む）

㉑ 保険業法第282条等の潜脱を目的として、保険代理店と募集関連行為従事者（紹介業者等）を兼業し、状況に応じ保険募集人と募集関連行為従事者の立場を使い分けるといったケース

→⑲～㉑のようなケースについては、Ⅱ-4-2-1(2)①に該当しうる場合があると考えられることから、保険会社または保険募集人は、募集関連行為従事者による募集規制の潜脱が行われないよう留意すべきものである。[PC.265～267]

「募集関連行為」について

今回の監督指針改正においては、「保険募集」の意義として「保険募集」に該当するか否かの判断の要件を再整理・明確化したうえで、広義の募集プロセスのうち、「保険募集」に該当しないものを、「募集関連行為」として位

置づけるとともに、保険会社または保険募集人が、募集関連行為を第三者に委託し、または、それに準じる関係に基づいて行わせる場合の留意点を以下のとおり整理した。

Ⅱ-4-2　保険募集管理態勢

Ⅱ-4-2-1　適正な保険募集管理態勢の確立

(2)「募集関連行為」について

　契約見込客の発掘から契約成立に至るまでの広い意味での保険募集のプロセスのうち上記(1)に照らして保険募集に該当しない行為（以下、「募集関連行為」という。）については、直ちに募集規制が適用されるものではない。

　しかし、保険会社又は保険募集人においては、募集関連行為を第三者に委託し、又はそれに準じる関係に基づいて行わせる場合には、当該募集関連行為を受託した第三者（以下、「募集関連行為従事者」という。）が不適切な行為を行わないよう、例えば、以下の①から③の点に留意しているか。

　また、保険会社は、保険募集人が、募集関連行為を第三者に委託し、又はそれに準じる関係に基づいて行わせている場合には、保険募集人がその規模や業務特性に応じた適切な委託先管理等を行うよう指導しているか。

（注1）　募集関連行為とは、例えば、保険商品の推奨・説明を行わず契約見込客の情報を保険会社又は保険募集人に提供するだけの行為や、比較サイト等の商品情報の提供を主たる目的としたサービスのうち保険会社又は保険募集人からの情報を転載するにとどまるものが考えられる。

（注2）　ただし、例えば、以下の行為については、保険募集に該当し得ることに留意する必要がある。

　　ア．業として特定の保険会社の商品（群）のみを見込み客

　　　　　　に対して積極的に紹介して、保険会社又は保険募集人など
　　　　　　から報酬を得る行為
　　　　イ．比較サイト等の商品情報の提供を主たる目的とした
　　　　　　サービスを提供する者が、保険会社又は保険募集人などか
　　　　　　ら報酬を得て、具体的な保険商品の推奨・説明を行う行為
（注３）　例えば、以下の行為のみを行う場合には、上記の要件に照
　　　　らして、基本的に保険募集・募集関連行為のいずれにも該当
　　　　しないものと考えられる。
　　　　ア．保険会社又は保険募集人の指示を受けて行う商品案内チ
　　　　　　ラシの単なる配布
　　　　イ．コールセンターのオペレーターが行う、事務的な連絡の
　　　　　　受付や事務手続き等についての説明
　　　　ウ．金融商品説明会における、一般的な保険商品の仕組み、
　　　　　　活用法等についての説明
　　　　エ．保険会社又は保険募集人の広告を掲載する行為
（注４）　保険募集人が保険募集業務そのものを外部委託すること
　　　　は、法第275条第３項に規定する保険募集の再委託に該当す
　　　　るため、原則として許容されないことに留意する。
① 　募集関連行為従事者において、保険募集行為又は特別利益の提
　　供等の募集規制の潜脱につながる行為が行われていないか。
② 　募集関連行為従事者が運営する比較サイト等の商品情報の提供
　　を主たる目的としたサービスにおいて、誤った商品説明や特定商
　　品の不適切な評価など、保険募集人が募集行為を行う際に顧客の
　　正しい商品理解を妨げるおそれのある行為を行っていないか。
③ 　募集関連行為従事者において、個人情報の第三者への提供に係
　　る顧客同意の取得などの手続が個人情報の保護に関する法律等に
　　基づき、適切に行われているか。
　　　また、募集関連行為従事者への支払手数料の設定について、慎

重な対応を行っているか。
　　（注）　例えば、保険募集人が、高額な紹介料やインセンティブ報酬を払って募集関連行為従事者から見込み客の紹介を受ける場合、一般的にそのような報酬体系は募集関連行為従事者が本来行うことができない具体的な保険商品の推奨・説明を行う蓋然性を高めると考えられることに留意する。

　「募集関連行為」については、WG報告書においては、「広義の保険募集プロセスの一部を保険募集人以外の者が担うことについては、保険契約の締結に至るまでには必ず保険募集人資格を有する者による商品説明が行われるのであれば、必ずしもそのようなケース全てにおいて問題が生じるわけではない。一方、保険募集人資格を有しない者によって過度・不適切な勧誘・推奨や誤った商品説明などの不適切な行為が行われるなど、保険募集人による顧客アプローチが行われる前のプロセスにおいて瑕疵があり、保険商品の内容等について顧客に誤った印象や情報が与えられた場合には、保険募集人が事後的に適切な商品説明等を行ったとしても顧客の誤解を解くことが困難であるなど、当該瑕疵の治癒が困難となるおそれがある。このため、保険募集プロセスのうち、保険募集人による顧客アプローチの前段階において行われている行為についても、保険契約者等の保護の観点から、一定のルールに基づいて行われる必要があるものが存在する」と指摘された。
　これらの行為については、法令上に直接の規定はないことから、直ちに募集規制が適用されるものではないものの、保険契約者等の保護の観点から改正保険業法では、保険会社または保険募集人による第三者に対する業務の委託等として位置づけ、保険会社の体制整備義務（保険業法第100条の2（規則第53条の11））および保険募集人の体制整備義務（改正保険業法第294条の3（規則第227条の11））の一環として、委託先に対する適切な業務運営の管理・指導を義務づけるとともに、監督指針において、保険会社および保険募集人が留意すべき点を明確化することにより、一定のルールを整備することとし

た。

　そのため、まずは、広義の募集プロセスのなかにある「保険募集」に該当するか否かの判断の要件を再整理・明確化し、うち残る部分を「募集関連行為」として位置づけたうえで、「募集関連行為」を適切に行わせるために留意すべき点（Ⅱ-4-2-1(2)①〜③）を規定した。

　その際に、(1)「保険募集」と「募集関連行為」との間の線引き、(2)「募集関連行為」と「それ以外の行為」（＝広義の募集プロセスにも属さないと考えられる行為）との間の線引きを明確にする手段として、それぞれの行為の具体例を示すこととした。

(1) 「保険募集」と「募集関連行為」との線引き

　「募集関連行為」については、前述のとおり、広義の募集プロセスのなかで「保険募集」の外縁に位置づけられるものであり、監督指針においては、その境界線上に位置する行為を「保険募集に該当し得る」ものとして、以下の具体例（Ⅱ-4-2-1(2)（注2））を示し、留意を要することとした。

　　① <u>業として特定の保険会社の商品（群）のみを見込み客に対して積極的に紹介して、保険会社又は保険募集人などから報酬を得る行為</u>（Ⅱ-4-2-1(2)（注2）ア.）

　　② 比較サイト等の商品情報の提供を主たる目的としたサービスを提供する者が、<u>保険会社又は保険募集人などから報酬を得て</u>、<u>具体的な保険商品の推奨・説明を行う行為</u>（Ⅱ-4-2-1(2)（注2）イ.）

　上記①②は、WG報告書（23頁）注釈67で「保険募集」に該当する例としてあげられたものであり、監督指針Ⅱ-4-2-1(1)②ア.とイ.に照らして、保険業法上の募集に該当しうると判断されるものである。

(2) 当規定中に用いている用語等の解説

　a 「報酬」とは

　上記①にある「報酬」とは、いかなる体系の報酬であっても含まれうる。[PC.243]また、「保険会社又は保険募集<u>人など</u>から報酬を得る行為」としているのは、募集関連行為従事者に対して、保険会社や保険募集人以外の第

三者を経由して支払われる場合を想定したものである。[PC.259]

　　b 「比較サイト」とは

　上記②にある「比較サイト」とは、たとえば、保障内容や保険料等に係る希望の条件を入力すると、複数の保険会社の商品間における、それら条件に基づいた比較内容が表示されるインターネットサイト等を想定したものである。[PC.220]

　たとえば、比較サイト等の商品情報提供を主たる目的としたサービスを提供する者が、保険会社の広告として、当該保険会社の保険商品の情報をそのまま掲載する場合や、そのような広告に、当該保険商品を推奨する内容が記載されている場合 [PC.221]、さらには、複数の具体的な保険商品の広告を掲載 [PC.222] している場合であっても、それらが、保険会社または保険募集人の広告をそのまま掲載しているものである限り、「保険募集」にも「募集関連行為」にも該当しないものと考えられる。

　他方、その広告とあわせて、独自の見解として当該商品を推奨する内容を記載している場合には、Ⅱ-4-2-1(1)②ア．とイ．への該当性を検討し、両方に該当する場合には、さらに具体的な報酬額の水準や商品の推奨・説明の程度などを勘案し、募集行為への該当性を総合的に判断することとなる。また、その結果、保険募集に該当しない場合であっても、保険会社または保険募集人において、当該行為を第三者に委託またはそれに準じる関係に基づいて行わせている場合には、当該第三者は募集関連行為従事者に該当する可能性があることに留意が必要である。[PC.221、222]

　　c 「比較サイト等の商品情報の提供を主たる目的としたサービス」について

　「比較サイト等の商品情報の提供を主たる目的としたサービス」については、その具体的な態様によって、「保険募集」「募集関連行為」のいずれにも該当しうるものである。たとえば、比較サイトに商品情報を掲載したうえで、保険会社等のサイトに遷移する仕組みを構築して報酬を得る行為については、報酬の多寡や当該サイトの画面構成、具体的な表示内容等を踏まえて

総合的に判断した結果、「保険募集」に該当すると解される可能性がある。他方、比較サイトが、具体的な保険商品の説明を行っていない場合は、基本的には「保険募集」に該当しないものと考えられる。[PC.224]

「募集関連行為」と「それ以外の行為」（広義の募集プロセスにも属さないと考えられる行為）との線引き

監督指針（Ⅱ-4-2-1(2)（注3））においては、「募集関連行為」の外縁を明確にするため、「保険募集」にも「募集関連行為」にも基本的に該当しない行為を以下のとおり例示している。

① 保険会社又は保険募集人の指示を受けて行う商品案内チラシの単なる配布

② コールセンターのオペレーターが行う、事務的な連絡の受付や事務手続き等についての説明

③ 金融商品説明会における、一般的な保険商品の仕組み、活用法等についての説明

④ 保険会社又は保険募集人の広告を掲載する行為

上記①から③については、改正前の監督指針（Ⅱ-4-2-1(1)②（注））においても、保険募集人としての登録・届出の要否に関して、基本的に登録・届出が不要である行為の例示として規定されていたものである。

今回の改正では④が追加されたが、これは、たとえば新聞や雑誌等において、保険会社や保険募集人が広告主となり、自社（自身）の広告を掲載する場合、新聞社や出版社等による広告を掲載する行為は、「保険募集」にも「募集関連行為」にも該当しないといった例を想定したものである。他の規定（Ⅱ-4-2-1(2)（注1）（注2））との関係は、当規定に該当する者（新聞社や出版社等）は、たとえば、「商品情報の提供を主たる目的としたサービスを提供する者」ではないと解することができる。

他方で、最近の比較サイトに代表されるような「商品情報の提供を主たる目的としたサービスを提供する者」については、広告とあわせて、独自の見

解として当該保険商品を推奨する内容を掲載している例もみられ、かかる場合には、実際に行う行為やその程度などによって、「保険募集」または「募集関連行為」に該当することに留意する必要がある。

4 「保険募集」「募集関連行為」と「保険募集に係る業務」との関連性について

「保険募集」「募集関連行為」と類似する監督指針上の用語に「保険募集に係る業務」がある。具体的には、監督指針（Ⅱ-4-2-6）は、銀行等に対する保険募集の委託に際して、銀行等に非公開金融情報・非公開保険情報の取扱いに係る必要な措置を講じるよう求めているが、その一環として、保険募集人または保険仲立人である銀行等が、非公開保険情報（規則第212条第2項第1号ロに規定する非公開保険情報をいう。以下、同じ）を資金の貸付等の保険募集に係る業務以外の業務に利用する場合、非公開保険情報の利用について顧客の同意を取得する際に、適正な方法により事前に顧客の同意を得るための措置を講じるよう求めている。

ここで、「保険募集に係る業務」とは、保険募集人が行う業務であって、「保険募集」のみならず、その周辺業務も含まれる。他方、「募集関連行為」については、主体が保険募集人に限定されず、広義の保険募集プロセスのうち保険募集に該当しない行為と整理される。[PC.199]（図表3-3、図表3-4参照）

5 保険会社または保険募集人が募集関連行為を委託等する場合の体制整備について

「募集関連行為」とは、契約見込客の発掘から契約成立に至るまでの広い意味での保険募集のプロセスのうち「保険募集」に該当しない行為であり、直ちに募集規制が適用されるものではない。

しかしながら、保険会社や保険募集人が募集関連行為を第三者に委託し、または、それに準じる関係に基づいて行わせる場合には、当該募集関連行為

図表3−3　「保険募集」と「募集関連行為」について③
　　　　　（監督指針Ⅱ−4−2−1(1)(2)関係）

「募集関連行為」の定義
　「募集関連行為」とは、契約見込客の発掘から契約成立に至るまでの広い意味での保険募集のプロセスのうち、「保険募集」に該当しない行為をいい、直ちに募集規制が適用されるものではない。　　　　（監督指針Ⅱ−4−2−1(2)）
　例えば、保険商品の推奨・説明を行わず、契約見込客の情報を保険会社又は保険募集人に提供するだけの行為や、比較サイト等の商品情報の提供を主たる目的としたサービスのうち保険会社又は保険募集人からの情報を転載するにとどまるものが考えられる。　　　　（監督指針Ⅱ−4−2−1(2)（注1））

「募集関連行為」に係る規制の導入
　保険会社又は保険募集人においては、募集関連行為を第三者に委託し、またはそれに準じる関係に基づいて行わせる場合には、当該募集関連行為を受託した第三者（＝「募集関連行為従事者」）が不適切な行為を行わないよう、例えば、以下の①から③の点に留意しているか。
　また、保険会社は、保険募集人が募集関連行為を第三者に委託し、またはそれに準じる関係に基づいて行わせている場合には、保険募集人が、その規模や業務特性に応じた適切な委託先管理等を行うよう指導しているか。
① 　募集関連行為従事者において、保険募集行為または特別利益の提供等の募集規制の潜脱につながる行為が行われていないか。
② 　募集関連行為従事者が運営する比較サイト等の商品情報の提供を主たる目的としたサービスにおいて、誤った商品説明や特定商品の不適切な評価など、保険募集人が募集行為を行う際に顧客の正しい商品理解を妨げるおそれのある行為を行っていないか。
③ 　募集関連行為従事者において、個人情報の第三者への提供に係る顧客同意の取得などの手続が個人情報の保護に関する法律等に基づき、適切に行われているか。
　また、募集関連行為従事者への支払手数料の設定について、慎重な対応を行っているか。
（注）　例えば、保険募集人が、高額な紹介料やインセンティブ報酬を払って募集関連行為従事者から見込み客の紹介を受ける場合、一般的にそのような報酬体系は募集関連行為従事者が本来行うことができない具体的な保険商品の推奨・説明を行う蓋然性を高めると考えられることに留意する。　　（監督指針Ⅱ−4−2−1(2)）

（資料）　金融庁保険課作成

図表3－4 「保険募集」と「募集関連行為」について④
(監督指針Ⅱ-4-2-1(1)(2)関係)

契約見込客の発掘から契約成立に至るまでの広い意味での保険募集のプロセス	募集関連行為	(1) 保険会社または保険募集人の指示を受けて行う商品案内チラシの単なる配布 (2) コールセンターのオペレーターが行う、事務的な連絡の受付や事務手続等についての説明 (3) 金融商品説明会における一般的な保険商品の仕組み、活用法等についての説明 (4) 保険会社または保険募集人の広告を掲載する行為 ※直ちに募集規制が適用されるものではない。 たとえば、保険商品の推奨・説明を行わず契約見込客の情報を保険会社または保険募集人に提供するだけの行為や、比較サイト等の商品情報の提供を主たる目的としたサービスのうち保険会社または保険募集人からの情報を転載するにとどまるものが考えられる。 たとえば、以下の行為については、保険募集に該当しうることに留意する必要がある。 ① 業として特定の保険会社の商品（群）のみを見込客に対して積極的に紹介して、保険会社または保険募集人などから報酬を得る行為 ② 比較サイト等の商品情報の提供を主たる目的としたサービスを提供する者が、保険会社または保険募集人などから報酬を得て、具体的な保険商品の推奨・説明を行う行為
	保険募集	(1) 保険契約の締結の勧誘 (2) 保険契約の締結の勧誘を目的とした保険商品の内容説明 (3) 保険契約の申込みの受領 (4) その他の保険契約の締結の代理または媒介 上記(4)に該当するか否かについては、一連の行為のなかで、当該行為の位置づけを踏まえたうえで、以下の①および②の要件に照らして、総合的に判断するものとする。 ① 保険会社または保険募集人などからの報酬を受け取る場合や、保険会社または保険募集人と資本関係等を有する場合など、保険会社または保険募集人が行う募集行為と一体性・連続性を推測させる事情があること。 ② 具体的な保険商品の推奨・説明を行うものであること。

(資料) 金融庁保険課作成

を受託した第三者（＝募集関連行為従事者）が不適切な行為を行わないよう指導等を行う必要があるほか、監督指針Ⅱ-4-2-9(2)に基づき、情報管理態勢を整備する必要がある。[PC.466]

　改正監督指針においては、改正保険業法第294条の3および規則第227条の11に基づく保険募集人による体制整備の具体的な留意点として、以下の3点を例示（監督指針Ⅱ-4-2-1(2)①～③）するとともに、保険会社に対しては、保険業法第100条の2および規則第53条の11に基づく保険募集人に対する教育・管理・指導の一環として、保険募集人がその規模や業務特性に応じた適切な委託先管理等を行うよう指導する必要があることを規定した。

　①　募集関連行為従事者において、保険募集行為又は特別利益の提供等の募集規制の潜脱につながる行為が行われていないか。
　②　募集関連行為従事者が運営する比較サイト等の商品情報の提供を主たる目的としたサービスにおいて、誤った商品説明や特定商品の不適切な評価など、保険募集人が募集行為を行う際に顧客の正しい商品理解を妨げるおそれのある行為を行っていないか。
　③　募集関連行為従事者において、個人情報の第三者への提供に係る顧客同意の取得などの手続きが個人情報の保護に関する法律等に基づき、適切に行われているか。

　上記①～③は、WG報告書（24頁、注釈No.68）において、保険会社や保険募集人による体制整備の具体例としてあげられたものを踏まえたものである。

　保険会社において、保険募集人が募集関連行為を行わせている募集関連行為従事者のすべてを把握し、直接教育・管理・指導を行うことは困難であるため、保険会社がかかる措置をとることは求められないが、保険募集人が、その規模や業務特性に応じた適切な委託先管理等を行うよう指導する必要はあり、また、保険募集人にあっては、その保険会社の指導も踏まえつつ、適切な委託先管理等を行う必要がある。[PC.228]

　なお、保険会社等が見込み客の紹介等の募集関連行為について、委託等を

行う際は、たとえば、当該募集関連行為従事者が見込み客に対し、当該見込み客の既契約保険商品について言及するという場合においても、その行為が不適切なものとならないよう、すなわち、保険募集人が募集行為を行う際に顧客の正しい商品理解を妨げるおそれのある行為を行わないよう留意する必要がある。[PC.242]

　保険業法第283条により、保険募集人が保険募集において保険契約者等の顧客に加えた損害を賠償する責任は所属保険会社が負うこととされている一方、募集関連行為従事者が顧客に与えた損害に対する損害賠償や免責事由を認めた規定は保険業法には存在しない。したがって、「募集関連行為従事者」の不適切な行為によって、保険契約者に損害が発生した場合、保険業法第283条に基づき所属保険会社が賠償責任を負う必要があるかが問題となるが、この点については、募集関連行為従事者の行為は、保険募集人からの委託またはそれに準じる関係に基づく行為であることから、保険業法第283条第1項に規定する「保険募集人が保険募集について保険契約者に加えた損害」に該当するか否かにより判断することとなると考えられる。[PC.233、234]

　上記①は、WG報告書において、「募集関連行為従事者において、特別利益の提供などの募集規制の潜脱につながる行為が行われていないかを確認する」(24頁、注釈No.68 ④)と記載されていたが、監督指針においては、「<u>保険募集行為又は</u>特別利益の提供等の募集規制の潜脱につながる行為が行われていないか」として、「保険募集行為」の潜脱を留意点として明示的に記載することとした。

　これは、募集関連行為には募集規制が適用されないことから、保険募集人が募集規制の潜脱を意図して、場面ごとに、保険募集人と募集関連行為従事者の立場を使い分けるといったことがないように留意することを求めたものである。

　また、ここでは募集規制(保険業法第300条第1項など)の潜脱の代表例として、特別利益の提供(保険業法第300条第1項第5号)をあげているが、こ

れに限らず同条同項に規定する禁止行為については、いずれも留意が必要である。

なお、特別利益の提供については、なんらの名義によってするかを問わず、当該禁止規定を免れる行為も禁止（規則第234条第1項第1号）されていることにも留意する必要がある。[PC.235]

特別利益の提供については、第5章もご参照いただきたい。

　「委託又はそれに準じる関係」について

当規定においては、保険募集人が第三者に対して募集関連行為を「委託し、又はそれに準じる関係」に基づいて行わせる場合には、当該第三者（募集関連行為従事者）が不適切な行為を行わないよう、たとえば、上記①～③の例示にあるような点に関して留意するよう求めている。

ここで、「委託し、又はそれに準じる関係」としているのは、たとえば、保険募集人が紹介行為（保険商品の推奨・説明を行わず、契約見込み客の情報を保険会社または保険募集人に提供するだけの行為など）を第三者に行わせる場合や保険会社または保険募集人から報酬等を受領している場合、明示的に委託契約を締結して委託する業務の範囲を明確に定めるケースから、保険募集人が親しい事業者に口約束で見込み客の紹介を依頼するケース、保険募集人が第三者から契約見込み客の情報が記載された名簿等を購入するケースなど、さまざまなケースが想定されるところ、当該規定の適用範囲が、明示的に委託契約を締結している場合に限られるものではなく、広く「それに準じる関係」で行わせている場合も含むものであることを明らかにするためである。

募集関連行為を行う第三者が、ここでいう、保険会社または保険募集人からの委託、またはそれに準じる関係に基づいて募集関連行為を行う「募集関連行為従事者」に該当するか否かは、「委託」などその名称のいかんにかかわらず、実際に第三者に当該行為を行わせる根拠や第三者が行う行為の内容、その行為に対する報酬水準等を考慮したうえで、両者の関係性も踏まえ

判断する必要がある。

「準じる関係」としては、たとえば、両者が一定の関係のもとで指図を受ける場合（親会社と子会社等）、その関係の実質的内容いかんで、「準じる関係」に該当すると認められる場合がある。

また、単なる売買の関係、たとえば、見込み客の名簿を一度購入するだけという関係であれば、一般的には、「それに準じる関係」には該当しないと考えられる。他方で、形式的には売買という関係であっても、それが恒常的に行われている場合や、買い手から名簿の内容に条件を付している場合など、その具体的な内容次第では、「それに準じる関係」に該当すると認められる場合がある。

 「規模や業務特性に応じた委託先管理」について

保険募集人と募集関連行為従事者の関係に加え、募集関連行為従事者となる者の規模や業務内容等もさまざまである。

そして、保険会社や保険募集人が委託、または、それに準じる関係に基づいて第三者に募集関連行為を行わせる場合には、当該第三者の規模や業務内容等に応じて、委託等による募集関連行為が適切に行われるよう努める必要がある。

典型的な対応としては、たとえば委託先との間で、関係諸法令を踏まえた適切な体制整備等を確約する旨の契約を締結することが考えられるが、必ずしも、これで十分ではなく、その実効性を確保するため、継続的なモニタリング等を行うなどの対応が考えられる。

他方、たとえば、委託元である保険募集人に比べ、委託先である募集関連行為従事者の規模が非常に大きく、委託契約とそれに基づく保険募集人による継続的なモニタリングといった対応が現実的に困難といった場合も考えられるが、かかる場合でも、保険募集人においては、少なくとも、適正な業務遂行が見込める先の選定・管理を行うといった対応を行うことが必要である。[PC.230、231]

募集関連行為従事者に対する対価について

改正監督指針においては、保険会社または保険募集人などが募集関連行為従事者による「募集関連行為」に対して支払う手数料の設定に関して、注記（Ⅱ-4-2-1(2)(注)）を設けることとした。

具体的には、「例えば、保険募集人が、高額な紹介料やインセンティブ報酬を払って募集関連行為従事者から見込み客の紹介を受ける場合、一般的にそのような報酬体系は募集関連行為従事者が本来行うことができない具体的な保険商品の推奨・説明を行う蓋然性を高めると考えられることに留意する」と規定している。

この規定は、WG報告書（24頁、注釈No.68②）において、募集関連行為従事者が不適切な行為を行わないようにするための体制整備の一例としてあげられている「複数の保険会社の商品や乗合代理店を紹介する募集関連行為従事者に対して紹介料を支払って見込み客の紹介を受ける場合、<u>高額な紹介料やインセンティブ報酬を払って見込み客の紹介を受ける場合には、一般的にそのような報酬体系は募集関連行為従事者が本来行うことはできない具体的な保険商品の推奨・説明を行う蓋然性を高めることを踏まえ、支払手数料の設定や当該募集関連行為従事者の業務実態の把握等について、慎重な対応を行う</u>」との記載を受けたものである。

ここでいう「慎重な対応」の例としては、たとえば、社会通念上の景品程度の範囲内で、現金によらず物品を提供するにとどめるなどの対応が考えられる。[PC.247]

また、ここでいう「インセンティブ報酬」とは、たとえば、見込み客の紹介者数や、紹介により成約に至った保険契約の手数料等に応じて増加する報酬を指し、監督指針においては、「インセンティブ報酬」そのものを否定するものではない[PC.244]が、そのような報酬体系は、募集関連行為従事者に対し、本来、行うことができないはずの「具体的な保険商品の推奨・説明」を行わせてしまう「インセンティブ」を与える可能性があることから、

慎重な対応を求めているものである。

　たとえば、保険代理店が会計事務所や不動産事業者との業務提携において、保険契約の成約に連動した紹介手数料を支払うといった事例を想定した場合、当該スキーム自体が一律に否定されるものではないが、かかる場合に、求められる対応の一例として、業務委託契約書において、具体的な保険商品の推奨・説明を行わない旨を明記し、仮に行った場合には契約を破棄する等の条項を設けるとともに、その実効性を確保するため、継続的なモニタリング等を行うといった対応を行うことが考えられる。また、当然ながら、委託先選定の段階で、適切な業務遂行が見込める先であるかの判断を適切に行うことも必要であると考えられる。なお、生命保険会社が募集関連行為を第三者に委託する場合には、これらに加え、「法人等に対して、紹介代理店委託を行うなどにより、紹介料等の名目で対価性のない金銭の支払いその他の便宜供与を行っていないか」（監督指針Ⅱ-4-2-1(3)③）といった点にも留意する必要がある。[PC.217]

　また、監督指針で規定されている「法人等に対する対価性のない金銭の支払いその他の便宜供与」（監督指針Ⅱ-4-2-1(3)③）や「過度の便宜供与」の禁止（監督指針Ⅱ-4-2-2(17)）の例としては、たとえば、①保険会社が業務委託費、広告費、協賛金等の名目で、対価としての役務あるいは販売促進策としての実態がない金銭等を供与する行為、②保険会社が、フランチャイジーからフランチャイザーに対価が支払われている業務について重ねてフランチャイザーに金銭を支払う行為、③募集人がなんら保険募集行為や代理店業務等を行っていないにもかかわらず、他の募集人と手数料を折半する行為などは、当該監督指針の規定の趣旨に照らして不適切なものと考えられる。

Ⅱ-4-2-1(3)
　③　生命保険会社においては、法人等に対し、登録を行わずに保険代理店委託を行うなどにより、法令等を潜脱する行為を排除する措置を講じているか。

> 　例えば、法人等に対して、紹介代理店委託を行うなどにより、紹介料等の名目で対価性のない金銭の支払いその他の便宜供与を行っていないか。
>
> Ⅱ－4－2－1(4)②
> 　イ．保険会社の役職員が実質的な保険募集を行い、その保険契約を保険代理店の扱いとする等の行為又は特定保険募集人等の間での成績を付け替える等の行為を排除するための措置を講じているか。
>
> Ⅱ－4－2－2(17)
> 　③　保険契約の締結（名義変更等による契約の変更を含む。）又は保険募集に関して、以下の措置が講じられているか。
> 　　ア．挙績を指向するあまり、金融機関への過度の預金協力による見込み客の獲得、保険料ローンを不正に利用した募集、特定の保険募集人に対する過度の便宜供与等の過当競争の弊害を招きかねない行為のほか、作成契約、超過保険契約等の不適正な行為の防止

　さらに、近年では、インターネットなどにおいて保険契約に関するアンケートを募り、アンケートに回答した顧客（契約見込み客）に対して現金や商品券などを提供する一方で、当該顧客を保険会社や保険募集人に紹介し、当該保険会社や保険募集人から報酬（手数料等）を得るといった行為（業）を行っている者が存在している。

　かかる行為は、必ずしも保険業法第300条第1項第5号に規定する保険募集に関する「特別利益の提供の禁止」に該当する行為ではないものの、アンケートによる見込み客情報の採取が一連の募集行為に含まれる形態で行われており、当該顧客の保険契約が締結に至った場合においては、当該行為が保険募集に関して行われたものと解され、当該保険契約を取り扱った保険会社や保険募集人は、当該顧客を紹介した者を通じて、「特別利益の提供」を

行ったと解されうることに留意する必要がある。また、保険会社が複数の保険商品を取り扱う乗合代理店に対して支払っている手数料等については、通常の募集手数料に加えて、高額なインセンティブ報酬（ボーナス手数料などを含む）などが支払われている実態があり、これらは、改正保険業法において規定された「意向把握・確認義務」（改正保険業法第294条の2）や「比較推奨販売」に係る制度趣旨をゆがめる可能性があることなどから、慎重な対応を行う必要がある。

以上のとおり、募集関連行為を行う第三者が不適切な行為を行った場合や募集規制の潜脱行為を行った場合には、顧客に不利益が及ぶ可能性があるため、保険会社や保険募集人が募集関連行為を第三者に行わせる場合には、当該募集関連行為従事者が不適切な行為を行わないよう、適切な管理態勢を整備することが求められる。

なお、募集関連行為従事者の行為と募集人の行為を一体としてみた場合に保険業法に違反すると認められる場合には、募集関連行為従事者がそのような行為を行わないよう適切に管理していなかった保険募集人が体制整備義務違反を問われることに留意が必要である。

共同募集について

複数の保険募集人が共同して保険販売を行う共同募集は、一般的に、複数の保険募集人が募集行為を分担して行うものであり、それぞれの保険募集人が募集規制に従って適切に募集行為を行うべきものであるが、実務上、「複数の保険募集人が募集行為を分担して行う」のではなく、ある保険募集人が他の保険募集人に改正保険業法第294条の3に規定する「保険募集の業務」の一部を委託する形態となっている場合があり、かかる場合、共同募集を行う保険募集人においては、自らが行う行為について、募集規制が適切に守られているか、募集規制の潜脱となっていないか等に留意する必要がある。

また、共同募集を行う際は、各々の保険募集人における募集責任の明確化を図る観点から、共同募集を行う各保険募集人の業務範囲を明確化するとと

もに、折半する手数料の分担に際しても、各業務における対価性に応じた設定を行う必要があると考えられる。本項で扱う「募集関連行為」等とは直接の関係はないが、共同募集においては、意向把握・確認の一連のプロセスのうち、当初の意向把握を行う保険募集人と最終の意向確認を行う保険募集人が異なる場合がありうるため、その際の適切な意向把握・確認義務の履践方法についても留意が必要であると考えられる。

(1) 共同募集における保険募集人の行為の適切性の確保について

共同募集において、それぞれの保険募集人が募集規制に従う必要があることは当然であるが、保険募集人Aが保険募集人Bに対し、改正保険業法第294条の3に規定する「保険募集の業務」の一部を委託するという関係となる場合にあっては、保険募集人Aは、通常の募集規制に加えて、委託業務の的確な実施のために必要な措置を講じる必要があると考えられる。[PC.195(2)、457]

また、保険募集人Aが、保険募集人Bから委託を受けた募集関連行為従事者になる場合、たとえば、保険募集人Aが見込み客の発掘や具体的な保険商品の説明に至らない保険ニーズの顕在化等の募集関連行為を担当し、保険募集人Bが、その後の募集行為を行う場合には、募集規制の潜脱にならないよう留意する必要があると考えられる。[PC.195(3)]

なお、保険会社からの委託の範囲次第で、保険募集人Aと保険募集人Bとで、取り扱える保険商品が異なるということがありうるが、共同募集において取り扱うことができるのは、両方の保険募集人が取り扱うことができる商品のみであることに留意する必要がある。[PC.195(4)]

(2) 共同募集における意向把握について

意向把握・確認義務は、一連のプロセスを通して、顧客の真の意向を把握する義務であることから、共同募集で複数の保険募集人がかかわることとなる場合、たとえば、

① 当初の意向の把握を保険募集人Aが行い、最終の意向確認を保険募集人Bが行うという場合がありうるが、問題ないか

② 保険募集人Aが意向把握あるいは意向確認を顧客に対して行えば、保険募集人Bにおいては、別途、意向把握あるいは意向確認を行う必要がないのか

等の疑問が生じるところである。これらの点については、具体的な事実関係に基づき個別に判断される必要があるが、どのようなかたちをとる場合であっても、共同かつ一連の保険募集のなかで適切な意向把握・確認が確保されるかたちで共同募集が行われる必要がある。[PC.331、332]

第2節

情報提供義務（改正保険業法第294条関係）

 情報提供義務の規定の背景について

　顧客が自らのニーズにあった保険商品に加入することを確保するためには、顧客がその商品内容について正しく理解することが不可欠であり、そのためには、保険募集人が顧客に対し、当該保険商品に関する情報を適切に提供することが重要である。この点に関しては、これまでも、監督指針において、「契約概要」（重要な事項のうち顧客が保険商品の内容を理解するために必要な情報）や「注意喚起情報」（顧客に対して注意喚起すべき情報）という一定の形式で顧客に情報提供を行うことが求められていた。上記監督指針は保険業法第300条第1項第1号において「保険契約の契約条項のうち重要な事項を告げない行為」が禁止されていることを根拠（「重要な事項を告げない行為が禁止」であるため、「重要な事項を告げることが求められている」と反対解釈する）としていた。

　このように、一般的に保険よりも顧客の理解が容易と考えられる預金等に関しては銀行法等に情報提供義務が規定されている一方で、保険業法においては、顧客に対する積極的な情報提供義務は規定されていないことは非常にバランスが悪い状態であった。

　また、保険業法第300条第1項第1号は、刑事罰の対象となっており、上記監督指針における規定、たとえば、「保険契約の契約条項のうち重要な事項を告げる場合は、保険契約の種類及び性質等に応じて適正に行われているか」に抵触していると判断された場合、刑事罰が科せられることとなるため、柔軟な対応が困難であるという面があった。

以上のとおり、保険募集における情報提供については、これまで、法令上、顧客に対して「保険契約の契約条項のうち重要な事項を告げない行為」が禁止されていた一方で、積極的に顧客に提供すべき事項に係る規定がなく、監督指針において、顧客に交付すべき「契約概要」と「注意喚起情報」の項目が規定されているという規制体系であった。
　かかる背景等に関して、WG報告書においては、以下のとおり記載されている。

> **2-2-2　情報提供義務**
> 　顧客が自らのニーズに合った保険商品に加入することを確保するためには、意向把握義務に基づいて募集人が顧客の意向にあった商品を提案することに加えて、顧客がその商品内容について正しく理解することが不可欠である。保険は、その性質上商品やサービスの内容について保険会社・募集人と顧客との間に情報の非対称性が存在することに加え、他の金融商品同様に商品内容の多様化が進んでいることから、顧客による商品やサービス内容の正しい理解のためには、保険会社・募集人による適切な情報提供や分かりやすい説明が行われることが、ますます重要になっている。
>
> 　保険募集における顧客への商品情報の提供について、現在は、法第300条において保険募集に関して保険契約者又は被保険者に対して「保険契約の契約条項のうち重要な事項を告げない行為」が禁止され、当該規定の違反は刑事罰の対象となっている。さらに、上記2-1のとおり、当該禁止行為に基づき、監督指針において、「契約概要」及び「注意喚起情報」の交付義務が定められている。
>
> 　しかし、「告げない」ことが許されない重要事項の範囲が契約内容に限られていることや、不告知自体が刑事罰の対象となるために運用が謙

第3章　改正保険業法の解説

> 抑的なものとならざるを得ないことから、柔軟な運用が難しい等の指摘
> がある。さらに、<u>保険業法において積極的な情報提供義務が規定されて
> いないことに関して、一般には、保険よりも顧客が理解しやすいと考え
> られる預金等について情報提供が義務付けられていることとバランスを
> 欠いている、との指摘もある</u>。
>
> 　以上のような点を踏まえれば、<u>顧客による商品内容等の正しい理解を
> 確保するため、保険会社や保険募集人が保険募集を行う際の情報提供義
> 務について明示的に法令において位置づけることが適当である</u>。具体的
> には、保険業法においても、保険会社及び保険募集人が保険募集を行う
> 際に、現在は契約概要及び注意喚起情報として提供することが求められ
> ている項目を中心に、顧客が保険加入の判断を行う際に参考となるべき
> 商品情報その他の情報の提供を行うことを義務付けるとともに、契約概
> 要等については本義務に基づく情報提供を行う場合の標準的手法として
> 位置づけ直すことが適当であると考えられる。

（注）　上記で引用したWG報告書中の下線については、著者が加筆したものである。

　このように、WG報告書において、「顧客による商品内容等の正しい理解を確保するため、保険会社や保険募集人が保険募集を行う際の情報提供義務について明示的に法令において位置づけることが適当」とされたことを受け、改正保険業法第294条において「情報提供義務」が規定されることとなった。

> **改正保険業法第294条**
> 　　保険会社等若しくは外国保険会社等、これらの役員（保険募集人である者を除く。）、保険募集人又は保険仲立人若しくはその役員若しくは使用人は、保険契約の締結、保険募集又は自らが締結した若しくは

保険募集を行った団体保険(団体又はその代表者を保険契約者とし、当該団体に所属する者を被保険者とする保険をいう。次条、第294条の3第1項及び第300条第1項において同じ。)に係る保険契約に加入することを勧誘する行為その他の当該保険契約に加入させるための行為(当該団体保険に係る保険契約の保険募集を行った者以外の者が行う当該加入させるための行為を含み、当該団体保険に係る保険契約者又は当該保険契約者と内閣府令で定める特殊の関係のある者が当該加入させるための行為を行う場合であって、当該保険契約者から当該団体保険に係る保険契約に加入する者に対して必要な情報が適切に提供されることが期待できると認められるときとして内閣府令で定めるときにおける当該加入させるための行為を除く。次条及び第300条第1項において同じ。)に関し、保険契約者等の保護に資するため、内閣府令で定めるところにより、保険契約の内容その他保険契約者等に参考となるべき情報の提供を行わなければならない。ただし、保険契約者等の保護に欠けるおそれがないものとして内閣府令で定める場合は、この限りでない。
2 　前項の規定は、第300条の2に規定する特定保険契約の締結又はその代理若しくは媒介に関しては、適用しない。
3 　保険募集人は、保険募集を行おうとするときは、あらかじめ、顧客に対し次に掲げる事項を明らかにしなければならない。
　一　所属保険会社等の商号、名称又は氏名
　二　自己が所属保険会社等の代理人として保険契約を締結するか、又は保険契約の締結を媒介するかの別
　三　その他内閣府令で定める事項
4 　保険仲立人は、保険契約の締結の媒介を行おうとするときは、内閣府令で定めるところにより、次に掲げる事項を記載した書面を顧客に交付しなければならない。
　一　保険仲立人の商号、名称又は氏名及び住所
　二　保険仲立人の権限に関する事項

三　保険仲立人の損害賠償に関する事項
　　四　その他内閣府令で定める事項
5　保険仲立人は、前項の規定による書面の交付に代えて、政令で定めるところにより、当該顧客の承諾を得て、当該書面に記載すべき事項を電子情報処理組織を使用する方法その他の情報通信の技術を利用する方法であって内閣府令で定めるものにより提供することができる。この場合において、当該保険仲立人は、当該書面を交付したものとみなす。

情報提供義務に係る監督指針の規定について

「情報提供義務」とは、保険募集人等が保険募集を行う際に、保険契約者・被保険者が保険契約の締結又は加入の適否を判断するのに必要な情報の提供を行うことを求めたものである。具体的には、法令上、以下の事項を提供することが求められる。（図表3－5参照）

① 顧客が保険商品の内容を理解するために必要な情報（保険金の支払条件、保険期間、保険金額等）
② 顧客に対して注意喚起すべき情報（告知義務の内容、責任開始期、契約の失効、セーフティネット等）
③ その他保険契約者等に参考となるべき情報（ロードサービス等の主要な付帯サービス、直接支払いサービス等）

これらは、これまで監督指針において「契約概要」・「注意喚起情報」等として列挙されていたものを中心に法令上の義務として規定したものである。

なお保険業法第300条第1項第1号の不告知等に対して罰則が適用される事項の範囲は、「保険契約者又は被保険者の判断に影響を及ぼすこととなる重要な事項」として、従来より限定し、また、明確化を図った。

以上のとおり、改正前の監督指針において「契約概要」・「注意喚起情報」として規定されていた事項が、今回の改正により法令上規定されるところと

なったが、法令上は、「契約概要」・「注意喚起情報」という区分はしていない。他方、改正前の監督指針においては、「重要な事項を告げるにあたっては、重要な事項のうち顧客が保険商品の内容を理解するために必要な情報（以下、「契約概要」という。）と顧客に対して注意喚起すべき情報（以下、「注意喚起情報」という。）について、分類のうえ告げられているか」（Ⅱ－4－3－2(2)②）と規定しており、保険会社等においては、「契約概要」・「注意喚起情報」と区分したうえで書面を作成し、顧客に交付する実務が定着しているなどといった実態に配慮し、監督指針上では、「契約概要」と「注意喚起情報」を区分した規定を維持することとした。[PC.271]

ただし、こうした区分は、顧客にわかりやすいかたちで情報提供を行うことを目的としたものであり、「契約概要」と「注意喚起情報」が分かれていることそのものを目的としたものではない。したがって、改正監督指針においても、「契約概要」と「注意喚起情報」に分類して告げることのほか、たとえば、タイトル部分等に「契約情報」であることを示したうえで、（「契約概要」の項目である）「保険期間」と、（「注意喚起情報」の項目である）「責任開始期」を、あわせて説明したほうが顧客にわかりやすいと思われる場合には、まとめて記載することも許容されると考える。また、「契約概要」と「注意喚起情報」を一体化したうえで、各項目に契約概要であるか注意喚起情報であるかの表示を行う方法や、各項目には表示せず冒頭タイトル部分等に掲載する各項目が「契約情報」である旨を記載する方法も否定されるものではない。なお、一度に提供する情報量等に配慮し、注意喚起情報を申込み時に交付することも認められる。[PC.272、273]

Ⅱ－4－2－2　保険契約の募集上の留意点
(2)　法第294条、第300条の2関係（情報提供義務）
①　保険会社又は保険募集人は、保険契約の締結又は保険募集等に関し、<u>保険契約の種類及び性質等を踏まえ、保険契約の内容その他保険契約者等に参考となるべき情報</u>の提供を適正に行っているか。

② 書面の交付又はこれに代替する電磁的方法により、情報の提供を行うにあたって、顧客が保険商品の内容を理解するために必要な情報（以下、「契約概要」という。）と顧客に対して注意喚起すべき情報（以下、「注意喚起情報」という。）について、記載しているか。

　なお、「契約概要」と「注意喚起情報」の主な項目は、以下のとおりとする。
（注１）「契約概要」と「注意喚起情報」について、同一媒体を用いて一体で記載している場合には、以下のア．(ｱ)及びイ．(ｱ)について省略したうえで、当該情報を「契約情報」として表示することで足りる。
（注２）　法第300条の２に規定する特定保険契約（以下、「特定保険契約」という。）については、法第294条第１項の規定は適用されず、法第300条の２で準用する金融商品取引法（以下、「準用金融商品取引法」という。）第37条の３第１項に規定する書面（以下、「契約締結前交付書面」という。）を交付する必要があることに留意すること。

ア．「契約概要」の項目
　(ｱ)　当該情報が「契約概要」であること。
　(ｲ)　商品の仕組み
　(ｳ)　保障（補償）の内容
　　(注)　保険金等の支払事由、支払事由に該当しない場合及び免責事由等の保険金等を支払わない場合について、それぞれ主なものを記載すること。
　　　　　保険金等を支払わない場合が通例でないときは、特に記載すること。
　(ｴ)　付加できる主な特約及びその概要
　(ｵ)　保険期間
　(ｶ)　引受条件（保険金額等）

- (キ) 保険料に関する事項
- (ク) 保険料払込みに関する事項（保険料払込方法、保険料払込期間）
- (ケ) 配当金に関する事項（配当金の有無、配当方法、配当額の決定方法）
- (コ) 解約返戻金等の有無及びそれらに関する事項

イ．「注意喚起情報」の項目
- (ア) 当該情報が「注意喚起情報」であること。
- (イ) クーリング・オフ（法第309条第1項に規定する保険契約の申込みの撤回等）
- (ウ) 告知義務等の内容
  - （注） 危険増加によって保険料を増額しても保険契約が継続できない（保険期間の中途で終了する）場合がある旨の約款の定めがあるときは、それがどのような場合であるか、記載すること。
- (エ) 責任開始期
- (オ) 支払事由に該当しない場合及び免責事由等の保険金等を支払わない場合のうち主なもの。
  - （注） 通例でないときは、特に記載すること。
- (カ) 保険料の払込猶予期間、契約の失効、復活等
  - （注） 保険料の自動振替貸付制度を備えた保険商品については、当該制度の説明を含む。
- (キ) 解約と解約返戻金の有無
- (ク) セーフティネット
- (ケ) 手続実施基本契約の相手方となる指定ADR機関（法第2条第28項に規定する「指定紛争解決機関」をいう。以下同じ。）の商号又は名称（指定ADR機関が存在しない場合には、苦情処理措置及び紛争解決措置の内容）
- (コ) 補償重複に関する以下の事項

第3章　改正保険業法の解説　95

(注) 補償重複とは、複数の損害保険契約の締結により、同一の被保険利益について同種の補償が複数存在している状態をいう。
- a．補償内容が同種の保険契約が他にある場合は、補償重複となることがあること
- b．補償重複の場合の保険金の支払に係る注意喚起
- c．補償重複の主な事例

(サ) 特に法令等で注意喚起することとされている事項

③ 準用金融商品取引法第37条の3関係

ア．保険会社又は保険募集人は、契約締結前交付書面の交付を行う場合、特定保険契約の種類及び性質等に応じて適切に行っているか。

イ．契約締結前交付書面に関し、「契約概要」と「注意喚起情報」について、書面を作成し、交付しているか。

なお、契約締結前交付書面の主な項目は以下のとおりとする。

(注) 「契約概要」と「注意喚起情報」を記載した書面を一体で作成する場合、「契約締結前交付書面の内容を十分に読むべきこと」を契約締結前交付書面の冒頭に記載し、以下の(ア)a．及び(イ)a．を省略することができる。

また、この場合、以下の(ア)b．及び(イ)d．はどちらか一方を省略することができる。

(ア) 「契約概要」の項目（準用金融商品取引法第37条の3第1項第3号等関係）

- a．当該情報が「契約概要」であり、その内容を十分に読むべきこと。
- b．保険会社の商号又は名称及び住所

(注) その連絡方法についても、明示すること。

- c．商品の仕組み
- d．保障（補償）の内容

（注）　保険金等の支払事由、支払事由に該当しない場合及び免責事由等の保険金等を支払わない場合について、それぞれ主なものを記載すること。
　　　　　保険金等を支払わない場合が通例でないときは、特に記載すること。
　ｅ．付加できる主な特約及びその概要
　ｆ．保険期間
　ｇ．引受条件（保険金額等）
　ｈ．保険料に関する事項
　ｉ．保険料払込みに関する事項（保険料払込方法、保険料払込期間）
　ｊ．配当金に関する事項（配当金の有無、配当方法、配当額の決定方法）
　ｋ．解約返戻金等の水準及びそれらに関する事項
　　以下に掲げる商品については、各商品ごとに以下の項目も記載するものとする。

（変額保険、変額年金保険）
　ｌ．特別勘定に属する資産の種類及びその評価方法
　ｍ．特別勘定に属する資産の運用方針
　ｎ．諸費用に関する事項（保険契約関係費、資産運用関係費等）
　ｏ．特別勘定に属する資産の運用実績により将来における保険金等の額が変動し、不確実であること及び損失が生ずることとなるおそれがあること。
　ｐ．上記ｌ．からｏ．の項目のほか、規則第234条の21の2第1項第8号に規定する書面を参照すること。

（外貨建て保険）
　ｌ．保険金等の支払時における外国為替相場により円に換算した保険金等の額が、保険契約時における外国為替相場による円に換算した保険金等の額を下回る場合があること及び損失

　　　　が生ずることとなるおそれがあること。
　　　m．外国通貨により契約を締結することにより、特別に生じる手数料等の説明
　（MVA（Market Value Adjustment）（注）を利用した商品）
　　　l．市場金利に応じた運用資産の価格変動を解約返戻金額に反映させる保険であることの説明
　　　m．保険契約の締結から一定の期間内に解約された場合、解約返戻金額が市場金利に応じて計算されるため、損失が生ずることとなるおそれがあること。
　　　n．諸費用に関する事項（運用期間中の費用等）
　　　（注）　MVA（Market Value Adjustment）とは、保険料積立金（保険法第63条及び第92条に規定する保険料積立金をいう。）に契約時と解約時の金利差によって生じる運用対象資産の時価変動に基づく調整を加えたものを解約返戻金とする仕組みをいう。
　(イ)「注意喚起情報」の項目（準用金融商品取引法第37条の3第1項第7号（規則第234条の24）等関係）
　　　a．当該情報が「注意喚起情報」であり、その内容を十分に読むべきこと。
　　　b．諸費用に関する事項の概要
　　　c．損失が生ずるおそれがあること。
　　　（注1）　当該損失の直接の原因となる指標及び当該指標に係る変動により損失が生ずるおそれがある理由についても明示すること。
　　　（注2）　上記b．及びc．は、「注意喚起情報」の冒頭の枠の中で記載すること。
　　　d．保険会社の商号又は名称及び住所
　　　（注）　その連絡方法についても、明示すること。

e．クーリング・オフ（法第309条第１項に規定する保険契約の申込みの撤回等）
　　f．告知義務等の内容
　　　（注）危険増加によって保険料を増額しても保険契約が継続できない（保険期間の中途で終了する）場合がある旨の約款の定めがあるときは、それがどのような場合であるか、記載すること。
　　g．責任開始期
　　h．支払事由に該当しない場合及び免責事由等の保険金等を支払わない場合のうち主なもの。
　　　（注）通例でないときは、特に記載すること。
　　i．保険料の払込猶予期間、契約の失効、復活等
　　　（注）保険料の自動振替貸付制度を備えた保険商品については、当該制度の説明を含む。
　　j．解約と解約返戻金の水準
　　k．セーフティネット
　　l．租税に関する事項の概要
　　m．対象事業者となっている認定投資者保護団体の有無（対象事業者となっている場合にあっては、その名称を含む。）
　　n．手続実施基本契約の相手方となる指定ADR機関の商号又は名称（指定ADR機関が存在しない場合には、苦情処理措置及び紛争解決措置の内容）
　　o．特に法令等で注意喚起することとされている事項
ウ．契約締結前交付書面に関し、法定要件（文字の大きさは８ポイント以上とし、一定の事項について12ポイント以上とすること等）に則した書面を作成し、交付しているか。
エ．契約締結前交付書面の交付に関し、あらかじめ、顧客の知識・経験・財産の状況及び特定保険契約を締結する目的に照らし、書

面の内容が当該顧客に理解されるために必要な方法及び程度によって説明を行っているか。

オ．生命保険における法第100条の５第１項に規定する運用実績連動型保険契約に係る契約締結前交付書面の記載事項については、以下の点に留意しているか。

(ｱ) 規則第234条の24第１項第９号の２ロに規定する「財務又は業務（運用実績連動型保険契約に係るものに限る。）に関する外部監査」には、以下のもの（これらに相当するものを含む。）が該当する。

　　a．金融商品取引法第193条の２第１項の規定に基づく監査証明に係るもの（以下、「財務諸表監査」という。）及び同条第２項の規定に基づく監査証明に係るもの（以下、「内部統制監査」という。）

　　b．会社法に基づく会計監査人による監査

　　c．監査・保証実務委員会実務指針第86号「受託業務に係る内部統制の保証報告書」（日本公認会計士協会）、Statement on Standards for Attestation Engagements（SSAE）No.16「Reporting on Controls at a Service Organization」（米国公認会計士協会）、International Standard on Assurance Engagements（ISAE）No.3402「Assurance Reports on Controls at a Service Organization」（国際監査・保証基準審議会）等の基準に基づく受託企業の内部統制に関する保証業務（以下、「内部統制保証業務」という。）

　　d．資産運用業務を行う会社のパフォーマンス開示がグローバル投資パフォーマンス基準（GIPS）に準拠しているかに関する検証

(ｲ) 規則第234条の24第１項第15号の規定に基づき、契約締結前交付書面に規則第53条の２第２項各号に掲げる事項を記載する

場合、同項第3号の「当該保険会社とファンド関係者との間の資本関係」については、ファンド関係者が保険会社の総株主等の議決権の過半数を保有している者その他の当該保険会社と密接な関係を有する者として令第13条の8第1項各号に掲げる者及び子会社等に該当する場合に、その旨を記載する。

　　また、規則第53条の2第2項第3号の当該保険会社とファンド関係者との間の「人的関係」については、合理的と認められる一定の時点における役職員の兼職状況を記載する。

④　規則第227条の2第3項第9号及び規則第234条の21の2第1項第7号に規定する「被保険者のために積み立てられている額」には、規則第10条第3号に規定する契約者価額の計算の基礎とする額並びに規則第30条の5第1項第1号（社員配当準備金）、規則第70条第1項第1号ロ（未経過保険料）、第3号（払戻積立金）及び第4号（契約者配当準備金等）等が含まれる。

⑤　規則第227条の2第3項第9号及び規則第234条の21の2第1項第7号に規定する「既契約と新契約が対比できる方法」が以下のとおりとなっているか。

　ア．規則第227条の2第3項第9号イ及び規則第234条の21の2第1項第7号イに規定する事項について、書面に既契約及び新契約に関して記載項目毎に対比して記載する。

　イ．上記ア．にかかわらず、以下に掲げる場合には、既契約及び新契約に関して規則第227条の2第3項第9号イ及び規則第234条の21の2第1項第7号イに規定する事項が記載されたそれぞれの書面を交付して対比することも可能とする。

　　㋐　保険種類が異なり、かつ、既契約及び新契約（いずれも特約を含む。）の保障内容又は担保内容が全く異なるもの。

　　㋑　複数の既契約を一の新契約にする場合等既契約及び新契約の契約内容やシステム上の問題等により、記載項目毎に対比して

　　　　記載（上記ア．をいう。）しない合理的な理由があるもの。
⑥　規則第227条の2第3項第9号及び規則第234条の21の2第1項第7号に規定する既契約と新契約の対比について適切に行っているか。

　なお、規則第227条の2第3項第9号イに規定する「その他保険契約に関する重要な事項」及び規則第234条の21の2第1項第7号イに規定する「その他特定保険契約に関する重要な事項」とは、以下に掲げる事項をいう。

・保険料の払込方法、契約者配当又は社員に対する剰余金の分配の有無、予定利率の変動によって保険料が引き上げとなる事実、その他保険契約の特性から重要と認められる事項、のうち該当する事項

⑦　規則第227条の2第3項第9号ロ及び規則第234条の21の2第1項第7号ロに規定する保障内容を見直す方法について、交付する書面に適切に記載しているか。

　なお、規則第227条の2第3項第9号ロ及び規則第234条の21の2第1項第7号ロに規定する「既契約を継続したまま保障内容を見直す方法」とは、以下に掲げる方法をいう。

ア．既契約に特約を中途付加する方法
イ．既契約に追加して、他の保険契約を締結する方法等

⑧　規則第227条の2第3項第11号及び規則第234条の21の2第1項第9号に掲げる書面において、予定発生率の合理性を記載するにあたっては、基礎率変更権の設定に伴い、予定発生率を安易に変更して保険料等の変更を行うものではないことを保険契約者に示す観点から、予定発生率が合理的な基礎データに基づいて設定されていることを記載しているか。

（注）　上記で引用した監督指針中の下線については、著者が加筆したものである。

図表3－5　情報提供義務について①（法第294条関係）

○「情報提供義務」とは
　「情報提供義務」とは、保険会社および保険募集人が保険契約の締結または保険募集を行う際に、保険契約者や被保険者が保険契約の申込みまたは加入の適否を判断するのに必要な情報の提供を行うことを求めるもの。
　これまで監督指針において、「契約概要」や「注意喚起情報」として提供することを求められていたもののほか、「その他顧客に参考となるべき事項」の提供を法令上の義務として規定するもの。

> ① 保険会社又は保険募集人は、保険契約の締結又は保険募集等に関し、保険契約の種類および性質等を踏まえ、保険契約の内容その他保険契約者等に参考となるべき情報の提供を適切に行っているか。
> ② 書面の交付又はこれに代替する電磁的方法により、情報の提供を行うにあたっては、顧客が保険商品の内容を理解するために必要な情報（以下、「契約概要」という。）と顧客に対して注意喚起すべき情報（以下、「注意喚起情報」という。）について、記載しているか。
>
> （監督指針Ⅱ－4－2－2(2)）

　情報提供については、原則（注）、「契約概要」と「注意喚起情報」を記載した書面等を用いるなどの一律・画一的な手法で行う。

比較推奨に係る情報の提供・体制整備（乗合代理店に係る規制）（監督指針Ⅱ－4－2－9(5)）	① 顧客の意向に沿った比較可能な商品の概要を明示し、顧客の求めに応じて商品内容を説明 ② 特定の商品を提示・推奨する際には、当該提示・推奨理由を分かりやすく説明 ③ 上記①、②にかかわらず、商品特性や保険料水準などの客観的な基準や理由に基づくことなく、商品を絞込み又は特定の商品を顧客に提示・推奨する場合には、その基準や理由等を説明 ④ 上記①から③に基づき、商品の提示・推奨や保険代理店の立場の表示等を適切に行うための措置について、社内規則等において定めたうえで、定期的かつ必要に応じて、その実施状況を確認・検証する態勢が構築されているか。

（注）　当該義務の適用除外となる場合（＝適用除外）や、適用にはなるものの事業者向けの保険等は、一律・画一的な手法によらない情報提供が認められる場合がある。
（資料）　金融庁保険課作成

情報提供を行う必要がある具体的な内容について

　情報提供義務について定める保険業法第294条においては、「保険契約」および「その他保険契約者等に参考となるべき情報」の提供を義務づけている。

　このうち、「保険契約」の具体的内容については、規則第227条の2第3項第1号において、これまで監督指針において規定していた「契約概要」および「注意喚起情報」の事項をもとに以下のとおり法定化している。

　これらは、書面の交付その他適切な方法（電磁的交付（規則第227条の2第4項））により、説明を行うことが求められる「保険契約の内容その他保険契約者等に参考となるべき情報につき、保険契約の内容のうち重要な事項」に該当する。[PC.1]（図表3－6参照）

　また、情報提供義務について定める保険業法第294条においては、これまで、監督指針において規定されていた「契約概要」および「注意喚起情報」などの保険契約の内容に加えて、「その他保険契約者等に参考となるべき情報」の提供を行わなくてはならないと規定している。他方、これを受けた規則227条の2第3項第2号の「保険契約の締結又は保険契約に加入することの判断に参考となるべき事項」とは、保険契約者または被保険者が保険契約の締結または保険契約への加入の際に合理的な判断をするために必要な事項をいい、具体的には、当該保険契約の種類および性質等に応じて判断される。

　なお、この「参考となるべき事項」には、改正前の保険業法第300条第1項第1号の「保険契約の契約条項のうち重要な事項」のうち規則第227条の2第3項第1号に規定する事項以外の事項が含まれるものであり、たとえば、保険契約（保険契約の趣旨・目的、保険事故、保険給付の内容・方法等）と関連性が大きい付帯サービスの内容に係る事項である自動車保険の付帯サービスとしてのロードサービス（ただし、レッカーけん引サービス等の重要なロードサービスに限る）に係る事項などが想定される。[PC.48、50]

図表3－6　規則第227条の2第3項第1号において規定する情報提供の内容

⇒保険募集人等は、保険募集を行う際に、以下の情報の提供が必要となる。

顧客が保険商品の内容を理解するために必要な情報 （「契約概要」の記載事項）	顧客に対して注意喚起すべき情報 （「注意喚起情報」の記載事項）
・当該情報が「契約概要」であること ・商品の仕組み ・保障（補償）の内容 ・付加できる主な特約およびその概要 ・保険期間 ・引受条件（保険金額） ・保険料に関する事項 ・保険料払込みに関する事項（保険料払込方法、払込期間） ・配当金に関する事項（配当金の有無、配当方法など） ・解約返戻金等の有無およびそれらに関する事項	・当該情報が「注意喚起情報」であること ・クーリング・オフ（保険業法第309条第1項に規定する保険契約の申込みの撤回等） ・告知義務等の内容 ・責任開始期 ・支払事由に該当しない場合および免責事由等の保険金等を支払わない場合のうち主なもの ・保険料の払込猶予期間、契約の失効、復活等 ・解約と解約返戻金の有無 ・セーフティネット ・手続実施基本契約の相手方となる指定ADR機関の商号または名称 （指定ADR機関が存在しない場合には、苦情処理措置および紛争解決措置の内容） ・補償重複に関する事項 ・特に法令等で注意喚起することとされている事項
その他保険契約者等に参考となるべき事項	・ロードサービス等の主要な付帯サービス

（資料）　金融庁保険課作成

しかしながら、規則第227条の2第3項第1号において情報提供が求められる事項は、いずれも従来の監督指針Ⅱ－4－2－2(3)②において規定されていたア．「契約概要」の項目、および、イ．「注意喚起情報」の項目に対応す

るものであり、改正保険業法によって、「契約概要」等に関して情報提供を行うべき事項の範囲を従来より拡大したものではない。

したがって、保険会社または保険募集人においては、「契約概要」等に関して改正前の監督指針Ⅱ−4−2−2(3)②で求められていた情報提供を行っていれば足りるとの理解で問題ないものと考える。[PC.46]

情報提供の方法について

情報提供の具体的な方法としては、規則第227条の2第3項第1号に基づき、保険契約の内容、その他保険契約に関する情報のうち、同号イ．〜レ．に掲げる事項（すなわち、上表に掲げる事項）について、これを記載した書面を用いて説明を行い、かつ当該書面を交付することが求められる。

規則第227条の2　（情報の提供）

第1項・第2項　（略）

3　保険会社等若しくは外国保険会社等、これらの役員（保険募集人である者を除く。）、保険募集人又は保険仲立人若しくはその役員若しくは使用人は、法第294条第1項の規定により保険契約の内容その他保険契約者等の参考となるべき情報の提供を行う場合には、保険契約者及び被保険者に対し、次に掲げる方法により行うものとする。

一　保険契約の内容その他保険契約に関する情報のうち次に掲げる事項を記載した書面を用いて行う説明（書面に記載すべき事項が電磁的記録に記録されている場合は、当該記録された事項を電子計算機の映像面へ表示したものを用いて行う説明を含む。以下この項において同じ。）及び次に掲げる事項を記載した書面の交付

イ．〜レ．　（略）

二　保険契約の締結、保険募集又は自らが締結した若しくは保険募集を行った団体保険に係る保険契約に加入することを勧誘する行為その他の当該保険契約に加入させるための行為に関し、保険契約の締

> 結又は保険契約に加入することの判断に参考となるべき事項に関する説明
>
> 第三号～第十五号　（略）
>
> 第4項～第8項　（略）

　規則第227条の2第3項第1号および第2号は、いずれも、保険契約者または被保険者による保険契約の締結または保険契約への加入の判断に参考となるべき情報提供事項を規定したものである。このうち、第1号は、前述のとおり監督指針上において「契約概要」・「注意喚起情報」として掲げられている事項を想定し、規定したものであり、同号イ．～レ．に掲げる事項については、規則第227条の2第3項第1号に基づき、これを記載した書面を用いて説明を行い、かつ当該書面を交付することが求められる。

　他方、第2号は、上記の「契約概要」・「注意喚起情報」以外の事項を想定したものであり、書面を用いた説明に限らず、口頭等による説明も可能である。具体的には、104頁で記載した「参考となるべき事項」、すなわち、保険契約（保険契約の趣旨・目的、保険事故、保険給付の内容・方法等）と関連性が大きい付帯サービスに係る事項、たとえば、自動車保険の付帯サービスとしてのロードサービス（ただし、レッカーけん引サービス等の重要なロードサービスに限る）に係る事項が想定される。[PC.48]

　以上を整理すると、情報提供義務として顧客に提供することが求められる情報および提供の方法は、次のとおりとなる。

【顧客に提供することが求められる情報】

① 顧客が保険商品の内容を理解するために必要な情報（保険金の支払条件、保険期間、保険金額等）

② 顧客に対して注意喚起すべき情報（告知義務の内容、責任開始期、契約の失効、セーフティネット等）

③ その他保険契約者等に参考となるべき情報（ロードサービス等の主要な付帯サービス、直接支払いサービス等）

【情報提供の方法】
　①②については、書面による説明および書面の交付が必要（規則第227条の2第3項第1号に規定）。
　③については、柔軟な方法による（口頭を含む）ことも認められる（規則第227条の2第3項第2号に規定）。

　なお、書面の交付にかえて電磁的方法により交付を行うことについては、これまで、どのような場合に認められるのか必ずしも明確ではなかったが、今回の改正により明示的に規定された。具体的には、保険契約者等から事前に承諾を得ることを前提に、電磁的方法による交付が許容される旨規定されている。
　この場合の「電磁的方法」とは、規則第14条の5に定める電磁的方法を指す。[PC.275]

【参考】　規則第14条の5
　法第16条第2項第4号（法第57条第4項において準用する場合を含む。）に規定する電子情報処理組織を使用する方法その他の情報通信の技術を利用する方法であって内閣府令で定めるものは、次に掲げる方法とする。
　一　電子情報処理組織を使用する方法のうちイ又はロに掲げるもの
　　イ　送信者の使用に係る電子計算機と受信者の使用に係る電子計算機とを接続する電気通信回線を通じて送信し、受信者の使用に係る電子計算機に備えられたファイルに記録する方法
　　ロ　送信者の使用に係る電子計算機に備えられたファイルに記録された情報の内容を電気通信回線を通じて情報の提供を受ける者の閲覧に供し、当該情報の提供を受ける者の使用に係る電子計算機に備えられたファイルに当該情報を記録する方法
　二　磁気ディスクその他これに準ずる方法により一定の情報を確実に

記録しておくことができる物をもって調製するファイルに情報を記録したものを交付する方法
　2　前項各号に掲げる方法は、受信者がファイルへの記録を出力することにより書面を作成することができるものでなければならない。

 情報提供義務の適用除外となる場合について

　以上のとおり、保険募集人等が保険募集を行う際には、保険契約者・被保険者に対し、原則として、「契約概要」・「注意喚起情報」を記載した書面等を用いるなどの画一的な手法で行うことが必要であるが、保険商品の特性や募集形態によっては、こうした原則の適用から除外することが適当な場合がある。

　この点については、WG 報告書において以下のとおり記載されている。

2-2-4　行為規制の適用除外に係る考え方について

　現在、保険募集の際に使用が義務づけられている「契約概要」、「注意喚起情報」、「意向確認書面」については、それぞれ商品の特性や募集形態に応じて、適用除外の範囲が設けられている[36]。これは、商品の特性、想定している顧客の属性、契約の形態によっては、そもそも、商品に係る情報提供等の詳細な手続について、法令等で一律に定めるのではなく、当事者間の合意に委ねた方がよい場合や、別個の方法を認めたほうが分かりやすい説明が期待できる場合が存在するためである。

　以上のような点を踏まえ、以下のような基本的考え方に当てはまる具体的なケースについて、法令上、必要に応じて行為規制適用除外とするなどきめ細やかな調整を行う[37]ことが適当である。

(1) <u>情報提供義務の一般原則は適用するものの、情報提供の際に標準的方法によることを求めないもの</u>
　(A) 情報提供義務の内容を実質化するもの

① 保険契約の内容に照らして、契約内容の個別性・特殊性が高いことから、一律の要式によるよりも各社の創意・工夫により説明を行った方が顧客にとって分かりやすい説明を行うことができる商品[38]
② 保険料[39]の負担が少額に留まるもの
（一般に保険商品の内容が比較的単純で顧客の理解が容易であり、一律の要式によることを強制することが過度な負担と考えられるため）

(B) 団体における自治による被保険者への情報提供等の補完を認めるもの

③ 団体が形式的な保険契約者であるが、被保険者が実質的に保険料を負担している保険における被保険者に対する情報提供義務等のうち、保険契約者と被保険者の間に一定程度の密接な関係[40]があることにより、団体内において保険契約者から被保険者に対する必要な情報提供が行われることが期待されるもの[41]
（この場合には、保険契約者から被保険者に情報提供が行われることが期待できるため、保険会社や保険募集人に対して、改めて被保険者に対する情報提供等を義務づける必要はないと考えられるため）

(2) 一般原則も含めて適用除外とするもの（情報提供義務等が全く適用されないもの）

保険契約者と被保険者が異なる保険であって、被保険者が実質的に保険料を負担しない場合や被保険者の負担が極めて少額の場合など、被保険者に対する情報提供等を求める必要性が乏しいと考えられる以下のもの。

① 被保険者が実質的にも保険料を負担しないもの[42] [43]
（被保険者は一方的な受益者であるため）
② 保険期間が極めて短期間[44]で、実質的に被保険者が負担する保

険料が極めて少額に留まるもの

（負担額が少額であり、個々の被保険者に対してまで情報提供を求める実益に乏しいため）

③　特定のサービスの利用や特定のイベントへの参加など、主たるサービス等に付随して提供されるものであって、当該サービスの利用者やイベントの参加者が自動的に被保険者となり当該サービス等に係る事故等の損害を補填するもの[45]

（特定のイベント・サービス等に付随する保険であり、また被保険者の加入に係る意思決定が行われないため、イベント・サービス等とは別に保険について説明を求める必要性が低いと考えられるため）

(3)　既存契約の更新や一部変更の場合[46]

（既存契約の契約時に既に説明されている内容については、改めて説明する必要性は低いため）

なお、これらの考え方に当てはまる具体的なケースについて実務的に検討した結果、保険商品の特性、顧客の属性、適切な説明等が合理的に期待できる募集人以外の者の存在、等の観点からこれらの考え方に照らして、柔軟な対応をする合理性が認められ、かつ、保険募集に係る行為規制の潜脱防止等の観点から問題がないと認められる事例が認識された場合には、適用緩和・除外措置の対象として設定するとともに、これらの考え方を機械的に当てはめた場合に保険契約者等の保護に欠けるおそれがある事例が認識された場合には、適用緩和・除外措置の対象から外すことが適当である。

---

[36]　「契約概要」及び「注意喚起情報」については、監督指針Ⅱ-3-3-2(2)②（注1）、Ⅱ-3-3-6(2)②（注1・2）、「意向確認書面」についてはⅡ-3-5-1-2(18)⑪を、それぞれ参照。

[37]　例えば、情報提供義務それ自体を一定の範囲で免除することのほかに、情報提供義務等の一般原則のみを適用し、契約概要、注意喚起情報といった法定書面の交付など、当該義務を履行するための具体的な方法や細目を定めている具体的細則を適用しない、又は別の方法による義務の履行を許容することが考えられる。

[38]　顧客が個人事業主であるか、法人であるかを問わず、顧客の保険に係る知識が

一般的な消費者と比べて豊富とは言えないと考えられる場合には、いずれにせよ、保険会社・保険募集人は、顧客に対して分かりやすい説明を行うことが求められる。
39　保険期間が1年未満であって更新が可能な商品については、保険料を保険期間1年当たりに換算した額。
40　例えば、(i)仮に、保険契約者たる団体が、当該団体を保険者として共済事業を行うこととした場合には、保険業法の適用除外に該当するような団体（人数要件による場合を除く）、(ii)これ以外の団体類別基準に該当する団体や、構成員と団体との間の密接性、両者の当該団体保険に係る利害関係及び構成員となるための要件並びに団体の活動と保険による補償内容の関係性等に照らして構成員と団体との間にそれと同視できる程度の関係がある団体。
41　この場合には、保険会社・保険募集人から被保険者への直接の情報提供は求めないこととする一方、保険契約者から被保険者に対して保険募集人が顧客に対して行うのと同程度の情報の提供・説明及びニーズの確認が行われることを確保するための措置を講じることを、保険会社・保険募集人に対して求める。
42　例えば、世帯主が家族に対して保険をかけた上で保険料は世帯主が負担する場合や、法人がその被用者を被保険者として保険契約を締結する場合であって保険料を当該法人自身が負担する場合などが考えられる。
43　なお、保険法に基づき被保険者の同意が求められる場合には、被保険者に対して、当該同意の可否を判断するに足る情報が提供される必要があることに留意が必要。
44　例えば、「1月以内で更新不可」のものが想定される。
45　なお、具体的な適用除外対象の選定に当たっては、特定のサービス等に自動付帯させることによって、保険加入について別個に意思確認等を行うことが適切である商品など本来は適用除外対象に含めるべきではないものまで包含されないように留意する必要がある。
46　原則としてその変更内容（例えば、特約を追加する場合においては、その追加する特約の内容）のみを説明すれば足りると考えられる。

（注）　上記で引用したWG報告書中の下線については、著者が加筆したものである。

　かかるWG報告書の記載を踏まえ、「情報提供義務」を定めた法第294条第1項においては、「ただし、保険契約者等の保護に欠けるおそれがないものとして内閣府令で定める場合は、この限りでない。」と規定し、これを受けた規則第227条の2第7項において、以下のとおり規定した。

規則第227条の2　（情報の提供）
第1項～第6項　（略）

7 法第294条第１項ただし書に規定する内閣府令で定める場合は、次に掲げる場合とする。
 一 次に掲げる保険契約を取り扱う場合（当該保険契約に係る保険契約者以外の者に対する情報の提供に係る場合に限る。）
  イ 被保険者（保険契約者以外の者に限る。ロにおいて同じ。）が負担する保険料の額が零である保険契約
  ロ 保険期間が一月以内であり、かつ、被保険者が負担する保険料の額が千円以下である保険契約
  ハ 被保険者に対する商品の販売若しくは役務の提供又は行事の実施等（以下ハにおいて「主たる商品の販売等」という。）に付随して引き受けられる保険に係る保険契約（当該保険契約への加入に係る被保険者（保険契約者以外の者に限る。）の意思決定を要しないものであって、当該主たる商品の販売等に起因する損害等を対象とするものその他の当該主たる商品の販売等と関連性を有するものに限る。）
  ニ 法律に基づき公的年金制度又は共済制度を運営する団体その他法律又は団体が定める規程に基づき年金制度を運営する団体を保険契約者（当該年金制度の資産管理機関（確定拠出年金法第２条第７項第１号ロ（定義）に規定する資産管理機関をいう。）又は同法第61条（事務の委託）の規定により事務を委託された者が保険契約者となる場合を含む。）とし、当該年金制度の加入者が被保険者となる保険契約
 二 既契約の一部の変更をすることを内容とする保険契約を取り扱う場合であって、次のイ又はロに掲げるとき
  イ 当該変更に伴い既契約に係る第３項の規定による情報の提供の内容に変更すべきものがないとき
  ロ 当該変更に伴い第３項第３号に掲げる方法により情報の提供を行っているとき（当該変更に係る部分を除く。）

第8項　（略）

また、これに関連して、監督指針においては、次のとおり規定した。

Ⅱ-4-2-2　保険契約の募集上の留意点
(2)　法第294条、第300条の2関係（情報提供義務）
　⑨　情報提供義務の適用除外（規則第227条の2）
　　ア．イ．（略）
　　ウ．規則第227条の2第7項第1号イに規定される保険契約とは、例えば、世帯主が家族に対して保険をかけたうえで、保険料は世帯主が負担する場合や、法人がその被用者を被保険者として保険契約を締結する場合であって保険料を当該法人自身が負担する場合などが考えられる。
　　　（注）　明確に被保険者に保険料負担を求めるものではないが、物品等の通常販売価格及び市場価格との比較並びに保険給付のために必要な保険料の額が物品等の価格に占める割合などから、被保険者が負担する実質的な保険料があると解される場合があることに留意する必要がある。
　　　　　なお、保険法に基づき被保険者の同意が求められる場合には、被保険者に対して、当該同意の可否を判断するに足りる情報が提供される必要があることに留意する必要がある。
　　エ．主たる商品の販売等に係る販売促進目的の保険商品については、被保険者の意思決定を要さず、当該主たる商品の販売等との関連性を有するものとして、保険料等が主たる商品の販売等と比べ、社会通念上、景品（おまけ）程度のものであると考えられるものは、規則第227条の2第7項第1号ハに掲げる保険契約に該当するものとする。

以上の内容、およびこれらの対象となる主な事例（保険契約）をまとめると、次頁にある図表3－7のとおりとなる（※図表3－7のうち(5)および「▶一律の手法によらない情報提供が認められる場合」については、上記規則および監督指針では触れられていない。前者については、125頁以降で、後者については119頁以降で詳述する）。

　なお、規則第227条の2第7項第1号に定める場合にあっては、被保険者に対する情報提供は求められないため、対被保険者との関係では、保険会社または保険募集人に行為規制に関する留意点であるⅡ-4-2-2(2)①～⑧および体制整備に関する留意点であるⅡ-4-2-2(2)⑩は適用されないものの、保険契約者に対する情報提供が免除されるものではないことから、保険契約者に対する情報提供に関しては、Ⅱ-4-2-2(2)が適用されることになることに留意する必要がある。[PC.296]

a　(1)被保険者が負担する保険料が０である場合について

　監督指針Ⅱ-4-2-2(2)⑨ウ．（注）に記載のとおり、形式上、被保険者が負担する保険料が０である場合で、実質的に被保険者が保険料を負担していると解される（すなわち、情報提供義務の適用除外とならない）場合があることに留意が必要である。

　また、同（注）において、「保険法に基づき被保険者の同意が求められる場合には、被保険者に対して、当該同意の可否を判断するに足りる情報が提供される必要があることに留意する必要がある」とあるのは、被保険者が負担する保険料が０であったとしても、これをもって、保険法に基づく被保険者同意が不要となるものではないことを、念のため記載しているものである。すなわち、保険法に基づき他人の生命に係る保険契約については被保険者から同意を得る必要があり、当該同意を得るためには、当然に被保険者に対する説明が必要になると考えられる。したがって、被保険者負担が０であったとしても、当該同意については、これまでと同様、監督指針Ⅱ-4-2-4、Ⅳ-1-16に基づく対応が必要である。

図表3－7　情報提供義務が適用除外となる場合と、その主な事例（保険契約）

○「情報提供義務」の例外規定
▶情報提供義務が適用除外となる場合
　保険契約者と被保険者が異なる一部の保険契約における被保険者への情報提供（下表(1)～(4)が該当）など情報提供を求める必要性が乏しいと考えられる一定の場合については、情報提供義務の適用除外とする。

情報提供義務の適用が除外される場合 このうち、(1)から(5)は、被保険者に対する情報提供のみが適用除外（保険契約者に対する情報提供は必要）	主な事例（保険契約）
(1)　被保険者が負担する保険料が0である場合	・世帯主が家族のために付保する傷害保険（世帯主が保険料を負担）
(2)　保険期間がきわめて短期間（1ヵ月以内）かつ、被保険者が負担する保険料がきわめて少額（1,000円以下）である場合	・レクリエーション保険
(3)　被保険者に対するイベント・サービス等に付随して提供される場合（加入について被保険者の意思決定を要さず、かつ、主たるイベント・サービス等の提供と関連性を有する保険契約である場合）	・お祭りの主催者が参加者に付保する傷害保険等
(4)　公的年金制度等の加入者（年金制度等を運営する団体を保険契約者とし、その年金制度等の加入者を被保険者とする保険契約である場合）	・年金制度等を運営する団体を保険契約者とし、その年金制度等の加入者を被保険者とする保険契約
(5)　団体保険において、被保険者に対し、団体内での適切な情報提供が期待できる場合（保険業法の適用除外団体、団体（契約者）と構成員（被保険者）との間に「一定の密接性」がある場合）	（※主な事例等に関しては、後述する）
(6)　すでに締結している保険契約の一	・情報提供の内容に変更すべきもの

部を変更する場合で、当該変更以外の事項（変更がない事項）	があるとき →変更されない情報が情報提供義務の対象外 ・情報提供の内容に変更すべきものがないとき →すべての情報が情報提供義務の対象外

▶一律の手法によらない情報提供が認められる場合
・事業者の事業活動に伴って生じる損害を填補する保険契約、その他契約内容の個別性・特殊性が高い場合
　（例：工場の火災保険等の事業者向けの保険等）
・保険料の負担が少額（年間5,000円以下）の場合
・団体保険契約において、保険契約者である団体に対して行う情報提供
・既存契約の契約内容変更・更改（更新）の場合（変更部分についてのみ）

（資料）　金融庁保険課作成

b (3)被保険者に対するイベント・サービス等に付随して提供される場合について

「加入について被保険者の意思決定を要さず、かつ、主たるイベント・サービス等の提供と関連性を有する保険契約である場合」に該当するのは、典型的には、上記表に記載の、お祭りの主催者が参加者に付保する傷害保険や、主たる商品の販売等に係る販売促進目的の保険商品で、保険料等が主たる商品の販売等に比べ、社会通念上の景品（おまけ）程度のもの（監督指針Ⅱ-4-2-2(2)⑨エ.）が該当すると考えられる。

この点に関し、家財保険のいわゆる総括契約方式について、不動産賃貸借契約の際、入居者（＝被保険者）に家財保険の加入が義務づけられており、事実上、家財保険が入居物件に自動付帯されているような形態をとっているものが存在するところ、かかる家財保険が「加入について被保険者の意思決定を要さず、かつ、主たるイベント・サービス等の提供と関連性を有する保険契約」に該当するか、という問題がある。

この点、①被保険者は、形式上、家財保険の加入の意思決定をしていない

が、これは、賃貸人側が意図的に家財保険加入を必須としたことにより、結果として意思決定を挟まないかたちとなったものであると考えられること、②この適用除外が設けられたのは、「被保険者の意思決定を要しないような保険の場合には、わざわざ被保険者に情報提供を行うことは、被保険者、保険募集人等の双方にとって過度な負担となる」等の理由によるものと考えられるが、こうした家財保険の場合には、①の状況にかんがみれば、ここでいう「被保険者の意思決定を要しない」ものには該当しないと考えられること、③実態問題としても、この場合、被保険者は、どのような事故等がこの保険でカバーされ、どのような事故等はカバーされないのか等を知っていることを確保することが、被保険者保護上、必要と考えられること、等にかんがみれば、このような家財保険は、(3)には該当しないものと考えられる。
[PC.110、278、279]

> c (5)団体保険において、被保険者に対し、団体内での適切な情報提供が期待できる場合について

団体保険における、団体保険に係る保険契約に加入することを勧誘する行為（以下、「加入勧奨」という）について、被保険者への情報提供義務が適用除外となる主体として規則第227条の2第1項では、「団体保険に係る保険契約者から<u>当該団体保険に係る保険契約に加入させるための行為</u>の委託を受けた者、<u>その他これに準ずる者</u>」があげられている。ここでいう「準ずる者」とは、労働者派遣契約に基づき外部から当該保険契約者に派遣された者などが該当すると考えられる。

> d (6)すでに締結している保険契約の一部を変更する場合で、当該変更以外の事項（変更がない事項）について

「すでに締結している保険契約の一部を変更する場合で、当該変更以外の事項（変更がない事項）」とは、すでに締結している保険契約の更改時に、当該更改契約のうち内容に変更がない事項については、すでに情報が提供され、意思決定がなされていることを考慮し、保険業法上の情報提供義務、意向把握・確認義務を免除したものである。

したがって、既存契約の一部を変更することを内容とする保険契約については、情報提供の内容に変更すべきものがないときはすべての情報について、一部変更すべきものがある場合であっても他の変更する必要がない情報については、保険契約者、被保険者のいずれとの関係でも情報提供義務の適用除外の対象となる。[PC.289]（本件については、123頁以降においても解説）

6　一律・画一的な手法（標準的手法）によらない情報提供が認められる場合

情報提供義務については、「4．情報提供の方法について」に記載のとおり、法令上、原則として、「契約概要」や「注意喚起情報」を記載した書面等を用いるなどの一律・画一的な手法（＝標準的手法）で行うことが求められる。

他方で、WG報告書においては、法令・監督指針に規定する「契約概要」や「注意喚起情報」を記載した書面等による情報提供よりも、別個の方法を認めたほうが、よりわかりやすい説明が期待できる場合や、商品内容が比較的単純で、一律の手法を強制すると過度な負担になると考えられる場合には、一律の手法によらない情報提供を許容することが適当とされ[PC.288]、規則第227条の2において、以下のとおり規定された。

> **規則第227条の2　（情報の提供）**
> 第1項・第2項　（略）
> 3　保険会社等若しくは外国保険会社等、これらの役員（保険募集人である者を除く。）、保険募集人又は保険仲立人若しくはその役員若しくは使用人は、法第294条第1項の規定により保険契約の内容その他保険契約者等の参考となるべき情報の提供を行う場合には、保険契約者及び被保険者に対し、次に掲げる方法により行うものとする。
> 第一号・第二号　（略）
> 三　次に掲げる保険契約を取り扱う場合であって、<u>保険契約者又は被</u>

第3章　改正保険業法の解説　119

<u>保険者との合意に基づく方法その他当該保険契約の特性等に照らして、前２号に掲げる方法によらなくとも、当該保険契約に係る保険契約者又は被保険者の理解に資する他の方法があるときは、当該他の方法</u>（ハに掲げる保険契約を取り扱う場合にあっては、当該保険契約に係る保険契約者に対する情報の提供に係る部分に限る。）

　　イ．法第３条第５項第１号に掲げる保険に係る保険契約のうち、事業者の事業活動に伴って生ずる損害を補填する保険契約その他内容の個別性又は特殊性が高い保険契約

　　ロ．１年間に支払う保険料の額（保険期間が１年未満であって保険期間の更新をすることができる保険契約にあっては、１年間当たりの額に換算した額）が５千円以下である保険契約

　　ハ．団体保険に係る保険契約

　　ニ．既に締結している保険契約（第９号及び第７項第２号において「既契約」という。）の一部の変更をすることを内容とする保険契約（当該変更に係る部分に限る。）

　第四号～第十五号　（略）
第４項～第７項　（略）

（注）　上記で引用した条文中の下線については、著者が加筆したものである。

　また、これに関連するものとして、監督指針においては、次のとおり規定したところである。

Ⅱ－４－２－２　保険契約の募集上の留意点
(2)　法第294条、第300条の２関係（情報提供義務）
　　①～⑧　（略）
　　⑨　情報提供義務の適用除外（規則第227条の２）
　　　ア．規則第227条の２第３項第３号イに規定される場合においても、保険会社又は保険募集人は、顧客が個人事業主であるか、法

人であるかを問わず、顧客の保険に係る知識の程度に応じて、適切な説明を行う必要がある。
　イ．規則第227条の2第3項第3号ロに規定される額については、一契約単位（主契約＋特約）の金額（団体保険の場合には被保険者一人当たりの金額）で判断することとする。
　ウ．エ．（略）
⑩　（略）

　上記のとおり「標準的手法によらない情報提供が認められる場合」においては、「契約概要」や「注意喚起情報」を記載した書面等による情報提供といった、一律・画一的な手法は求められない一方で、取り扱う保険契約の特性等を踏まえた情報提供が求められることとなる。

(1)　保険契約者または被保険者との合意に基づく方法その他の方法について

　「保険契約者又は被保険者との合意に基づく方法その他当該保険契約の特性等に照らして」とされているが、これは、情報提供の方法について、個々に合意を得ることまで求めるものではなく［PC.53］、また、顧客が合意したことについての記録を残すことまで求めるものではない。いずれにせよ、保険契約者等の保護の観点から各保険会社等において適切に情報の提供がなされることが重要であり、また、規則第227条の7に基づき適切に体制整備を行う必要がある。[PC.54]

(2)　一律・画一的な手法（標準的手法）によらない情報提供が認められる具体的な場合

　一律・画一的な手法（標準的手法）によらない情報提供が認められる具体的な場合として、規則第227条の2第3項第3号では、次の4つの場合が掲げられている。

　①　事業者の事業活動に伴って生ずる損害を填補する保険契約その他内容の個別性又は特殊性が高い保険契約　（イ）
　②　一年間に支払う保険料の額が5,000円以下である保険契約　（ロ）

③　団体保険に係る保険契約　(ハ)
　　④　すでに締結している保険契約の一部の変更をすることを内容とする保険契約（当該変更に係る部分に限る。）(ニ)

a　①事業者の事業活動に伴って生ずる損害を填補する保険契約その他内容の個別性又は特殊性が高い保険契約(イ)について

　「事業者の事業活動に伴って生ずる損害を填補する保険契約その他内容の個別性・特殊性が高い保険契約」には、改正前の監督指針Ⅱ-4-2-2(3)法第300条第1項第1号関係、同(5)②意向確認に係る体制整備関係で同規定の適用対象外としている「事業活動に伴い事業者が被る損害をてん補する保険商品」が含まれる。[PC.56]

　また、「その他内容の個別性・特殊性が高い保険契約」には、自賠責保険が含まれる。[PC.57]

　そして、上記①に規定される場合においても、保険会社または保険募集人は、顧客が個人事業主であるか、法人であるかを問わず、顧客の保険に係る知識の程度に応じて、適切な説明を行う必要がある（監督指針Ⅱ-4-2-2(2)⑨ア.）。たとえば、工場の火災保険等、事業者向けの個別性・特殊性が高い損害保険契約について、必ずしも「契約概要」・「注意喚起情報」を用いての情報提供を求めるものではないが、顧客の保険に係る知識の程度に応じて適切に情報提供が行われる必要がある。[PC.58]また、保険会社においては、保険募集人に対して、事業者である顧客に情報提供を行う場合に、顧客の保険に係る知識の程度に応じた適切な説明が行われるよう教育・管理・指導を行う必要がある。[PC.277]

b　②一年間に支払う保険料の額が5,000円以下である保険契約(ロ)について

　規則第227条の2第3項第3号ロでは「保険期間が1年未満であって保険期間の更新をすることができる保険契約にあっては、1年間当たりの額に換算した額」とあるが、更新可能な保険契約のうち、更新後の保険期間が1年の契約については、当該期間の年間保険料をもって判断する。[PC.60]

また、保険期間が１年を超える保険契約については、基本的には、保険期間を１年に換算した場合の額が5,000円以下であるか否かで判断すべきものと考える。たとえば、保険料6,000円で保険期間が２年間の傷害保険について、一括前払で支払を行った場合は、１年目に払い込む額は6,000円と、5,000円を超えることとなるが、この場合であっても、１年当りに換算した額である3,000円を基準に考えるため当規定（１年間に支払う保険料の額が5,000円以下である保険契約）の対象になると考える。ただし、保険期間が長期にわたる保険契約については、当該規定の対象とはならないことに留意する必要がある。[PC.59]

　また、監督指針Ⅱ－４－２－２(2)⑨イ．にあるとおり、当該規定の保険料は、一契約単位（主契約＋特約）の金額（団体保険の場合には被保険者１人当りの金額）で判断することとなる。

c　③団体保険に係る保険契約(ハ)について

　当該規定の適用範囲は、保険契約者（団体）に対する情報提供であり、被保険者（団体の構成員）への情報提供については、当該規定の対象外である。また、団体保険の保険契約者である団体に対する情報提供においては、「契約概要」や「注意喚起情報」を用いた情報提供が求められるものではなく、約款等を用いた説明が保険契約者の理解に資する場合には、当該方法により、保険契約の内容やその他保険契約者等に参考となるべき情報の提供を行うことも認められる。[PC.298]

d　④すでに締結している保険契約の一部の変更をすることを内容とする保険契約(ニ)について

　「すでに締結している保険契約の一部の変更をすることを内容とする保険契約（当該変更に係る部分に限る。）」に該当する場合には、当該変更に係る部分については標準的手法によらない情報提供が認められる。また、それ以外の部分（すなわち、変更がない部分）については、118頁の「d　(6)すでに締結している保険契約の一部を変更する場合で、当該変更以外の事項（変更がない事項）について」で述べたとおり、情報提供義務が適用除外となる。

これに該当しない場合としては、情報提供の内容に変更がない場合と、「保険契約の一部の変更」とはいえないほどの変更がある場合があるが、前者については情報提供義務は適用されないこととなり、後者については標準的手法による情報提供義務が求められることとなる。
　これを整理すると、次の表のとおり。

図表3－8　すでに締結している保険契約の内容の変更と情報提供義務の関係

保険契約の内容の変更ではあるが、情報提供の内容に変更がない場合	情報提供義務の対象外
保険契約の一部の変更である場合	当該変更に係る部分 →標準的手法によらない情報提供が認められる それ以外の部分（変更がない部分） →情報提供義務の対象外
「保険契約の一部の変更」とはいえないほどの変更がある場合	標準的手法による情報提供が必要

　これに沿って、パブリック・コメントに寄せられた事例について当てはめを行うと、以下のとおり。

(i)　すでに締結している保険契約の保険期間中に、当初の契約締結時に提供した「契約概要」や「注意喚起情報」に該当する事項その他規則第227条の2第3項で情報提供が求められる事項に該当しない事項のみを変更する場合においては、規則第227条の2第7項第2号イに規定する「当該変更に伴い既契約に係る第3項の規定による情報の提供の内容に変更すべきものがないとき」に該当するものである［PC.65］ため、情報提供義務は適用されない。

(ii)　特約中途付加など、保険契約の一部を変更する契約（変更契約）も、法第294条第1項の「保険契約」に該当するものであり、当該変更契約のうち変更に係る部分について、保険契約者等に参考となるべき情報がある場

合には当該情報の提供を求めるべきものとして、規則第227条の2第3項第3号ニは規定されている（すなわち、標準的手法によらない情報提供が求められる）。[PC.66]

たとえば、特約途中付加の場合や保険金を増額して更新する場合などについては、当該手続等に用いる請求書類等により情報提供を行うことや、変更手続処理前には変更後の正確な保険料を算出することが困難な場合に、概算保険料を記載した書面を保険契約者に通知するという方法も許容されると考えられる。いずれにせよ、保険契約者等の保護の観点から、各保険会社にて適切に情報の提供がなされるよう創意工夫を行うことが必要と考えられる。[PC.62]

(iii) 短期の損害保険契約について、当該契約が満期を迎えたことにより、当該契約を更改する場合には、基本的には「既契約の一部の変更をすることを内容とする保険契約」に該当するものと考えられる。ただし、更改契約の内容が従前の契約と比べて大幅に変更されるなど、実質的に新契約であると評価されるような場合には、「既契約の一部の変更をすることを内容とする保険契約」には該当しない（すなわち、標準的手法による情報提供が求められる）ことに留意する必要がある。[PC.64]

7 保険募集人等による被保険者への情報提供義務等が適用除外となる団体保険について

改正前の保険業法においては、団体保険における団体（保険契約者）による被保険者となりうる構成員に対する、当該団体保険に加入させるための行為（加入勧奨）について、明示的な規定はなく、保険募集の定義（保険契約の締結の代理または媒介）には該当しないため、保険募集に関する保険業法上の規制の対象外とされていた。しかし、団体保険のなかには、団体と被保険者となりうる構成員との関係が希薄であり、団体から被保険者となりうる構成員に対して適切な情報提供がなされることが必ずしも期待できないケースも存在していた。

このため、改正保険業法においては、法令上、加入勧奨を明示的に規定するとともに、原則、保険会社または保険募集人に、被保険者となりうる構成員に対する情報提供義務等を負わせたうえで、団体内において保険契約者（団体）から被保険者となりうる構成員に対して保険加入に必要な情報提供が行われることが期待できる場合には、当該情報提供義務等を適用除外とすることとした。

(1)　WG 報告書における主な記載ぶりについて

　WG 報告書において、「団体が形式的な保険契約者であるが、被保険者が実質的に保険料を負担している保険における被保険者に対する情報提供義務等のうち、保険契約者と被保険者との間に一定程度の密接な関係があることにより、団体内において保険契約者から被保険者に対する必要な情報提供が行われることが期待されるもの」については、「保険会社・保険募集人から被保険者への情報提供は求められない」とされた。

　また、これに該当する団体として、「例えば、(1)仮に、保険契約者たる団体が当該団体を保険者として共済事業を行うこととした場合には、保険業法の適用除外に該当するような団体（人数要件による場合を除く）、(2)これ以外の団体類別基準に該当する団体や、構成員と団体との間の密接性、両者の当該団体保険に係る利害関係及び構成員となるための要件並びに団体の活動と保険による補償内容の関係性等に照らして構成員と団体との間にそれと同視できる程度の関係がある団体」とされた。

　そして、これらを踏まえた改正保険業法において、上述のとおり、保険会社または保険募集人に対して、情報提供義務や意向把握・確認義務を課したうえで、保険契約者である団体から被保険者に対して適切な情報が提供されることが期待できると認められる場合として、適用除外（規則第227条の2第2項第1号～第15号）規定を設けた。

規則第227条の2　（情報の提供）
　法第294条第1項に規定する内閣府令で定める特殊の関係のある者

は、団体保険に係る保険契約者から当該団体保険に係る保険契約に加入させるための行為の委託（二以上の段階にわたる委託を含む。）を受けた者その他これに準ずる者（当該団体保険に係る保険契約の締結又は保険募集を行った者を除く。）とする。

2　法第294条第1項に規定する内閣府令で定めるときは、次に掲げる場合とする。

一　地方公共団体を保険契約者とし、その住民を被保険者とする団体保険に係る保険契約者から当該団体保険に係る保険契約に加入する者に対して当該加入させるための行為を行う場合

二　一の会社等（会社（外国会社を含む。第4号において同じ。）その他の事業者（令第1条の2第1項に規定する事業者を除く。）をいう。）又はその役員若しくは使用人（役員又は使用人であった者を含む。以下この項において同じ。）が構成する団体を保険契約者とし、その役員若しくは使用人又はこれらの者の親族（配偶者並びに二親等以内の血族及び姻族に限る。以下この項において同じ。）を被保険者とする団体保険に係る保険契約者から当該団体保険に係る保険契約に加入する者に対して当該加入させるための行為を行う場合

三　一の労働組合を保険契約者とし、その組合員（組合員であった者を含む。）又はその親族を被保険者とする団体保険に係る保険契約者から当該団体保険に係る保険契約に加入する者に対して当該加入させるための行為を行う場合

四　会社を保険契約者とし、同一の会社の集団（一の会社及び当該会社の子会社の集団をいう。）に属する他の会社を被保険者とする団体保険に係る保険契約者から当該団体保険に係る保険契約に加入する者に対して当該加入させるための行為を行う場合

五　一の学校（学校教育法（昭和22年法律第26号）第1条に規定する学校をいう。）又はその学生が構成する団体を保険契約者とし、その学生又は生徒を被保険者とする団体保険に係る保険契約者から当該団

体保険に係る保険契約に加入する者に対して当該加入させるための行為を行う場合

六　一の地縁による団体（地方自治法（昭和22年法律第67号）第260条の2第1項に規定する地縁による団体であって、同条第2項各号に掲げる要件に該当するものをいう。）を保険契約者とし、その構成員を被保険者とする団体保険に係る保険契約者から当該団体保険に係る保険契約に加入する者に対して当該加入させるための行為を行う場合

七　地方公共団体を保険契約者とし、事業者（当該地方公共団体の区域内に所在するものに限る。）又はその役員若しくは使用人を被保険者とする団体保険に係る保険契約者から当該団体保険に係る保険契約に加入する者に対して当該加入させるための行為を行う場合（第1号に掲げるものを除く。）

八　一の包括宗教法人（宗教法人法（昭和26年法律第126号）第52条第2項第4号（設立の登記）に規定する宗教団体がある場合における当該宗教団体であって、宗教法人（同法第4条第2項（法人格）に規定する宗教法人をいう。以下この号において同じ。）であるものをいう。）若しくは当該包括宗教法人に包括される宗教法人又はこれらの役員若しくは使用人が構成する団体を保険契約者とし、その構成員又はその親族を被保険者とする団体保険に係る保険契約者から当該団体保険に係る保険契約に加入する者に対して当該加入させるための行為を行う場合

九　一の国家公務員共済組合（国家公務員共済組合法（昭和33年法律第128号）第3条第1項又は第2項（設立及び業務）の規定により設けられた国家公務員共済組合をいう。）又は一の地方公務員共済組合（地方公務員等共済組合法（昭和37年法律第152号）第3条第1項（設立）の規定により設けられた地方公務員共済組合をいう。以下この号において同じ。）の組合員（組合員であった者を含む。以下この号において同じ。）が構成する団体（地方公務員共済組合の組合員が構成する団体にあっ

ては、一の都道府県内の地方公共団体の職員（職員であった者を含む。）である組合員が構成するものに限る。）を保険契約者とし、その構成員又はその親族を被保険者とする団体保険に係る保険契約者から当該団体保険に係る保険契約に加入する者に対して当該加入させるための行為を行う場合

十　国会議員（国会議員であった者を含む。）が構成する団体又は一の地方公共団体の議会の議員（当該地方公共団体の議会の議員であった者を含む。）が構成する団体を保険契約者とし、その構成員又はその親族を被保険者とする団体保険に係る保険契約者から当該団体保険に係る保険契約に加入する者に対して当該加入させるための行為を行う場合

十一　一の学校（学校教育法第１条に規定する学校及び就学前の子どもに関する教育、保育等の総合的な提供の推進に関する法律第２条第７項（定義）に規定する幼保連携型認定こども園をいう。第13号において同じ。）を保険契約者とし、その児童又は幼児を被保険者とする団体保険に係る保険契約者から当該団体保険に係る保険契約に加入する者に対して当該加入させるための行為を行う場合

十二　一の専修学校（学校教育法第124条に規定する専修学校をいう。以下この号及び次号において同じ。）、一の各種学校（同法第134条第１項に規定する各種学校のうち、第１条の２第２項に規定するものに限る。以下この号及び次号において同じ。）又は一の専修学校若しくは各種学校の生徒（各種学校にあっては同条第３項に規定するものに限る。以下この号及び次号において同じ。）が構成する団体を保険契約者とし、その生徒を被保険者とする団体保険に係る保険契約者から当該団体保険に係る保険契約に加入する者に対して当該加入させるための行為を行う場合

十三　同一の設置者（国及び地方公共団体を除く。次号において同じ。）が設置した二以上の学校等（学校、専修学校又は各種学校をいう。同

> 号において同じ。）の学生又は生徒が構成する団体を保険契約者とし、その学生等（学生、生徒、児童又は幼児をいう。同号において同じ。）を被保険者とする団体保険に係る保険契約者から当該団体保険に係る保険契約に加入する者に対して当該加入させるための行為を行う場合
> 十四　一の学校等又は同一の設置者が設置した二以上の学校等の学生等の保護者（親権を行う者又は後見人をいう。）又は教職員が構成する団体を保険契約者とし、その構成員又は学生等を被保険者とする団体保険に係る保険契約者から当該団体保険に係る保険契約に加入する者に対して当該加入させるための行為を行う場合
> 十五　前各号に掲げる場合のほか、一の団体又はその代表者を保険契約者とし、当該団体に所属する者を被保険者とする団体保険に係る保険契約者から当該団体保険に係る保険契約に加入する者に対して当該加入させるための行為を行う場合であって、当該団体と当該加入させるための行為の相手方との間に、当該団体保険に係る保険契約に関する利害の関係、当該相手方が当該団体の構成員となるための要件及び当該団体の活動と当該保険契約に係る補償の内容との関係等に照らし、一定の密接な関係があることにより、当該団体から当該加入させるための行為の相手方に対して必要な情報が適切に提供されることが期待できると認められるとき
> 第3項～第8項　（略）

（注）　上記で引用した条文中の下線については、著者が加筆したものである。

　上記のとおり、規則第227条の2第2項では、第15号にバスケット規定が置かれたが、この規定ぶりでは、実務上、多種多様な団体が当号に該当するか否かを判断することは困難であるため、当規定の解釈を補足するものが必要であると考えられた。

　なお、企業の人事部や総務部の社員・職員等が、団体内部で団体の機関と

して行う「加入させるための行為」は、基本的には、団体自体が行う「加入させるための行為」として改正保険業法第294条に規定する「当該団体保険に係る保険契約者又は当該保険契約者と内閣府令で定める特殊の関係のある者（＝保険契約者から当該団体保険に係る保険契約に加入させるための行為の委託（二以上の段階にわたる委託を含む。）を受けた者）が当該加入させるための行為を行う場合」に該当すると考えられる。[PC.20]

(2) 規則第227条の2第2項第15号の記載ぶりについて

規則第227条の2第2項第15号（抜粋）
当該団体と当該加入させるための行為の相手方との間に、①当該団体保険に係る保険契約に関する利害の関係、②当該相手方が当該団体の構成員となるための要件及び③当該団体の活動と当該保険契約に係る補償の内容との関係等に照らし、一定の密接な関係があることにより、当該団体から当該加入させるための行為の相手方に対して必要な情報が適切に提供されることが期待できると認められるとき。

　規則第227条の2第2項第15号の解釈等に関しては、パブリック・コメントにおいて、以下のようなご意見に対して「金融庁の考え方」を示している。

コメントの概要	金融庁の考え方
必要な情報が適切に提供されることが認められるかを判断するための要件として、規則第227条の2第2項第15号に掲げられている「団体保険に係る保険契約に関する利害の関係」、「団体の構成員となるための要件」、「団体の活動と当該保険契約に係る補償の内容との関係」について、それぞれ具体的な考え方を確認させていただきたい。[PC.33]	規則第227条の2第2項第15号に規定する必要な情報が適切に提供されることが認められるかを判断するための要件の具体的な考え方は、以下のとおりです。 ① 「団体保険に係る保険契約に関する利害の関係」について、利害が一致している場合とは、「保険事故発生によって、団体と構成員の双方が損害を被り得るところを、当該保険事故により取得される保険金により、双方が利益を受ける（損失が填補される）関係にある」ことを想定しています。 ② 「団体の構成員となるための要件」については、単に会費等を支払えば構成員（被保険者）となり得るだけでなく、構成員（被保険

規則第227条の2第2項第15号においては、「一定の密接な関係があることにより、当該団体から当該加入させるための行為の相手方に対して必要な情報が適切に提供されることが期待できると認められるとき」と規定されているが、具体的に、どのような場合には密接な関係があり、どのような場合には密接な関係がないとされることになるのか、当局の解釈指針を示していただきたい。[PC.34]	者）となるための一定の要件が設けられていることを想定しています。 ③　「団体の活動と当該保険契約に係る補償の内容との関係」については、団体の活動（役務サービスや物品の販売活動）に参加・利用したことに伴う事故等の損害を補償するなど、当該活動と保険による補償内容との間に関係性が認められることを想定しています。 上記要件等に照らして、個別具体的に総合的に判断する必要はあります。

　なお、規則第227条の2第2項第15号の規定においては、「当該団体の活動と当該保険契約に係る補償の内容との関係等に照らし」として「補償」という用語を用いているが、第1分野および定額型の第3分野についても本規定の対象となる。[PC.39]

(3)　生命保険業界における「団体」の解釈および運用について

　これまで、生命保険業界においては、「団体定期保険の運営基準の一部改正について」（昭和61年3月28日蔵銀第634号）の廃止後もなお、同通達に定められた被保険団体の要件などに沿った運用がなされてきた。

　また、同通達に照らした場合、第Ⅳ種団体に分類される団体の一部については、第Ⅰ種団体～第Ⅲ種団体としていったん事業方法書の認可を得た後、変更認可を得ることで運用されてきた。

(4)　損害保険業界における「団体」の解釈および運用について

　これまで、損害保険業界においては、「団体類別基準[2]」に基づく解釈の

2　損害保険業界でいわれる「団体類別基準」とは、過去、旧大蔵省保険部保険第二課課長補佐宛てに業界団体（損害保険料率算出機構）が発出した文書に基づき、その後、各損害保険会社が傷害保険等の事業方法書等で定めている基準をいう。

もと、各社の事業方法書に係る商品認可を得ることで運用されてきた。

(5) 規則第227条の2第2項に該当する場合を判断するための基準について

以上を踏まえて、保険業法施行規則第227条の2第2項に該当する場合を判断するための基準として、団体保険の加入勧奨に関する規則第53条第1項第5号、第211条の30第5号、第227条の2第2項第15号および第227条の8、監督指針Ⅱ-4-2-2(2)〜(4)ならびに少額短期保険業者向けの監督指針Ⅱ-3-3-2(1)〜(4)の解釈について、明確化を図ることとし、以下a〜dの内容について、金融庁は、平成28年1月26日付金監第72号文書をもって業界関係団体（一般社団法人生命保険協会、一般社団法人日本損害保険協会、一般社団法人外国損害保険協会、一般社団法人日本保険仲立人協会、一般社団法人日本少額短期保険協会）に対して周知した。

a 規則第227条の2第2項第15号の該当性の判断について[3]

規則第227条の2第2項に基づく情報提供義務および意向把握・確認義務の履行等の適用除外となる場合については、団体と構成員との間に一定の密接な関係[4]があり、保険契約者（団体）から被保険者となりうる構成員に対して必要な情報が適切に提供されることが期待されると認められるときであり、同項第15号の適用にあたっては、以下の要件に照らして、それぞれの要件の充足度合いやその他当該団体の性質や特性[5]、団体保険の商品性[6]等を踏まえて、総合的に判断するものとした[7]。

なお、規則第227条の2第2項第15号については、情報提供義務（保険業法第294条）、意向把握・確認義務（保険業法第294条の2）の適用除外を規定

---

[3] これらの整理については、現状、各保険会社等において取り扱われる団体保険の類型を前提としたものであり、これ以外の新たな団体保険の類型を想定したものではないことに留意する必要がある。

[4] 「一定の密接な関係」とは、保険契約者（団体）から被保険者になりうる構成員に対して必要な情報が適切に提供されることが期待されるものであるかといった観点から、特に保険契約者である団体と被保険者となりうる構成員との間に密接な関係があるかなども含めて総合的に判断すべきものである。

[5] 「団体の性質や特性」とは、たとえば、保険契約者である団体と被保険者となりうる構成員との間の密接な関係の度合いを意味するものである。

したものであり、団体保険としての商品認可がなされることを前提としたものではない。

 b　「団体保険に係る保険契約に関する利害の関係」

 規則第227条の2第2項第15号に規定する「団体保険に係る保険契約に関する利害の関係」について、利害関係が一致している場合とは、たとえば、保険事故発生によって団体と構成員の双方が損害を被りうるところ、当該保険事故により取得される保険金により、双方が利益を受ける（損失を填補される）関係にある場合をいう。

 c　「構成員となるための要件」

 規則第227条の2第2項第15号に規定する「構成員となるための要件」[8]を充足する場合[9]とは、以下のいずれかの場合とする。

① 団体の定めた方法による審査等一定の選考を経て任命、委任または雇用契約を締結した者によって構成される団体の場合

② 特定の資格、技能を習得し、国または都道府県の免許、許可または認可

6　「団体保険の商品性」とは、たとえば、当該商品の複雑性・当該複雑性に起因する説明の困難性等を意味し、規則第227条の2第2項第15号の適用にあたり、以下b～dの要件に照らして総合的に判断するべきものである。一般的には、死亡保険や複雑な医療保険については、保険商品の特性等を十分に考慮した情報提供等が適切に行われるための措置を講じるよう留意する必要がある。

　なお、商品が複雑でないことをもって、直ちに規則第227条の2第2項第15号に該当するものではないことに留意する必要がある。

7　当該条項に該当しない場合にあっては、被保険者への情報提供義務および意向把握・確認義務を負うのは団体契約の締結保険会社等または取扱保険募集人であり、当該保険会社等または保険募集人自らが情報提供義務および意向把握・確認義務を履行することが求められることに留意する必要がある。

8　「構成員となるための要件」については、単なる会費等の支払い、または商品・サービスの利用をもって構成員として認められる団体については、そもそも一定の要件が設けられているとはいえないことに留意する必要がある。

9　上記①～⑦のいずれかの要件を満たし、かつ次の「d　団体の活動と当該保険契約に係る補償の内容との関係」にある要件を満たす場合については、基本的に規則第227条の2第2項第15号に該当するものと考えられる。

　一方、上記⑧の要件を満たし、かつ次の「d　団体の活動と当該保険契約に係る補償の内容との関係」にある要件を満たす場合については、団体の性質・特性や商品性を踏まえて、保険契約者（団体）から被保険者となりうる構成員に対して必要な情報が適切に提供されることが期待されるかといった観点から総合的に判断されるものである。

を受けている者によって構成される団体の場合
③　選挙にて公職に就任する者として選定された国会議員または地方公共団体の議会議員によって構成される団体の場合
④　住職、神主等（檀家、信徒、会員等の信者を除く）になるために定められた基準があり、それを満たすと認められた者によって構成される団体の場合
⑤　学力試験や面接等団体の定めた方法による選考を経て入学した学生等によって構成される団体の場合
⑥　プロスポーツ選手、企業経営者またはこれらと同等の高い資質・能力を有する者で構成される団体の場合
⑦　住宅ローン等の高額の信用供与を受けた者によって構成される団体の場合
⑧　上記以外の団体であって、規約等において団体の活動目的と構成員の定義が定められている団体において、当該構成員となるための一定の要件が設けられている場合[10]

d　「団体の活動と当該保険契約に係る補償の内容との関係」

規則第227条の2第2項第15号に規定する「団体の活動と当該保険契約に係る補償の内容との関係」を充足する場合とは、以下のいずれかの場合である。

ⅰ）団体の活動（役務サービスや物品の販売活動）に参加・利用したことに伴う事故等の損害を補償するなど、当該活動を安定して実施するための制度として、当該団体が団体保険の保険契約者となり、その被保険者となりうる構成員に対して加入勧奨を行う場合
ⅱ）団体の目的に沿った活動の一環として、労働力の確保・定着、構成員

---

[10]　上記⑧に該当し、構成員間に一定の関係が認められる場合であっても、保険契約者である団体と被保険者となりうる構成員との間の密接な関係の度合いが低い場合には、上記「a　規則第227条の2項第15号の該当性の判断について」にある「要件の充足度合い」が高くないと判断されることに留意する必要がある。

の勤労意欲・能率の向上、構成員の生活の安定・向上などのために、構成員に対する福利厚生制度として、当該団体が団体保険の保険契約者となり、その被保険者となりうる構成員に対して加入勧奨を行う場合

なお、上記 b〜d の要件を満たす場合であっても、保険会社等または保険募集人は、団体の性質や特性および団体保険の商品性等を踏まえたうえで、保険契約者である団体から被保険者となりうる構成員への適切な情報提供等がなされるよう措置を講じる必要がある。

また、規則第227条の2第2項に該当するか否かを問わず、団体保険の形式を利用して、保険業法第300条第1項に規定する禁止行為などの募集規制を潜脱することは認められないことに留意する必要がある。

(6) 規則第227条の2第2項に該当すると考えられるものについて

a 「会社を保険契約者とし、同一の会社の集団に属する他の会社を被保険者とする団体保険」について

規則第227条の2第2項第4号にある「会社を保険契約者とし、同一の会社の集団に属する他の会社を被保険者とする団体保険」について、保険契約者である会社自身が被保険者に含まれる場合でも、団体と被保険者の間には、規則第227条の2第2項第4号の団体保険と同等の一定の密接な関係が認められ、規則第227条の2第2項第15号に該当するものと考えられる。
[PC.36]

b 団体信用生命保険や団体信用就業不能保障保険について

団体信用生命保険や団体信用就業不能保障保険は、信用供与機関や信用保証機関（信用供与機関や信用保証機関の事業者団体や、いわゆる親子関係等にある複数の信用供与機関や信用保証機関の集合体を含む）が保険契約者となり、債務者（債務者が中小企業の場合、その連帯保証人を含む。以下同じ）を被保険者として、その保険金額が、保険事故が発生した際の債務者の債務額や返済額に連動する保険契約である。この保険契約への加入勧奨については、保険事故の発生により発生しうる債務不履行の損失に対し、信用供与機関や信用保証機関は、保険金により債権の保全が図られるという利益を享受でき、同

時に、債務者およびその遺族は、債務の返済を免れ、生活の安定が図られるといった利益を享受でき、双方が利益を受ける関係にあるため、利害の関係が一致していると考えられること（該当性 b）、構成員となるための要件として、高額の信用供与を受けることが条件となっていること（該当性 c）、団体の信用供与・信用保証といった活動に伴う債務の不履行により発生する損失を補填するため、当該団体の活動と保険による補償内容との間に関係性が認められると考えられること（該当性 d）から、規則第227条の2第2項第15号の規定に照らし、団体と所属員との間に一定の密接な関係があることにより、必要な情報が適切に提供されることが期待できると認められる場合に該当するものと考えられる。[PC.37]

(7) 規則第227条の2第2項に該当する団体保険の加入勧奨に係る体制整備について

　団体と構成員との間に一定の密接性が認められ、団体（契約者）から被保険者への適切な情報提供が期待できる場合（規則第227条の2第2項に定める団体）、被保険者への情報提供および意向把握に係る義務は適用除外となる。他方、保険会社等においては、団体（契約者）からの必要な情報提供・適切な意向確認を確保するための体制整備が求められること（規則第53条第1項第5号、同第211条の30第5号、同第227条の8、および監督指針Ⅱ－4－2－2(2)⑩ア．～カ．）に留意が必要である。[PC.294]

(8) 規則第227条の2第2項に該当しない団体保険の加入勧奨に係る体制整備について

　規則第227条の2第2項に該当しない団体保険の加入勧奨に係る体制整備については、監督指針において、以下のとおり規定したところである。

　なお、これら規則第227条の2第2項に該当しない団体保険の加入勧奨における情報提供義務および意向把握・確認義務を負う主体は、保険契約者である団体ではなく、保険会社または保険募集人（引受保険会社と団体の間で締結された団体保険契約について保険募集を行った者）であり [PC.417]、加入勧奨に係る体制整備の義務を負う者も同様に、保険会社または保険募集人であ

ることに留意する必要がある。

> **Ⅱ-4-2-2　保険契約の募集上の留意点**
>
> (4)　規則第227条の2第2項に該当しない団体保険の加入勧奨に係る体制整備関係
>
> 　　カード会社や金融機関等が契約者となり、その会員や預金者等が被保険者となる団体等、保険契約者と被保険者との間の密接性、両者の当該団体保険に係る利害関係及び団体の構成員となるための要件等に照らし、保険契約者と被保険者との間に一定程度の密接な関係が認められない団体を被保険者団体とする保険については、規則第227条の2第2項の規定に該当しないことから、当該団体保険を締結した又は取扱った保険会社又は保険募集人（自ら団体保険を取扱った団体を含む。）が加入勧奨における情報提供及び意向把握・確認等を行う場合においては、以下のような体制が整備されているか。
>
> ①　加入勧奨にあたっては、例えば、法第300条第1項に規定する禁止行為の防止など、募集規制に準じた取扱いが求められ、募集規制の潜脱が行われないような適切な措置が講じられているか。
>
> ②　カード会社や金融機関等が契約者となり、その会員や預金者等が被保険者となるような団体等においては、当該団体保険の被保険者のクレジットカードや預金口座の解約等により保障（補償）が喪失する場合は、その旨を「注意喚起情報」を記載した書面に記載し、被保険者に適切に説明する体制を整備し、対応しているか。
>
> 　　また、クレジットカードや預金口座を解約等した場合、当該解約により、保障（補償）が喪失する場合は、その旨を適切に説明する体制を整備し、対応しているか。
>
> ③　保険募集を行う銀行等が契約者となり、その預金者が被保険者となる団体保険の加入勧奨にあたっては、Ⅱ-4-2-6-2からⅡ-4-2-6-10を踏まえた適切な措置が講じられているか。

④　電話による加入勧奨を行う場合には、Ⅱ-4-4-1-1(5)を踏まえた適切な措置が講じられているか。

(注)　上記で引用した監督指針の下線については、著者が加筆したものである。

a　規則第227条の2第2項に該当しない団体保険の加入勧奨に係る体制整備が必要となる者について

　当該体制整備が求められる保険募集人について、「自ら団体保険を取扱った団体を含む」としており、これは、当該団体契約を取り扱った保険募集人が、団体契約の契約者と同一である場合が含まれることを明示的に示したものである。[PC.439]

　なお、規則第227条の2第2項に該当しない団体保険の加入勧奨について、被保険者に対する情報提供義務や意向把握・確認義務は、当該団体保険に係る保険会社または保険募集人が負うこととなるが、当該保険会社または保険募集人は、当然ながら、これらの義務を、当該団体など、第三者に委託することはできない。したがって、たとえば、保険会社または保険募集人が作成した説明書面を被保険者に渡す行為等、情報提供義務に係る事実行為の一部を保険募集人が団体に委託することは認められる余地があると考えるが、かかる場合であっても情報提供義務および意向把握・確認義務を負うのは団体保険の締結保険会社または取扱募集人であり、同保険会社または保険募集人自らが義務を履行することが求められる。[PC.418]

　他方で、団体が募集人登録を行ったうえで、当該団体保険の取扱募集人となった場合には、団体が加入勧奨における情報提供義務および意向把握・確認義務の履行主体となることが可能であると考えられる。[PC.419]

b　①について

　規則第227条の2第2項に該当しない団体保険の加入勧奨は保険募集と同等の行為であり、当該加入勧奨の対象となる被保険者については、団体保険以外の保険契約における保険契約者と同等の保護等が与えられる必要があるため、加入勧奨に係る体制整備義務の規定として、保険業法第100条の2お

よび保険業法第294条の3が置かれている。

　保険業法第300条第1項各号の禁止規定は、保険契約者等の保護や保険募集の公正等を図るために一定の行為を禁止する趣旨のものであり、かかる趣旨は団体保険の加入勧奨についても同様に妥当することから、加入勧奨に係る体制整備として、当該規制の潜脱が起こらないような措置を求めているものである。[PC.416、422～425]

パブリックコメントに寄せられたご意見	金融庁の考え方
○規則第227条の2第2項に該当しない団体保険の加入勧奨に関し、体制整備に係る規制が新たに設けられた趣旨は何か。[No.416]	○規則第227条の2第2項に該当しない団体保険の加入勧奨は保険募集と同等の行為であり、当該加入勧奨の対象となる被保険者については、個人契約における保険契約者と同等の保護等が与えられる必要があると考えられるため、法第294条、第294条の2、第294条の3及び第300条第1項の対象とされ、これらに基づいた取扱いが必要となります。

　c　③について

　当該③は、保険募集人に係る業務運営に関する措置（保険業法第294条の3）に関して、保険契約者である銀行等と被保険者である預金者の関係性にかんがみ、銀行窓販に関する諸規則（Ⅱ-4-2-6-2からⅡ-4-2-6-10）に係る監督上の着眼点を引用したものである。[PC.432]

　d　④について

　Ⅱ-4-4-1-1(5)は、電話による新規の保険募集等（いわゆるテレホンマーケティング）における留意点を規定したものである。団体保険における加入勧奨においても、電話で行われることは考えられるため、かかる場合には、保険会社または保険募集人に対し、Ⅱ-4-4-1-1(5)を踏まえた体制整備を行うよう求めたものである。

情報提供義務に係る体制整備について

保険会社および保険募集人は、情報提供義務の履行にあたり、「契約概要」や「注意喚起情報」を記載した書面を交付するための措置を適切に講じる必要があることから、監督指針においては、以下のとおり情報提供義務の体制整備に係る事項を規定した。

Ⅱ-4-2-2　保険契約の募集上の留意点
(2)　法第294条、第300条の2関係（情報提供義務）
　⑩　情報提供義務に係る体制整備関係
　　　保険会社及び保険募集人は、規則第53条第1項第4号及び規則第53条の7、規則第227条の7に規定する措置に関し、「契約概要」及び「注意喚起情報」を記載した書面を交付するために、以下のような体制を整備しているか。
　ア．当該書面において、顧客に対して、保険会社における苦情・相談の受付先を明示する措置を講じているか。
　イ．「注意喚起情報」を記載した書面において、手続実施基本契約の相手方となる指定ADR機関の商号又は名称（指定ADR機関が存在しない場合には、苦情処理措置及び紛争解決措置の内容）を明示する措置を講じているか。
　ウ．当該書面に記載すべき事項について、以下の点に留意した記載とする措置を講じているか。（「Ⅱ-4-10　適切な表示の確保」参照）
　　(ア)　文字の大きさや記載事項の配列等について、顧客にとって理解しやすい記載とされているか。
　　（注）　例えば、文字の大きさを8ポイント以上とすること、文字の色、記載事項について重要度の高い事項から配列する、グラフや図表の活用などの工夫（特に、特定保険契約に係る契約締結前交付書面については、法定要件（文字の大きさは8ポイン

ト以上とし、一定の事項について12ポイント以上とすること等）に則した書面を作成する必要があることに留意すること。）。

(イ) 記載する文言の表示にあたっては、その平明性及び明確性が確保されているか。

(注) 例えば、専門用語について顧客が理解しやすい表示や説明とされているか。顧客が商品内容を誤解するおそれがないような明確な表示や説明とされているか。

(ウ) 顧客に対して具体的な数値等を示す必要がある事項（保険期間、保険金額、保険料等）については、その具体的な数値が記載されているか。

(注) 具体的な数値等を記載することが困難な場合は、顧客に誤解を与えないよう配慮のうえ、例えば、代表例、顧客の選択可能な範囲、他の書面の当該数値等を記載した箇所の参照等の記載を行うこと。

(エ) 当該書面に記載する情報量については、顧客が理解しようとする意欲を失わないよう配慮するとともに、保険商品の特性や複雑性にあわせて定められているか。

(注) 通常は顧客が理解しようとする意欲を失わない程度の情報量としては、例えば、「契約概要」・「注意喚起情報」を併せてＡ３両面程度のものが考えられる。

(オ) 当該書面は他の書面とは分離・独立した書面とする、又は同一の書面とする場合は、他の情報と明確に区別し、重要な情報であることが明確になるように記載されているか。

エ．顧客に当該書面の交付に加えて、少なくとも以下のような情報の提供及び説明が口頭により行われる体制が整備されているか。

(ア) 当該書面を読むことが重要であること。

(イ) 主な免責事由など顧客にとって特に不利益な情報が記載された部分を読むことが重要であること。

(ウ) 特に、乗換（法第300条第1項第4号に規定する既契約を消滅させて新たな保険契約の申込みをさせ、又は新たな保険契約の申込みをさせて既に成立している保険契約を消滅させること。）、転換（規則第227条の2第3項第9号及び規則第234条の21の2第1項第7号に規定する既契約を消滅させると同時に、既契約の責任準備金、返戻金の額その他の被保険者のために積み立てられている額を、新契約の責任準備金又は保険料に充当することによって保険契約を成立させること。）の場合は、これらが顧客に不利益になる可能性があること。

オ．当該書面の交付にあたって、契約締結に先立ち、顧客が当該書面の内容を理解するための<u>十分な時間が確保される体制が整備</u>されているか。

（注1）「注意喚起情報」を記載した書面については、顧客に対して効果的な注意喚起を行うため、契約の申込時に説明・交付することでも足りる。

　　　　ただし、投資性商品である特定保険契約にあっては、リスク情報を含む「注意喚起情報」を記載した書面についても、「契約概要」を記載した書面と同じ機会に交付することにより、顧客がその内容を理解するための十分な時間が確保されるべきことに留意すること。

（注2）顧客に対する十分な時間の確保にあたっては、保険商品の特性や販売方法を踏まえる一方、顧客の理解の程度やその利便性が損なわれないかについて考慮するものとする。

カ．電話・郵便・インターネット等のような非対面の方式による情報の提供及び説明を行う場合は、上記ア．からオ．に規定する内容と同程度の<u>情報の提供及び説明が行われる体制が整備されているか。</u>

　　例えば、少なくとも以下のような方法により、顧客に対して適

切な情報の提供や説明が行われている必要がある。
(注) 特定保険契約にあっては、契約締結前交付書面の交付方法として、法定の記載事項・記載方法の要件を満たした書面の交付又はこれに代替する電磁的方法による提供しか行うことができないことに留意すること。

(ア) 電話による場合

顧客に対して口頭にて説明すべき事項を定めて、当該書面の内容を適切に説明するとともに、当該書面を読むことが重要であることを口頭にて説明のうえ、郵便等の方法により遅滞なく当該書面を交付する方法

(イ) 郵便による場合

当該書面を読むことが重要であることを顧客が十分認識できるような記載を行ったうえで、当該書面を顧客に送付する方法

(ウ) インターネット等による場合

当該書面の記載内容、記載方法等に準じて電磁的方法による表示を行ったうえで、当該書面を読むことが重要であることを顧客が十分認識できるよう電磁的方法による説明を行う方法

(注1) 上記エ．に規定する内容と同程度とは、例えば、郵便の場合は書面への記載、インターネット等の場合は電磁的方法による表示により、口頭による情報の提供及び説明に代えることが考えられる。

(注2) 郵便による場合、当該書面を読むことが重要であることを顧客が十分認識できるような書面を併せて送付することでも足りる。

(注3) インターネット等による場合、当該書面の郵送等に代えて、印刷や電磁的方法による保存などの手段が考えられる。

キ．規則第227条の2第2項に定める団体保険について、保険契約

者である団体が被保険者となる者に対して加入勧奨を行う場合は、上記ア．からカ．に規定する内容について、保険会社又は保険募集人が顧客に対して行うのと同程度の情報の提供及び説明が適切に行われることを確保するための措置が講じられているか。
ク．規則第227条の2第3項第6号、第7号、第9号及び規則第234条の21の2第1項第4号から第7号までに定める書面の交付に関して、保険契約者から書面を受領した旨の確認を得ることについて、保険会社の従業員及び保険募集人に対する教育・管理・指導を行う体制が整備されているか。
　また、保険会社の従業員及び保険募集人による受領確認の実施状況を調査・把握する体制が整備されているか。
ケ．既契約及び新契約に関して規則第227条の2第3項第9号イ及び規則第234条の21の2第1項第7号イに規定する事項が記載されたそれぞれの書面を交付して対比する場合には、当該書面の交付にあたって既契約と新契約の対比説明を徹底する等、保険契約者等の保護に欠けることのないよう措置を講じているか。
コ．顧客から「契約概要」及び「注意喚起情報」を記載した書面並びに契約締結前交付書面の記載事項を了知した旨を十分に確認し、事後に確認状況を検証できる態勢にあるか。

（注）　上記で引用した監督指針中の下線については、著者が加筆したものである。

(1) **主な改正内容等について**

　以上にある⑩情報提供に係る体制整備（Ⅱ-4-2-2(2)⑩）については、基本的には、改正前の監督指針（Ⅱ-4-2-2(5)①「契約概要」、「注意喚起情報」に係る体制整備関係）にあった規定を改正後においても、そのまま維持している。なお、たとえば、Ⅱ-4-4-2(2)⑩エ．にある「～口頭により行われる体制が整備されているか」は、改正前の監督指針Ⅱ-4-2-2(5)①ウ．にあった「～口頭により行われているか」といった表現を、Ⅱ-4-4-2(2)⑩

オ．にある「～十分な時間が確保される体制が整備されているか」は、改正前の監督指針Ⅱ－4－4－2(5)①エ．にあった「～十分な時間が確保されているか」といった表現を、さらには、Ⅱ－4－4－2(2)⑩カ．にある「～情報の提供及び説明が行われる体制が整備されているか」は、改正前の監督指針Ⅱ－4－4－2(5)①オ．にあった「～情報の提供及び説明が行われているか」といった表現を改めているが、これは、情報提供義務に関し、保険会社および保険募集人に対して、適切に情報提供を行うための体制の整備を求めるものであることから、表現の適正化を図ったものであり、改正前と後とで、整備することが求められる具体的な体制の内容が変わるものではない。[PC.281～283]

また、改正前の監督指針Ⅱ－4－2－2(3)②の（注1）として規定されていた「（注1）団体保険又は団体契約、財形保険について、保険契約者である団体に対して行うものは本項目の対象としない。なお、重要事項説明書、約款等の他の方法により、当該団体に対して重要な事項を適正に告げる必要があることに留意すること」や、（注3）として規定されていた「（注3）第二分野の保険商品については、自動車保険、火災保険、賠償責任保険等であって、事業活動に伴い事業者が被る損害をてん補する保険商品でない場合を本項目の対象とする。なお、本項目の対象とならない保険商品についても、重要事項説明書、約款等の他の方法により、顧客に対して重要な事項を適正に告げる必要があることに留意すること」については、今般の改正により、情報提供義務の適用範囲が法令上、明確に定められたことから、改正後の監督指針においては削除したものである。[PC.287]

(2) 電磁的方法による情報提供時の監督指針の適用について

近時、対面販売において、いわゆるタブレット端末など、情報処理端末の提示等の電磁的方法を用いて説明を行うという方法により、情報提供が行われることがあるが、このような場合においては、上記Ⅱ－4－2－2(2)⑩ア．からオ．の規定が適用されるものと考えられる。また、かかる場合には、電磁的方法による説明を行ったうえで、書面については、事後的に郵送すると

の対応も認められると考える。[PC.284]

顧客の意向に基づかない補償重複に係る対応について

顧客の意向に基づかない補償重複に係る対応については、監督指針（Ⅱ-4-2-2(5)）において、以下のとおり規定されている。

Ⅱ-4-2-2　保険契約の募集上の留意点
(5)　顧客の意向に基づかない補償重複に係る対応

　<u>保険会社又は保険募集人</u>は、補償重複のうち、顧客の意向に基づかないものについて、その発生防止や解消を図る観点から、新規契約や契約の更新・更改（以下、「新規契約等」という。）にあたって、顧客に対し、補償重複に係る説明等が十分かつ適切に行われることを確保するため、以下の取組みを行っているか。
① 　社内規則等において、補償重複に係る説明の確実な実施方法等、補償重複に係る対応を実施するための必要事項を適切に定めているか。
② 　保険募集人に対して、補償重複に関する適切な教育・管理・指導を行っているか。
③ 　自社で取り扱う保険商品（特約を含む。）のうち、組み合わせて契約した場合に補償重複となる保険商品の組合せの一覧を作成しているか。
　　また、新たな保険商品の販売開始時等、必要に応じて一覧の見直しを行っているか。
④ 　新規契約等における商品説明にあたっては、顧客に対し、当該保険商品と組み合わせて契約した場合に、補償重複となる保険に既に加入していないかを確認することとしているか。
　　また、補償重複に該当する保険に既に加入している場合には、保険料と保険金の関係について明示的に説明したうえで、顧客の意向

> の有無を確認し、当該顧客の意向を踏まえた適切な内容の補償を提供しているか。
> ⑤ 補償重複に係る顧客に対する確認・説明の実態を把握・検証できる態勢を構築しているか。

(注) 上記で引用した監督指針中の下線については、著者が加筆したものである。

　顧客の意向に基づかない補償重複に係る対応として、改正前の監督指針において、注意喚起情報として補償重複に関する事項を規定していたが、今回の改正によって「情報提供義務」の内容の一部として位置づけた。

　これを踏まえて、保険会社または保険募集人は、Ⅱ-4-2-2(5)に基づく適切な体制整備を講じることが求められる。

　なお、事業者向け保険や団体保険の募集を行う場合には、標準的手法によらない情報提供が認められる場合を定めた規則第227条の2第3項第3号イ．、ハ．を踏まえた柔軟な対応も可能である。

　また、規則第227条の2第2項に定める団体保険の加入勧奨を行う場合、保険会社または保険募集人の被保険者に対する情報提供義務は適用除外となるが、団体において、保険会社または保険募集人が顧客に対して行うのと同程度の情報の提供および説明が行われるための体制を整備する必要がある。[PC.440] また、インターネットによる保険募集を行う場合も、監督指針を踏まえて、適切に情報提供を行う必要がある。[PC.441]

⑩ 保険仲立人に対する情報提供義務および意向把握・確認義務の適用について

　保険仲立人についても、情報提供義務（法第294条第1項）および意向把握・確認義務（法第294条の2）が適用されることになる。保険仲立人が取り扱う保険契約の場合、保険仲立人による当該義務の適切な履行をもって、保険会社があらためて当該義務を履行することは不要となる。[PC.44]

　また、情報提供義務の履行方法として、たとえば、規則第227条の2第3

項第1号タに規定する「ADR等に係る事項」に関して、「注意喚起情報」には保険会社等または外国保険会社等のADR等に係る事項を記載し、保険仲立人のADR等に係る事項については「注意喚起情報」とは別の書面（たとえば、改正後保険業法第294条第4項に規定する書面）に記載して説明および交付することも許容されると考えられる。[PC.45]

情報提供義務に係る不祥事件届出について

　情報提供義務（法第294条第1項）に違反した場合は、規則第85条第5項第3号または第194条第4項第3号の規定に基づき「不祥事件届出」の提出が必要となる。たとえば、標準的手法による情報提供を定めた規則第227条の2第3項第1号は、法第294条第1項の規定を受けた内閣府令であるため、同号に定める書面交付等を被保険者に対して行わなかった場合は、法第294条第1項の違反として、「不祥事件届出」の対象となる。[PC.12]

　また、規則第85条第5項第3号または第192条第4項第3号においては、法第294条第1項（情報提供義務）、第294条の2（意向把握・確認義務）および規則第234条の21の2第1項（特定保険契約に係る情報提供義務）の規定に違反する行為が定められており、同各号に規定する違反行為があった場合には、件数にかかわらず「不祥事件届出」の提出が必要となるほか、保険会社の業務の健全かつ適切な運営に支障をきたす行為またはそのおそれのある行為であって、規則第85条第5項第1号から第5号まで（外国保険会社等にあっては、規則第166条第4項第1号から第4号まで）に掲げる行為に準じるものに該当する行為を行った場合についても「不祥事件届出」の提出が必要になることに留意する必要がある。（同6号）[PC.13～16]

　なお、規則第85条第5項第3号および規則第192条第4項第3号においては、法第294条の3（保険募集人に対する体制整備義務）違反は不祥事件として列挙していないが、法第294条の3に規定する体制（措置）が構築されていないと評価される場合には、保険募集人の登録の取消し等について定めた法第307条第1項第3号の「この法令」に違反があったものとして、規則第

第3章　改正保険業法の解説　149

85条第5項第3号または規則第192条第4項第3号に該当すると解される場合がありうることにも留意する必要がある。[PC.17]

第3節 意向把握・確認義務
（改正保険業法第294条の2関係）

 1 意向把握・確認義務の導入の背景について

意向把握・確認義務の導入については、WG報告書において、以下のように示されている。

> 2-2-1 意向把握義務
> 　保険については、顧客が抱えているリスクは多種多様であり、また、備えるべきリスクの中でどの部分を保険によってカバーするのか（保険のニーズ）も顧客によって異なっている。そのため、保険募集に当たっては、募集人が顧客の抱えているリスクやそれを踏まえた保険のニーズを的確に把握した上で当該ニーズに沿った商品を提案・分かりやすく説明することを通じ、顧客が、自らの抱えているリスクやそれを踏まえた保険のニーズに当該商品が対応しているかどうかを判断して保険契約を締結することの確保が重要である。
> 　この点に関して、現在は、保険会社の体制整備義務に基づいて意向確認書面の使用が定められており、顧客自身が契約締結前の段階で、推奨された保険商品と自らのニーズが合致しているかについて、最終確認の機会が設けられている。しかし、昨今、当該手続については導入時に求められた効果が必ずしも十分には発揮されていない、との指摘がある。
> 　以上のような点を踏まえれば、顧客が自らの抱えているリスクを認識し、その中でどのようなリスクを保険でカバーするのかを認識した上で保険に加入できる環境を更に整備するため、

「保険会社又は保険募集人は、保険募集に際して、顧客の意向を把握し、当該意向に沿った商品を提案し、当該商品について当該意向とどのように対応しているかも含めて分かりやすく説明することにより、顧客自身が自らの意向に沿っているものであることを認識した上で保険加入できるようにする必要がある。」との趣旨の義務規定を法律上設けることが適当である。

その際、顧客の意向把握の具体的手法について画一的なものを強制することとした場合には、多様化している募集形態すべてに適合する手法を設定することの困難さから、結果として意向把握が形式化するおそれがあることや保険会社・保険募集人及び顧客の双方に対して過度の負担を課すおそれがあることを踏まえれば、顧客ニーズを把握するための具体的な手法については、商品形態や募集形態に応じて、保険会社・保険募集人の創意工夫に委ねることとし、法律上は、上記の考え方を一般的義務規定（プリンシプル）として規定することが適当である。

一方、当該プリンシプルを満たすための具体的な方法については、取り扱う商品や募集形態を踏まえて選択されるべきこととなるが、達成すべき目標水準を統一する観点から、「全商品・募集形態を通じて満たすべき水準」を監督指針において示すことが適当である。当該水準としては、下記(1)又は(2)で示される水準を満たすことを求めることが適当である。

(1) 保険金額や保険料を含めた当該顧客向けの個別プランを説明する前に、当該顧客の意向を把握する。その上で、当該意向に基づいた個別プランを提案し、当該商品について当該意向とどのように対応しているかも含めて説明する。その後、契約締結前の段階において顧客の最終的な意向を確認し、個別プランを提案・説明する前に把握した顧客の意向と最終的な意向を比較し、両者が相違している場合には、その相違点を確認する。

(2) 保険金額や保険料を含めた個別プランを提案する都度、保険募集人

がどのような意向を推定して当該プランを設計したかの説明を行い、当該プランについて当該意向とどのように対応しているかも含めて説明する。その後、契約締結前の段階において、顧客の最終的な意向と募集人が推定してきた顧客の意向を比較し、両者が相違していないことを確認する。

さらに、実務における対応方針を明確化する観点から、主に募集形態について、当該「プリンシプルを満たすための具体的な方法」として意向確認も含めたプロセスの例示を監督指針において、併せて設けることが適当である[30]。

最後に、上記のような意向把握義務が導入されることにより、募集プロセス全体における顧客の意向把握の実効性が高まることから、意向確認書面については、例えば、申込書との一体化を行うこと等により募集プロセス全体の書面の分量を減らし、①顧客の意向、②当該意向に対応した商品提案理由を記載し、③当該商品が顧客の意向に沿ったものであることの確認をすることで足りるとするなど、募集プロセス全体における文書の簡素化や分かりやすさの向上の観点から、各社の創意工夫を求めることが適当である。

---

30 具体的には、以下の方法が考えられる。
① 顧客の意向を把握して提案・説明する場合
保険金額や保険料を含めた当該顧客向けの個別プランを作成・提示するまでの募集プロセスのある一時点で、顧客の意向をアンケートのようなもので把握（※）し、その上で、当該意向に沿って個別プランを作成し、顧客の意向との対応関係も含めて明示的に説明する。その後、契約締結前の段階で明示的に確認した顧客の最終的な意向と個別プランが合致しているかを確認するとともに、最終的な意向と事前に把握した意向が相違している場合には、その経緯及び個別プランにおける対応箇所について明示的に記載した上で説明する。
（※） 商品説明の際に、当該説明に用いたパンフレットの項目に顧客にチェックをつけてもらう、或いは、顧客の面前において保険募集人がチェックをつけて顧客の確認を求めるなどの方法によることも可能。
② 顧客の意向を推定して提案・説明する場合
当該顧客に対して、保険金額や保険料を含めた個別プランの作成・提案を行う都度、設計書等の顧客に交付する書類の目立つ場所に、保険募集人が推定している当該顧客の意向と当該提案内容の関係性について、わかりやすく記載・

> 説明する。その後、契約締結前の段階で顧客の最終的な意向と保険募集人が推定してきた意向が合致しているかを確認し、その上で、最終的な意向と個別プランが合致しているかを確認する。

(注) 上記で引用した WG 報告書中の下線については、著者が加筆したものである。

　このように WG 報告書においては、意向把握・確認義務を法律上の義務として位置づけるにあたり、「顧客の意向把握の具体的手法について画一的なものを強制することとした場合には、多様化している募集形態すべてに適合する手法を設定することの困難さから、結果として、意向把握が形式化するおそれがあることを踏まえれば、顧客ニーズを把握するための具体的手法については、商品形態や募集形態に応じて、保険会社や保険募集人の創意工夫に委ねることとし、法律上は、上記の考え方を一般的義務規定（プリンシプル）として規定することが適当」と指摘している。

　これを受けた改正保険業法では、「保険会社等若しくは外国保険会社等、これらの役員（保険募集人である者を除く。）、保険募集人又は保険仲立人若しくはその役員若しくは使用人は、保険契約の締結、保険募集又は自らが締結した若しくは保険募集を行った団体保険に係る保険契約に加入することを勧誘する行為その他の当該保険契約に加入させるための行為に関し、①顧客の意向を把握【Step.1】し、②これに沿った保険契約の締結等（保険契約の締結又は保険契約への加入をいう。以下この条において同じ。）の提案、当該保険契約の内容の説明【Step.2】及び③保険契約の締結等に際しての顧客の意向と当該保険契約の内容が合致していることを顧客が確認する機会の提供【Step.3】を行わなければならない。

　ただし、保険契約者等の保護に欠けるおそれがないものとして内閣府令で定める場合は、この限りでない」（改正保険業法第294条の2第1項）と一般的義務規定のみが定められた。

(注) 上記で引用した条文中の丸数字および【　】内の文字については、以下の解説に用いるために著者が加筆したものである。

この条文において、保険募集人または保険仲立人等に対して求められている行為を理解するために、当該条文を保険募集プロセスの段階【Step】別に区分してみると、

① 顧客の意向を把握し【Step.1】
② これに沿った保険契約の締結等の提案、当該保険契約の内容の説明を行い【Step.2】
③ 保険契約の締結等に際しての顧客の意向と当該保険の内容が合致していることを顧客が確認する機会の提供を行う【Step.3】

と整理することができる。

　これらの行為は、「顧客が抱えているリスクは多種多様であり、また、備えるべきリスクの中でどの部分を保険によってカバーするのか（保険のニーズ）も顧客によって異なっている。そのため、保険募集に当たっては、募集人が顧客の抱えているリスクやそれを踏まえた保険のニーズを的確に把握した上で当該ニーズに沿った商品を提案・分かりやすく説明することを通じ、顧客が、自らの抱えているリスクやそれを踏まえた保険のニーズに当該商品が対応しているかどうかを判断して保険契約を締結することの確保が重要である」（WG報告書）との考え方に基づくものであり、顧客が、自らに生じるリスクに備えるための意向を明確に認識しているとは限らないことも踏まえて、保険募集人や保険仲立人等といった保険商品の知識等がある者に対して、顧客の立場に立ち、顧客の意向を正しく把握したうえで、それに見合った保険商品を勧めるなどといった具体的かつ丁寧な対応を求めたものである。

　なお、保険会社または保険募集人が当該義務を適切に履行しなかった場合（＝違反した場合）には、法令（規則第85条第5項第3号、第166条第4項第3号、第192条第4項第3号、第211条の55第4項第3号）に基づく不祥事件届出の対象となることにも留意する必要がある。

意向把握・確認義務の対象について（監督指針Ⅱ-4-2-2(3)②関係）

意向把握・確認義務の対象については、法令上の規定はなく、監督指針Ⅱ-4-2-2(3)②において、以下のように規定している。

Ⅱ-4-2-2
(3) 法第294条の2関係（意向の把握・確認義務）
② 意向把握・確認の対象
例えば、以下のような顧客の意向に関する情報を把握・確認しているか。
ア．第一分野の保険商品及び第三分野の保険商品について
(注) 変額保険、変額年金保険、外貨建て保険等の投資性商品を含み、海外旅行傷害保険商品及び保険期間が1年以下の傷害保険商品（契約締結に際し、保険契約者又は被保険者が告知すべき重要な事実又は事項に被保険者の現在又は過去における健康状態その他の心身の状況に関する事実又は事項が含まれないものに限る。）を除く。
(ｱ) どのような分野の保障を望んでいるか。
（死亡した場合の遺族保障、医療保障、医療保障のうちガンなどの特定疾病に備えるための保障、傷害に備えるための保障、介護保障、老後生活資金の準備、資産運用など）
(ｲ) 貯蓄部分を必要としているか。
(ｳ) 保障期間、保険料、保険金額に関する範囲の希望、優先する事項がある場合はその旨
(注) 変額保険、変額年金保険、外貨建て保険等の投資性商品については、例えば、収益獲得を目的に投資する資金の用意があるか、預金とは異なる中長期の投資商品を購入する意思が

あるか、資産価額が運用成果に応じて変動することを承知しているか、市場リスクを許容しているか、最低保証を求めるか等の投資の意向に関する情報を含む。

なお、市場リスクとは、金利、通貨の価格、金融商品市場における相場その他の指標に係る変動により損失が生ずるおそれをいう。

イ．第二分野の保険商品について
　（注）　上記イ．に該当する保険商品は、第二分野の保険商品のほか、海外旅行傷害保険商品及び保険期間が１年以下の傷害保険商品（契約締結に際し、保険契約者又は被保険者が告知すべき重要な事実又は事項に被保険者の現在又は過去における健康状態その他の心身の状況に関する事実又は事項が含まれないものに限る。）を含む。
　㈠　どのような分野の補償を望んでいるか。
　　（自動車保険、火災保険などの保険の種類）
　㈡　顧客が求める主な補償内容
　（注）　意向の把握にあたっては、例えば、以下のような情報が考えられる。

・自動車保険については、若年運転者不担保特約、運転者限定特約、車両保険の有無など
・火災保険については、保険の目的、地震保険の付保の有無など
・海外旅行傷害保険については、補償の内容・範囲、渡航者、渡航先、渡航期間など
・保険期間が１年以下の傷害保険については、補償の内容・範囲など

　㈢　補償期間、保険料、保険金額に関する範囲の希望、優先する事項がある場合はその旨

上記の規定は、顧客の意向は多種多様であることを踏まえ、それぞれの商品分野（第一分野／第二分野／第三分野）ごとに、その後の商品提案や説明などを行ううえで、把握すべきと考えられる事項を定めたものである。
　このうち、第二分野については、顧客の当該保険に係るすべての意向を把握する必要があるとはいえないまでも、たとえば、「自動車を買ったので自動車保険に加入したい」や「マイホームを購入したから火災保険に加入したい」といった意向や情報のみでは不十分であると考えられる。上記イ．(イ)に規定するように、少なくとも「自動車保険については、若年運転者不担保特約、運転者限定特約、車両保険の有無など」「火災保険については、保険の目的、地震保険の付保の有無など」の意向に関する情報を把握・確認する必要があると考える。そのため、上記イ．(イ)においては、「顧客が求める主な補償内容」と規定している。
　また、この場合に把握・確認すべきものは「顧客の意向」であるが、柱書きにおいて、「顧客の意向に関する情報を把握・確認しているか」としたのは、保険募集人は、募集過程において顧客の意向に加えて、さまざまな情報にも接するものであり、それらの意向や情報も踏まえたうえで、個別プランを作成するものであるといった実務を考慮したものである。
　なお、保険会社または保険募集人においては、上記の例示のみならず、顧客が顧客自身の意向に合致した保険契約を締結できるようにするために有益と考えられる意向に関する情報を、できる限り幅広く把握・確認するよう努めることが、より適切な意向把握・確認を行ううえで大切であると考えられる。（図表3－9参照）

  意向把握・確認義務の適用除外について　（規則第227条の6関係）

　「意向把握・確認義務」が適用除外となる場合については、規則第227条の6において、以下のとおり規定されている。

図表3－9　意向把握・確認義務について①（法第294条の2関係）

○「意向把握・確認義務」とは

　「意向把握・確認義務」とは、保険会社または保険募集人等が保険契約の締結等に際して、①顧客の意向を把握し、②これに沿った保険契約の締結等（保険契約の締結または保険契約への加入をいう）の提案、当該保険契約の内容の説明および③保険契約の締結等に際しての顧客の意向と当該保険契約の内容が合致していることを顧客が確認する機会の提供を行う義務のこと。

　改正前の監督指針では、体制整備の一環として、契約を締結する商品と顧客の意向が合致していることを確認（＝意向確認）することなどが求められていたが、今回の保険業法令および監督指針の改正により意向の把握から提案商品の説明、意向確認までの一連のプロセス（意向把握・確認）が法令上の義務として新たに規定された。

○意向把握・確認の対象

◆第一分野商品 ◆第三分野商品 （海外旅行傷害保険、保険期間1年以下の傷害保険を除く）	◆第二分野商品 ◆海外旅行傷害保険、保険期間1年以下の傷害保険
○どのような分野の保障を望んでいるか。 ・死亡した場合の遺族保障 ・医療保障 ・医療保障のうちガンなどの特定疾病に備えるための保障 ・傷害に備えるための保障 ・介護保障 ・老後生活資金の準備　等 ○貯蓄部分を必要としているか。 ○保険期間・保険料・保険金額等に関する範囲の希望、優先する事項がある場合はその旨	○どのような分野の補償を望んでいるか。 ・自動車保険、火災保険等の保険種類 ○顧客が求める主な補償内容 【自動車保険】 ・若年運転者不担保特約、運転者限定特約、車両保険の有無など 【火災保険】 ・保険の目的、地震保険の付保の有無など 【海外旅行傷害保険】 ・補償の内容・範囲、渡航者、渡航先、渡航期間など ○補償期間、保険料、保険金額に関する範囲の希望、優先する事項がある場合はその旨

（資料）　金融庁保険課作成

> **規則第227条の6　（意向の把握等を要しない場合）**
>   法第294条の2に規定する内閣府令で定める場合は、次に掲げる場合とする。
> 一　第227条の2第7項各号に掲げる場合
> 二　他の法律の規定により顧客が保険契約の締結又は保険契約への加入を義務付けられている保険契約を取り扱う場合
> 三　勤労者財産形成促進法第6条（勤労者財産形成貯蓄契約等）に規定する保険契約を取り扱う場合

具体的には、以下の場合である。
① 情報提供義務の適用除外とされている保険契約である場合（契約者と被保険者が異なり、被保険者への情報提供だけが適用除外となる場合（契約者への情報提供は必要である場合）には、意向把握についても同様に、被保険者への意向把握だけが適用除外（契約者への意向把握は必要））（規則第227条の6第1号）
② 他の法律により加入が義務づけられている保険である場合（規則第227条の6第2号）
③ 勤労者財産形成促進法第6条に規定する保険契約を取り扱う場合（規則第227条の6第3号）

なお、既存契約の更新や一部変更の場合については、監督指針において、「実質的な変更に該当する場合は、当該変更部分について適切に意向把握・確認を行うものとする」（監督指針Ⅱ-4-2-2(3)③）と規定したところである。たとえば、保険金額、保険期間や解約返戻金の有無等の変更は、一般的に契約内容の重要な変更であり、「実質的な変更」に該当する［PC.347］こととなるため、その際には、Ⅱ-4-2-2(3)①に基づき、取り扱う保険商品の募集形態を踏まえたうえで、各保険会社または、保険募集人の創意工夫のもと、変更の内容や程度に応じて、Ⅱ-4-2-2(3)①ア．からカ．または、

これと同等の方法を選択のうえ、適切に意向把握・確認を行う必要がある。

　他方、たとえば、保険契約者からの申出によって保全対応・異動処理が行われる場合については、通常はⅡ-4-2-2(3)の対象にはならないものと考えられる。ただし、内容等の実質的な変更を伴うものである場合には、Ⅱ-4-2-2(3)の規定に基づく対応が必要となることに留意が必要である。
[PC.307]（図表3－10参照）

図表3-10　意向把握・確認義務について⑤（法第294条の2関係）
○「意向把握・確認義務」の例外規定
　意向把握・確認を求める必要性が乏しいと考えられる一定の場合については、意向把握・確認義務の適用除外とする。

主なケース	主な事例
○情報提供義務の適用除外対象契約	（図表3-7を参照のこと）
○他の法律により加入が義務づけられている契約	・自賠責保険
○勤労者財産形成促進法第6条に規定する保険契約	・個人型財形保険

③　意向把握・確認義務の適用除外（規則第227条の6関係）
　　既存契約の更新や一部変更の場合において、実質的な変更に該当する場合は、当該変更部分について適切に意向把握・確認を行うものとする。
（監督指針Ⅱ-4-2-2(3)）

パブリックコメントに寄せられたご意見	金融庁の考え方
○「実質的な変更に該当する場合」とあるが、どういった変更が実質的な変更にあたるのか確認したい。【No.347】 ○「更新や一部変更」については、Ⅱ-4-2-2(3)③の意向把握・確認義務の適用除外において、「実質的な変更に該当する場合は、当該変更部分について適切に意向把握・確認を行う」とされているが、意向把握・確認の方法については、ア．～ウ．の方法に拠らずとも、エ．～カ．と同等、更新・一部変更の特性を踏まえた適切な方法に拠ることも認められるという理解でよいか。【No.348】	○例えば、一般的には、保険金額、保険期間や解約返戻金有無等の変更は契約内容の重要な変更であり、実質的な変更に該当します。既存契約の更新や一部変更時に、実質的な変更がある場合については、意向把握・確認を行う必要があります。 なお、その際は、Ⅱ-4-2-2(3)①に基づき、取り扱う商品や募集形態を踏まえたうえで、各保険会社の創意工夫のもと、変更の内容、程度に応じて、Ⅱ-4-2-2(3)①ア．～ウ．ないしはエ．～カ．又はこれと同等の方法を選択の上、適切に履行する必要があります。

（資料）　金融庁保険課作成

意向把握・確認義務を満たすべき水準と具体的な方法について

監督指針においては、意向把握・確認義務の適切な履行の方法について、以下のとおり規定している。

> Ⅱ-4-2-2　保険契約の募集上の留意点
> (3) 法第294条の2関係（意向の把握・確認義務）
> 　　保険会社又は保険募集人は、法第294条の2の規定に基づき、顧客の意向を把握し、これに沿った保険契約の締結等の提案、当該保険契約の内容の説明及び保険契約の締結等に際して、顧客の意向と当該保険契約の内容が合致していることを顧客が確認する機会の提供を行っているか。
> ① 意向把握・確認の方法
> 　　意向把握・確認の具体的方法については、取り扱う商品や募集形態を踏まえたうえで、保険会社又は保険募集人の創意工夫により、以下のア．からカ．又はこれと同等の方法を用いているか。
> 　ア．保険金額や保険料を含めた当該顧客向けの個別プランを説明する前に、当該顧客の意向を把握する。その上で、当該意向に基づいた個別プランを提案し、当該プランについて当該意向とどのように対応しているかも含めて説明する。
> 　　その後、最終的な顧客の意向が確定した段階において、その意向と当初把握した主な顧客の意向を比較し、両者が相違している場合にはその相違点を確認する。
> 　　（注）　例えば、アンケート等により顧客の意向を事前に把握したうえで、当該意向に沿った個別プランを作成し、顧客の意向との関係性をわかりやすく説明する。
> 　　　　　その後、最終的な顧客の意向が確定した段階において、そ

　　　　の意向と、保険会社又は保険募集人が当初把握した主な顧客の意向との比較を記載したうえで、両者が相違している場合には、その対応箇所や相違点及びその相違が生じた経緯について、わかりやすく説明する。

　　　　　また、契約締結前の段階において、顧客の最終的な意向と契約の申込みを行おうとする保険契約の内容が合致しているかどうかを確認（＝「意向確認」）する。
イ．保険金額や保険料を含めた当該顧客向けの個別プランを提案する都度、保険会社又は保険募集人が、どのような意向を推定（把握）して当該プランを設計したかの説明を行い、当該プランについて、当該意向とどのように対応しているかも含めて説明する。

　　その後、最終的な顧客の意向が確定した段階において、その意向と保険会社又は保険募集人が把握した主な顧客の意向を比較し、両者が相違している場合にはその相違点を確認する。

　（注）　例えば、性別や年齢等の顧客属性や生活環境等に基づき顧客の意向を推定したうえで、保険金額や保険料を含めた個別プランの作成・提案を行う都度、設計書等の顧客に交付する書類の目立つ場所に、保険会社又は保険募集人が推定（把握）した顧客の意向と個別プランの関係性をわかりやすく記載のうえ説明する。

　　　　　その後、最終的な顧客の意向が確定した段階において、その意向と、保険会社又は保険募集人が事前に把握した主な顧客の意向との比較を記載したうえで、両者が相違している場合には、その対応箇所や相違点及びその相違が生じた経緯について、わかりやすく説明する。

　　　　　また、契約締結前の段階において、顧客の最終的な意向と契約の申込みを行おうとする保険契約の内容が合致しているかどうかを確認（＝「意向確認」）する。

ウ．自動車や不動産購入等に伴う補償を望む顧客に対し、主な意向・情報を把握したうえで、個別プランの作成・提案を行い、主な意向と個別プランの比較を記載するとともに、保険会社又は保険募集人が把握した顧客の意向と個別プランの関係性をわかりやすく説明する。

その後、契約締結前の段階において、当該意向と契約の申込みを行おうとする保険契約の内容が合致しているかどうかを確認（＝「意向確認」）する。

エ．上記ア．からウ．の場合においては、規則第227条の2第3項第3号ロに規定する一年間に支払う保険料の額（保険期間が一年未満であって保険期間の更新をすることができる保険契約にあっては、一年間当たりの額に換算した額）が五千円以下である保険契約における意向把握について、商品内容・特性に応じて適切に行うものとする。

オ．事業者の事業活動に伴って生ずる損害をてん補する保険契約については、顧客の保険に係る知識の程度や商品特性に応じて適切な意向把握及び意向確認を行うものとする。

カ．規則第227条の2第2項に定める団体保険の加入勧奨については、Ⅱ－4－2－2(3)④イ．（注）に定める措置を講じるものとする。

「意向把握・確認義務」においては、顧客の意向の把握等として、保険募集当初の顧客意向の把握、当該意向に沿った保険プランの提案、当該意向と当該プランの対応関係についての説明、当初意向と最終的な顧客の意向の比較と相違点の確認を行うことが求められることとなった。

これまでは、体制整備の一環として、契約を締結する商品と顧客の意向が合致しているかを確認（＝意向確認）することなどが求められていたが、今回の保険業法の改正により、意向の把握から提案商品の説明、意向確認など

の一連のプロセスが顧客の意向の把握等として新たに求められることとなった。［PC.303］

　そして、監督指針においては、前述のとおり、WG報告書において、「具体的な方法については、取り扱う商品や募集形態を踏まえて選択されるべきこととなるが、達成すべき目標水準を統一する観点から、「全商品・募集形態を通じて満たすべき水準」を監督指針において示すことが適当である」とされたことを踏まえ、上記のとおり、意向把握・確認義務を適切に履行するうえでの、具体的な手法や水準を規定した。

　監督指針の当該基準については、意向把握・確認義務に関して、全商品・募集形態を通じて満たすべき水準と、その具体的な手法を例示したものであり、保険会社または保険募集人は、監督指針Ⅱ-4-2-2(3)に基づき、取り扱う商品や募集形態を踏まえたうえで、各保険会社等の創意工夫のもと、Ⅱ-4-2-2(3)①ア．からカ．またはこれと同等の方法を用いて当該義務を適切に履行する必要がある。当該業務を適切に履行する必要があるという観点からは、たとえば、顧客がもつさまざまな意向のうち、その一部について、なんらかの理由で保険募集人が承知しているという場合であっても、そのことのみをもって、当該プロセスをすべて省略することは原則困難であると考える。［PC.304］

　また、たとえば、1回の保険募集によって保険契約の申込みまで至った場合であっても、適切な意向把握・確認を行う必要がある。［PC.363］

　意向把握・確認の方法に関する規定を策定するにあたっては、まず、各手法を特定の募集チャネルに限定することなく、募集チャネルを通じて、どの手法でも用いることが可能となるよう整理を行った。

　また、顧客の当初意向については、「自動車を購入したので自動車保険に加入したい」といった場合や「マイホームを購入したので火災保険に加入したい」といった場合のように、募集前の段階から顧客の意向が顕在化している場合がある一方で、死亡や病気などのように、リスクがいまだ顕在化しておらず、生命保険や医療保険への加入の必要性を顧客自身が認識していない

場合のように、募集前の段階では、顧客の意向が潜在化している場合もあるといった点も考慮した。

そのため、顧客の意向にも種々の状況があり、それぞれの意向に対する保険募集のアプローチも異なることを踏まえたうえで、こうした種々の場合を想定した規定を定めることとした。

なお、Ⅱ－4－2－2(3)において、「保険会社又は保険募集人は」と規定しているのは、保険募集人が適切に意向把握・確認を行っている限り、保険会社が独自に意向把握・確認を行うことまで求めるものではないことを明確化するためである。[PC.306]

(1) 監督指針Ⅱ－4－2－2(3)①ア.【意向把握型】

監督指針Ⅱ－4－2－2(3)①ア.は、たとえば、保険ショップの店頭に顧客が来店した場合に、顧客に対してアンケートなどを用いて意向を把握し、その後、把握した意向に基づいた個別プランを提案し、当該プランについて当該意向とどのように対応しているかも含めて説明するというパターン（＝「意向把握型」）を想定したものである。

ただし、このパターンは、保険募集プロセスの流れの一例を示したにすぎないことから、たとえば、保険会社の営業職員によるアンケートを用いた保険募集や、インターネットによる保険募集、さらにはダイレクトメールによる資料請求等を通じた保険募集など、さまざまな募集チャネルで用いることが可能となるよう文言を調整した。

(2) 監督指針Ⅱ－4－2－2(3)①イ.【意向推定型】

監督指針Ⅱ－4－2－2(3)①イ.は、たとえば、保険会社の営業職員が顧客の自宅や職場などを訪問し、当初は、潜在化している顧客の意向を推定し、保険金額や保険料を含めた当該顧客向けの個別プランを提案するつど、どのような意向を推定（把握）して当該プランを設計したのか、また、当該プランが当該意向とどのように対応しているかも含めて説明するというパターン（＝「意向推定型」）を想定したものである。このパターンについても、保険会社の営業職員チャネルのみならず、さまざまな保険募集チャネルで用いる

ことが可能と考える。

　また、「意向推定型」において、保険代理店が保険会社の提案書（設計書）を用いて意向把握のプロセスを行おうとする場合、当該提案書がⅡ－4－4－2⑶①イ．を満たしているのであれば、保険代理店は、別途、独自にアンケート等の帳票類を用いて意向把握をすることは求められない。[PC.364]

　なお、「意向推定型」の場合、保険会社の提案書（設計書）を用いた説明により、Ⅱ－4－4－2⑶①イ．が満たされている場合においては、別途、保険代理店が独自にアンケート等の帳票類を用いて意向把握することが必要となるものではない。[PC.364]

⑶ 「意向把握型」と「意向推定型」の比較について

　意向把握・確認義務は法令上の義務であり、いわゆる「意向把握型」と「意向推定型」を比較した場合に、両者の募集プロセスについて、求められる水準に差異があるのは適当ではないことから、図表3－11のように平仄を図ったうえで、「把握」→「作成・説明」→「確認」といったプロセスが確実に行われることを求めることとした。

　また、この図表3－11において、「意向推定型」にあっては、本文（下線部分）では、当初については「推定（把握）」の語を、後に「把握」の語を用いており、（注）にある例示においては、(i)では「推定」、(ii)では「推定（把握）」、そして、文末においては、「把握」の語を用いている。

　これは、「意向推定型」の場合、顧客の意向が潜在化している当初は、保険募集人が顧客の意向を推定することになるが、保険募集人による募集プロセスを経て最終的な意向が確定する段階までには、保険募集人が顕在化した顧客の意向を把握することとなる、という募集実務を考慮したものである。

図表3－11　意向把握・確認義務について②（法第294条の2関係）
○「意向把握・確認義務」に係る具体的な方法

	ア　意向把握型	イ　意向推定型
本文	ア．保険金額や保険料を含めた当該顧客向けの個別プランを説明する前に、当該顧客の意向を把握する。その上で、当該意向に基づいた個別プランを提案し、当該プランについて、当該意向と、どのように対応しているかも含めて説明する。 その後、最終的な顧客の意向が確定した段階において、その意向と当初把握した主な意向を比較し、両者が相違している場合には、その相違点を確認する。	イ．保険金額や保険料を含めた当該顧客向けの個別プランを提案する都度、保険会社又は保険募集人が、どのような意向を推定（把握）して、当該プランを設計したかの説明を行い、当該プランについて、当該意向とどのように対応しているかも含めて説明する。 その後、最終的な顧客の意向が確定した段階において、その意向と保険会社又は保険募集人が把握した主な顧客の意向を比較し、両者が相違している場合には、その相違点を確認する。
把握	（注）　例えば、 （ⅰ）アンケート等により顧客の意向を事前に把握したうえで、	（注）　例えば、 （ⅰ）性別や年齢等の顧客属性や生活環境等に基づき顧客の意向を推定したうえで、
作成・説明	（ⅱ）当該意向に沿った個別プランを作成し、顧客の意向との関係性をわかりやすく説明する。 その後、最終的な顧客の意向が確定した段階において、その意向と、保険会社又は保険募集人が当初把握した主な顧客の意向との比較を記載したうえで、両者が相違している場合には、その対応箇所や相違点及びその	（ⅱ）保険金額や保険料を含めた個別プランの作成・提案を行う都度、設計書等の顧客に交付する書類の目立つ場所に、保険会社又は保険募集人が推定（把握）した顧客の意向と個別プランの関係性をわかりやすく記載のうえ説明する。 その後、最終的な顧客の意向が確定した段階において、その意向と、保険会社又は保険募集人が事前に把握した主な顧客の意向との比較を記載したうえで、両者が相違している場合には、その対応箇所や相違点及びその相違が生じた

第3章　改正保険業法の解説

確認	相違が生じた経緯について、わかりやすく説明する。 (iii) また、契約締結前の段階において、顧客の最終的な意向と契約の申込みを行おうとする保険契約の内容が合致しているかどうかを確認(=「意向確認」)する。	経緯について、わかりやすく説明する。 (iii) また、契約締結前の段階において、顧客の最終的な意向と契約の申込みを行おうとする保険契約の内容が合致しているかどうかを確認(=「意向確認」)する。

(資料) 金融庁保険課作成

(4) 「ふりかえり」の重要性等、「意向把握型」「意向推定型」の留意点について

監督指針においては、「意向把握型」と「意向推定型」に関して、法第294条の2にある「顧客の意向を把握し」(Step.1)、「これに沿った保険契約の締結等(保険契約の締結又は保険契約への加入をいう。)の提案、当該保険契約の内容の説明」(Step.2)、「保険契約の締結等に際しての顧客の意向と当該保険契約の内容が合致していることを顧客が確認する機会の提供を行う」(Step.3)という行為に加えて、「最終的な顧客の意向が確定した段階において、その意向と、保険会社又は保険募集人が当初(事前に)把握した主な顧客の意向との比較を記載したうえで、両者が相違している場合には、その対応箇所や相違点及びその相違が生じた経緯について、わかりやすく説明する」(=ふりかえり)という Step を追加的に求めている。

この「ふりかえり」は、WG報告書で例示されたプロセスに含まれていたものであり、これを求める趣旨は、保険募集開始から保険募集の過程における顧客の意向の変遷を保険会社または保険募集人が顧客と一緒になり、保険契約締結まで時間がかかるケースがあることなども踏まえあらためて確認することを通して、現在の意向が顧客の真の意向であることを確保することにあり、かかるプロセスが、「意向把握・確認義務」に実効性をもたらすうえで重要と考えられたためであると思われる。

なお、この Step において、比較の対象とする当初または事前に把握した

意向を「主な顧客の意向」としているが、これは、募集当初または事前に把握すべき意向については、監督指針Ⅱ-4-2-2(3)②に規定したところであるが、募集過程においては、顧客からさまざまな意向が示されたり、逆に、明確な意向が示されなかったりすることもありうることから、この Step において、そのすべての意向を最終的な意向と比較する必要まではなく、そのうち主な意向（「意向」とは、顧客のさまざまな意向の総称であり、「主な意向」とは、そのなかで保険会社または保険募集人が重要と考える意向をいう。[PC.309]）について比較して示すことで足りることを示している。

また、「ふりかえり」の Step のもう1つの位置づけ・役割としては、当初の意向を推定した場合、保険会社または保険募集人が顧客と一緒にふりかえることで、当初の意向の推定を補完する意味合いもあることに留意すべきである。

「当初の意向と最終の意向が相違する場合には、その相違が生じた経緯」を説明することが求められているが、どの程度の説明が求められるかについては、Ⅱ-4-2-2(3)①を踏まえ、それぞれの事案に応じ個別に判断する必要があり、これにより、顧客自身が自らの意向に沿っているものであることを確認したうえで、保険加入できる程度の説明であることが求められる。[PC.334]

保険会社または保険募集人が推定した意向と実際の顧客の意向が相違する場合の対応としては、保険会社または保険募集人は、当然ながら、実際の顧客の意向に沿った個別プランを提案する必要がある。また、最終的な顧客の意向が確定した段階において、その意向と、保険会社または保険募集人が事前に把握した主な顧客の意向との比較を記載したうえで、両者が相違している場合には、その対応箇所や相違点およびその相違が生じた経緯について、わかりやすく説明する必要がある。[PC.335]

Ⅱ-4-2-2(3)①イ．の（注）に記載のある「その意向と、保険会社又は保険募集人が事前に把握した主な顧客の意向との比較を記載したうえで」に関して、仮に、比較時点で「事前に把握した主な顧客の意向」が事前に表明

した顧客の意向と異なる（との申出が顧客からあった）場合であっても、最終的な意向が顧客意向に合致しているのであれば、再度、意向を把握したり、両者を比較した帳票等を修正することが必ずしも求められるものではないと考える。ただし、当然の前提としてⅡ-4-2-2(3)④ア．に規定する、意向把握に係る業務の適切な遂行を確認できる措置が講じられている必要はある。これらは、「意向把握型」についても同様である。[PC.345]

「事前に把握した顧客の意向」を「把握すべき時期」については、保険会社または保険募集人において、商品特性や募集形態を踏まえたうえで、募集過程の合理的な一定の時期とし、これを社内規則等で定めるといった対応をとることは可能であると考える。ただし、当該時期は、個々の顧客に対して、適切かつ的確な意向把握が可能であると考えられる時期である必要がある。

たとえば、Ⅱ-4-2-2(3)①イ．に準じた募集プロセスにおいて、顧客による具体的な加入商品の希望の表明が、顧客が重要な意向を表明した段階であるととらえ、「保険募集人が顧客の意向を推定してきた結果、顧客が商品の提案を希望した時点における、加入商品に対応した大まかな意向」と「契約の申込みを行おうとするにあたって顧客が最終的に自らの意向であると判断した意向」を比較することは、否定されるものではないと考える。[PC.356]

なお、商品特性や募集形態にもよるが、たとえば、「最終的な顧客の意向が確定した段階」の直前等を「把握すべき時期」として定めた場合、適切かつ的確な意向把握は困難であり、そのような定め方は適当ではないと考える。[PC.338]

さらに、生命保険契約等のいわゆる転換募集の場合は、既契約を起点として、保障内容の追加・削除、保険金額の変更等に関する意向を把握することでは足りず、規則第227条の2第3項第9号に規定する既契約と新契約の対比に加え、新契約に係る意向について把握する必要がある。そのため、たとえば、新契約について、どのような分野の保障を望んでいるか等の主な意向

の把握に始まり、個別プランの提案、主な意向と最終的な意向の比較など、Ⅱ－4－2－2(3)①ア．、イ．またはこれと同等の方法を用いて意向把握・確認義務を適切に履行する必要がある。[PC.346]

(5) 監督指針Ⅱ－4－2－2(3)①ウ．【損保型】

　監督指針Ⅱ－4－2－2(3)①ア．（＝意向把握型）やⅡ－4－2－2(3)①イ．（＝意向推定型）は、WG報告書において示された例示をもとに、「全商品・募集形態を通じて満たすべき水準」や「プリンシプルを満たすための具体的な方法」を規定したものであるが、WG報告書では、それ以外の例示は示されていない。しかしながら、監督指針の策定過程における検討において、これらの方法等のみでは、全商品・募集形態をカバーするのに必ずしも十分ではなく、無理にいずれかに落とし込もうとした場合には、実務の形骸化を招く可能性も考えられたことから、Ⅱ－4－2－2(3)①ウ．（＝損保型）を規定することとした。

　当規定は、その対象となる顧客について、「自動車や不動産購入等に伴う補償を望む顧客に対し」としており、その他の補償（保障）を望む顧客に対しては、他のプロセスを通じた保険募集が行われることを想定しているが、「海外旅行傷害保険」や「保険期間が1年以下の傷害保険」の意向把握・確認を行う場合には、Ⅱ－4－2－2(3)①ウ．によることも可能であると考える。[PC.353]

　Ⅱ－4－2－2(3)①ア．（＝意向把握型）やⅡ－4－2－2(3)①イ．（＝意向推定型）と比べた場合の特徴は、いわゆる「ふりかえり」を規定していない点があげられる。これは、たとえば、自動車保険などの場合には、募集過程が比較的短時間のうちに行われ、契約に至るといった特性にかんがみ、「ふりかえり」の必要性は低いものと考えられたことによる。

　Ⅱ－4－2－2(3)①ウ．の規定、「主な意向・情報を把握したうえで、個別プランの比較を記載するとともに、保険会社又は保険募集人が把握した顧客の意向と個別プランの関係性をわかりやすく説明する」の「主な」のかかり方からわかるとおり、個別プランとの比較を記載するのは把握した意向のうち

「主な」ものを想定しているのに対し、個別プランとの関係性をわかりやすく説明する際には、「主な」意向以外の意向との関係性についても説明する必要がある。

また、保険会社または保険募集人は、創意工夫により、適切に「顧客の意向と個別プランの関係性をわかりやすく説明」する必要があり、たとえば、顧客の意向と個別プランの対応関係を記載したうえで、それを適切に説明する方法を用いることも考えられる。[PC.310]

なお、ここでいう「個別プラン」には、一定の顧客意向を想定したうえで、レディメイドで用意するパターン型商品（型売り販売商品）も含まれうるものと考える。[PC.324]

(6) 監督指針Ⅱ-4-2-2(3)①エ.

監督指針Ⅱ-4-2-2(3)①エ.は、「規則第227条の2第3項第3号ロに規定する1年間に支払う保険料の額（保険期間が1年未満であって保険期間の更新をすることができる保険契約にあっては、1年間当たりの額に換算した額）が5,000円以下である保険契約」に係る意向把握については、商品内容や特性に応じて適切に行われる必要があるとするものである。

規則第227条の2第3項第3号は、情報提供義務に関して標準的手法（同項第2号に掲げる方法）によらなくとも、保険契約者または被保険者との合意に基づく方法その他保険契約の特性等に照らして情報提供を行うことが認められる場合を規定したものであり、このうちロは、「1年間に支払う保険料の額（保険期間が1年未満であって保険期間の更新をすることができる保険契約にあっては、1年間当たりの額に換算した額）が5,000円以下である保険契約」を規定している。

Ⅱ-4-2-2(3)①エ.は、当該保険契約に係る情報提供義務に関して、保険契約の特性等に照らした対応が認められていることなどにかんがみ、意向把握義務においても、同様の考え方を用いたものである。

実際の取扱いに際しては、たとえば、旅行保険などにおいて、主たる販売プランが5,000円以下であるなかに、契約条件に応じて一部5,000円超となる

図表3-12　意向把握・確認義務について③（法第294条の2関係）

○「意向把握・確認義務」に係る具体的な方法（つづき）

	ウ　損　保　型
把握	ウ．自動車や不動産購入等に伴う補償を望む顧客に対し、主な意向・情報を把握したうえで
作成・説明	個別プランの作成・提案を行い、主な意向と個別プランの比較を記載するとともに、保険会社又は保険募集人が把握した顧客の意向と個別プランの関係性をわかりやすく説明する。
確認	その後、契約締結前の段階において、当該意向と契約の申込みを行おうとする保険契約の内容が合致しているかどうかを確認（＝「意向確認」）する。

エ．上記ア．からウ．の場合においては、規則第227条の2第3項第3号ロに規定する一年間に支払う保険料の額（保険期間が一年未満であって保険期間の更新をすることができる保険契約にあっては、一年間当たりの額に換算した額）が五千円以下である保険契約における意向把握について、商品内容・特性に応じて適切に行うものとする。

オ．事業者の事業活動に伴って生ずる損害をてん補する保険契約については、顧客の保険に係る知識の程度や商品特性に応じて適切な意向把握及び意向確認を行うものとする。

（監督指針Ⅱ-4-2-2(3)①）

パブリックコメントに寄せられたご意見	金融庁の考え方
○　Ⅱ-4-2-2(3)①ア．～カ．又はこれらと同等と考えられる意向把握・確認の方法として、商品特性や募集形態等に応じたより具体的な対応例や留意点等を取りまとめることを検討しているが、プリンシプルベースとされる同義務の趣旨に鑑み、会員各社や保険募集人がその取りまとめた内容に基づき、必要に応じて創意工夫し、業務を遂行することは、本規定を遵守する有効な手段と考えてよいか。【No.337】	○　Ⅱ-4-2-2(3)①は、全商品・募集形態を通じて満たすべき水準と、その具体的な実務の例示を規定したものであり、実務においては、保険会社又は保険募集人の創意工夫により適切に行われることが望まれます。なお、貴見のような取組みも、そのために有効な取組みであると考えます。

（資料）　金融庁保険課作成

プランが含まれるといった場合、これのみをもって、Ⅱ-4-2-2(3)①エ.に準じた意向把握・確認を行うことが直ちに否定されるものではないと考える。[PC.354]

なお、旅行保険は、数日で数千円の保険料であることが一般的であるところ、保険期間が1年未満ではあるが保険期間の更新をすることができない保険契約であるとの整理のもと、1年間当りの額に換算する必要はないものと考えられる。

(7) **監督指針Ⅱ-4-2-2(3)①オ.**

事業者の事業活動に伴って生ずる損害をてん補する保険契約における意向把握・確認については、監督指針Ⅱ-4-2-2(3)①オ.に基づき適切に行われる必要があるが、一般的に各社の創意工夫により多様な方法が認められるものである。

また、団体保険の契約者である団体に対する意向把握・確認についても、Ⅱ-4-2-2(3)①オ.に準じて行われることが考えられる。[PC.300]

ただし、「顧客の保険に係る知識の程度や商品特性に応じて」との記載のとおり、事業者に対して個人向けの保険契約を募集する場合には、その商品特性等を踏まえたうえで、Ⅱ-4-2-2(3)①ア.からエ.またはこれと同等の方法を用いることが適切な場合もあることに留意する必要がある。[PC.342]

Ⅱ-4-2-2(3)①オ.は、事業者向けの保険商品に係る保険募集を想定したものであり、保険仲立人が取り扱う事業性の損害保険契約に関する意向把握および意向確認についても、これに基づき適切に行われる必要がある。なお、かかる場合、「意向確認書面」の使用は求められないが、Ⅱ-4-2-2(3)④に規定する意向把握・確認義務に係る体制整備関係の規定は、保険仲立人にも準用されており、当該業務の特性に応じて、たとえば、仕様書等の書面の説明・交付により適切に意向確認を行う[PC.341]など、それぞれの場面に応じて適切に行うべきものである。[PC.340]

図表3-13 意向把握・確認義務について④（法第294条の2関係）

○「意向把握・確認義務」の流れについて

すべての保険商品・募集形態において、以下の募集プロセスによる必要があります。

	Step.1 意向把握（推定）	Step.2 提案・説明	Step.3 最終的な意向と当初意向の比較	Step.4 意向確認
ア（意向把握型）	アンケート等により顧客の意向を事前に把握したうえで	当該意向に沿った個別プランを作成し、顧客の意向との関係性をわかりやすく説明する。	その後、最終的な顧客の意向が確定した段階において、その意向と、保険会社または募集人が当初把握した主な顧客の意向との比較を記載したうえで、両者が相違している場合には、その対応箇所や相違点および相違が生じた経緯について、わかりやすく説明する。	また、契約締結前の段階において、顧客の最終的な意向と契約の申込みを行おうとする保険契約の内容が合致しているかどうかを確認（＝「意向確認」）する。
イ（意向推定型）	性別や年齢等の顧客属性や生活環境等に基づき顧客の意向を推定したうえで	保険金額や保険料を含めた個別プランの作成・提案を行う都度、設計書等の顧客に交付する書類の目立つ場所に、保険会社または保険募集人が推定（把握）した顧客の意向と個別プランの関係性をわかりやすく記載のうえ説明する。	その後、最終的な顧客の意向が確定した段階において、その意向と、保険会社または募集人が事前に把握した主な顧客の意向との比較を記載したうえで、両者が相違している場合には、その対応箇所や相違点およびその相違が生じた経緯について、わかりやすく説明する。	また、契約締結前の段階において、顧客の最終的な意向と契約の申込みを行おうとする保険契約の内容が合致しているかどうかを確認（＝「意向確認」）する。
ウ（損保型）	自動車や不動産購入等に伴う補償を望む顧客に対し、主な意向・情報を把握したうえで	個別プランの作成・提案を行い、主な意向と個別プランの比較を記載するとともに、保険会社または保険募集人が把握した顧客の意向と個別プランの関係性をわかりやすく説明する。	（商品特性・募集形態上、必ずしも求められるものではない）	その後、契約締結前の段階において、当該意向と契約の申込みを行おうとする保険契約の内容が合致しているかどうかを確認（＝「意向確認」）する。
エ	上記ア．からウ．の場合においては、規則第227条の2第3項第3号ロに規定する1年間に支払う保険料の額（保険期間が1年未満であって保険期間の更新をすることができる保険契約にあっては、1年間当りの額に換算した額）が5千円以下である保険契約における意向把握について、商品内容・特性に応じて適切に行うものとする。			（現行どおり、意向確認が必要）
オ	事業者の事業活動に伴って生ずる損害をてん補する保険契約については、顧客の保険に係る知識の程度や商品特性に応じて適切な意向把握および意向確認を行うものとする。			

（資料）　金融庁保険課作成

(8) 監督指針Ⅱ-4-2-2(3)①カ.

　監督指針Ⅱ-4-2-2(3)①カ.は、規則第227条の2第2項に定める団体保険の加入勧奨において、保険会社または保険募集人に求められる体制整備について規定したものである。（具体的な内容は、Ⅱ-4-2-2(3)④イ.（注）に規定されており（197頁参照）、それを引用するかたちをとっている）

　規則第227条の2第2項に定める団体保険の加入勧奨は、意向把握・確認義務が適用除外となっているが、意向確認に係る体制整備は求められることを備忘的に示すために、さまざまな意向把握・確認の方法を定めるこの①のなかにカ.を設けたものである。

(9) 監督指針の改正に係るパブリック・コメントに寄せられた照会事例について

　監督指針改正に係るパブリック・コメントにおいては、以下のようなさまざまな照会が寄せられたところであるが、これら照会のあった募集プロセスのいずれにおいても、Ⅱ-4-2-2(3)に基づき、募集形態等を踏まえたうえで、各保険会社等の創意工夫のもと、Ⅱ-4-2-2(3)①ア.からカ.または、これと同等の方法を用いて、意向把握・確認義務を適切に履行することが求められるものである。

　なお、金融庁が平成29年2月16日に公表した「改正保険業法の施行後の保険代理店における対応状況等について」においては、保険募集人による「意向把握・確認義務に係る創意工夫の事例」を公表している（298～307頁を参照）。

パブリック・コメントにおいて照会のあった募集プロセスの事例
① 　通信販売の形態は、顧客がカタログスタンド等から商品資料を自ら取得の上で申込を行い、あるいは顧客からの資料請求に基づき、保険募集人（もしくは保険会社）が当該商品資料を送付する等、顧客自らの意思により商品選択することから募集プロセスが開始する。 　一方で、対面販売の形態は、概ね顧客の意向を汲み取ることから募集プロセスが開始する。

	従って、募集形態にはそれぞれの特徴があり、必ずしも一律的方法での対応が求められるものではなく、それぞれの特徴に応じた対応を定めることでよいか。[PC.311] （金融庁回答） 　保険募集プロセスは、保険募集人による顧客アプローチの前段階に行われる行為についても含むものであり、必ずしも貴見のような時点から始まるものではありません。
②	顧客から商品指定で申込要請を受けた場合、顧客利便性を勘案すれば、そのまま申込を受付すべきと考えるが、その場合は、意向把握（例：アンケート）などを省略しても問題ないと考えてよいか。[PC.316] （金融庁回答） 　顧客が具体的な加入商品の希望を表明した場合であっても、意向把握を省略することは認められず、また、顧客が、自身で希望した加入商品の内容、特性等を十分に理解した上での意向であるかといった点に留意して、その後の募集プロセスを行う必要があります。
③	一般的には、ペット保険は、顧客の意向に合わせオーダーメイドする商品はなくパターン販売である。ペットショップ（保険募集人）で顧客がペットを購入する際に、ペット保険契約を締結することが多いが、販売可能な全てのパターンを顧客へ伝え、その中から顧客が１つのプランを選択し、当該プランでの契約締結を希望する場合は、当該プランの保険申込書を作成し、顧客の最終的な意向を確認した上で署名・押印等を求めることで、適切な意向把握・確認ができていると考えるがどうか。[PC.317]
④	ネット等で保険商品を販売する場合は、補償・保障を望む顧客は自らの意思でサイトにアクセスし、顧客の属性情報や意向等を入力することにより、加入可能な全プランが表示される。顧客は、提示されたプランの中から、意向に合致するプランを１つ選択する。（もしくは意向に合うプランが無い場合は契約を行わない。） 　その後、顧客は画面に沿って、商品内容や重要事項説明等を確認し、住所・氏名等の情報を入力すると、契約内容を確認する画面が表示され、意向と一致していると申込みが完結する仕組みである。 　このようなプロセスを踏んだ場合、適切な意向把握・確認ができていると考えるがどうか。[PC.318]
⑤	一般的には、賃貸住宅入居者向け家財保険は、顧客の意向に合わせオーダーメイドする商品はなくパターン販売である。顧客と不動産会社（保険募集人）が賃貸借契約を締結する際に、保険契約を締結することが多いが、一

	般的に不動産会社は入居人数や部屋の広さ等を把握しているため、顧客が望む補償を的確に把握し、パターンの中から最適な個別プランを作成・提案することが可能である。 不動産会社が把握した顧客の意向と個別プランの関係性を顧客へわかりやすく説明した結果、顧客が当該プランでの契約締結を希望する場合は、当該プランの保険申込書を作成し、顧客の最終的な意向を確認した上で署名・押印等を求めることで、適切な意向把握・確認ができていると考えるがどうか。[PC.319]
⑥	少額短期保険会社の場合は、一般免許保険会社に比べて、販売する保険金額は法によって制限されており、販売している商品も単品に近い実態にあります。 　従って、販売している保険商品の保障分野も所謂総合保険タイプではなく単一の保障分野のみの場合で、商品の名称においても「葬儀費用プラン」のようにターゲットを絞ったケースなどでは第二分野の商品と同様に意向把握の段階で顧客のニーズが共有され、意向がある程度見えており個別プラン提案に入れると考えても差し支えないのではないか。 　更に、保険金額面でも定型プランで設計し、全てのプランがパンフレットに掲載されていることから、顧客は単にその中から選択するにとどまっています。 　このことから、上記のような場合は、パンフレットの冒頭に、当該保険の目的、定型化された保険金額の設定理由を明確にし、それ以外の保険金額では契約を引き受けがたいことも明記し、それらを説明し顧客の意向に合致していれば、その中から選択を求める等の工夫をすることで、敢えて書面による意向把握等の証跡管理を残さないでも、顧客が自らの意向にしたがって自主的に選択していることが判断できると考えるが如何か。 　なお、申込書には顧客が自己の意向に合致していることを確認して署名したことが判明する内容にすることを前提にしております。[PC.321]
⑦	賃貸住宅等の入居に伴う補償を望む顧客に対して、意向を推定（把握）して、パターン化された家財の火災保険契約を提案する場合の意向把握は当方法に該当するものと理解してよいか。[PC.322]
⑧	意向把握・確認の方法について、保険会社または募集人が個別プランを設計するのではなく、あらかじめパンフレット等に記載された定型プランから顧客が任意に選択して申込みを行う保険商品の場合、プラン数（保険金額の選択や付保できる特約の限定性）等を総合的に勘案したうえで、次のような方法もアからカと同等の方法と解し得るという理解で良いか。 　①　保険商品および定型プランの保障内容がどのような意向を推定（把握）

	しているかの説明を行い、当該プランについて当該意向とどのように対応しているかも含めて説明する。 ② その後、契約締結前の段階において、顧客の最終的な意向と契約の申込みを行おうとする保険契約の内容が合致しているかどうかを確認（＝「意向確認」）する。[PC.323]
⑨	意向把握を行うにあたっては、顧客保護等に鑑みた適切な対応が重要と考えられるが、商品特性等に応じて顧客利便性にも配慮した、保険会社の創意工夫も認められるべきと思料する。 例えば、第二分野において、住宅等の建物賃貸借契約に伴って火災（家財）保険の募集をする場合、顧客が求める補償内容等の意向は推定できる情報があり、把握すべき意向は、地震保険の要否、家族構成等に応じた保険金額の設定など、他の保険商品に比して比較的範囲の限定された事項になるものと考えられる。 また、建物賃貸借契約の締結過程で、保険商品の提案に必要な賃貸物件等に入居する家族構成等をすでに聴取している。これらのことなどから、顧客にとって意向把握を必要とする事項の解りやすさや保険契約手続きの負担軽減等、顧客利便性に配慮した、会社の創意工夫による意向把握が認められるべきと思料する。[PC.325]
⑩	顧客意向の把握方法として、Ⅱ-4-2-2(3)①ア．については、アンケート等による方法が記載されているが、例えば、保険募集人が個別プランを説明する前に、顧客から意向についてヒアリングを実施するとともに内容を保存し、「最終的な顧客の意向が確定した段階」において、保険募集人が保存した当該意向と顧客の最終的な意向の比較を実施する対応も許容されるとの理解でよいか。 一方、Ⅱ-4-2-2(3)①イ．については、例示は無いが、顧客意向を把握する方法についてアンケート等に限定されるものではなく、例えば、保険募集人が推定意向にもとづき顧客に提案（コンサルティング）を実施した際に、顧客から意向についてヒアリングを実施するとともに内容を保存し、「最終的な顧客の意向が確定した段階」において、保険募集人が保存した当該意向と顧客の最終的な意向の比較を実施する対応も許容されるとの理解でよいか。[PC.336]
⑪	「事前に把握した顧客の意向」に関し、顧客意向の把握方法として、Ⅱ-4-2-2(3)①ア．については、アンケート等による方法が記載されている。 一方、Ⅱ-4-2-2(3)①イ．については例示は無いが、顧客意向を把握する方法についてアンケート等に限定されるものではなく、例えば、推定意向にもとづき顧客に提案（コンサルティング）を実施した際に、顧客から表明

	された意向を次回提案（コンサルティング）時に設計書等に記載する方法等も認められるとの理解でよいか。[PC.343]
⑫	二以上の所属保険会社の商品を取り扱う保険募集代理店（保険募集人）が、顧客の意向把握を行い、複数の保険商品を提案した後に、顧客が実際の申し込みの提案を受けた保険商品を取扱う保険会社で直接行うケースにおける意向把握については、以下の理解でよいか。 　代理店が消費者の意向を把握し、以下のとおり複数の保険会社の商品を消費者に提案する。 　（代理店にて意向を把握し、提案する保険） 　・入院時の保障が欲しい→医療保険（A保険会社）を提案 　・老後の保障が欲しい→年金保険（B保険会社）を提案 　その後、消費者は、その代理店経由での申込みを行わず、A保険会社（同社は年金保険を取り扱っていないと仮定）から直接申込みした。このとき、A保険会社が最終的な意向確認時に比較する当初把握した顧客の意向は、A保険会社が保険会社として法令上求められる意向把握義務に対応した申込みプロセスにおいて把握したものとなる。（A保険会社が年金保険を扱っていない以上、同社の意向把握プロセスで、提供できない商品に対応した意向を把握することは想定し難い（A保険会社が取り扱っていない商品に係る顧客意向の把握は不要）と考えている。）[PC.355]
	（金融庁回答） 　保険会社又は保険募集人は、一連の保険募集の中で適切に意向把握・確認を行う必要があり、保険会社及び保険募集人が連携しながら、適切に意向把握・確認を行う必要があります。

顧客との書類等のやりとりが1度に限定される手法における「意向把握・確認義務」の果たし方について

　「意向把握・確認義務」は、当然、すべての保険募集チャネルにおいて適切に履行されなくてはならないものであるが、今日では、一部の保険会社や保険募集人（保険代理店）においては、ダイレクトメール等を用いた募集手法のうち、顧客との書類等のやりとりが1度に限定される手法により保険募集が行われている実態がある。

　また、パブリック・コメントにおいても、たとえば、「通販やインターネットなど非対面の方式により複数保険会社の保険商品の募集を行う場合、

消費者に、保険会社の基準を満たして承認された募集文書である媒体を用いて情報提供を行い、保険会社作成の商品パンフレットや申込書等を送り、それに対して、消費者が自ら商品を選択し、申込みを行うといった方式であれば、消費者が自らの意向を踏まえて商品を選んで申込みを行ったものとして、意向把握・確認義務や情報提供義務（推奨理由の説明等を含む）を果たしていると解釈してもよいか。ただし、この場合、消費者の質問に対応するコールセンターを設定していることを前提としています」との意見が寄せられ、これに対する金融庁の回答としては、「商品特性等にもよりますが、貴見のように、商品パンフレットや申込書を送り、それに対して消費者が申込みをしたことのみをもって、必ずしも意向把握義務を果たしていると解釈することは困難です。情報提供義務については、保険会社が作成したパンフレットや申込書を送ること等によって適切に行われる場合もあると考えられますが、特に比較推奨販売を行う際には、Ⅱ－4－2－9(5)を満たさない限り、情報提供義務を果たしたものとは言えないことに留意が必要です」[PC.313] としている。

そこで以下では、このような募集形態の場合、どのような手法をとれば、顧客の意向を適切に把握・確認し、法令が求める義務を履行することが可能であるかについて、一定の整理を行った。

a 本件に係る経緯等について

(a) WG 報告書および改正保険業法・監督指針における記載・規定ぶりについて

WG 報告書の関連する主な記載ぶり	改正保険業法および監督指針の規定ぶり
「保険会社又は保険募集人は、保険募集に際して、顧客の意向を把握し、当該意向に沿った商品を提案し、当該商品について、当該意向とどのように対応しているかも含めて分かりやすく説明することにより、顧客自身が自らの意向に沿っているも	**保険業法** **第294条の2（顧客の意向の把握等）** 　保険会社等若しくは外国保険会社等、これらの役員（保険募集人である者を除く。）、保険募集人又は保険仲立人若しくはその役員若しくは使

のであることを認識した上で保険加入できるようにする必要がある。」 との趣旨の義務規定を法令上設けることが適当	用人は、保険契約の締結、保険募集又は自らが締結した若しくは保険募集を行った団体契約に加入することを勧誘する行為その他の当該保険契約に加入させるための行為に関し、顧客の意向を把握し、これに沿った<u>保険契約の締結等</u>（保険契約の締結又は保険契約への加入をいう。以下この条において同じ。）の提案、<u>当該保険契約の内容の説明及び保険契約の締結等に際しての顧客の意向と当該保険契約の内容が合致していることを顧客が確認する機会の提供を行わなければならない。</u> ただし、保険契約者等の保護に欠けるおそれがないものとして内閣府令で定める場合は、この限りではない。
その際、顧客の意向把握の具体的手法について、画一的なものを強制することとした場合には、多様化している募集形態すべてに適合する手法を設けることの困難さから、結果として意向把握が形式化するおそれがあることや保険会社・保険募集人及び顧客の双方に対して過度な負担を課すおそれがあることを踏まえれば、顧客ニーズを把握するための具体的な手法については、商品形態や募集形態に応じて、保険会社・保険募集人の創意工夫に委ねることとし、法律上は、上記の考え方を一般的義務規定（プリンシプル）として規定することが適当である。	
一方、当該プリンシプルを満たすための具体的な方法については、取り扱う商品や募集形態を踏まえて選択されるべきこととなるが、達成すべき目標水準を統一する観点から、「全商品・募集形態を通じた満たすべき水準」を監督指針において示すことが適当	（内閣府令において、当該義務の適用除外を規定している）
当該水準としては、下記(1)又は(2)で示される水準を満たすことを求めることが適当である。	（監督指針においては、左記(1)(2)に基づき、主に保険ショップでの募集を想定した「意向把握型」と、主に保険会社の営業職員による募集を想定した「意向推定型」を規定した）

WG 報告書	監督指針
(1) 保険金額や保険料を含めた当該顧客向けの個別プランを説明する前に、当該顧客の意向を把握する。そ	ア．保険金額や保険料を含めた当該顧客向けの個別プランを説明する前に、当該顧客の意向を把握する。

全商品・募集形態を通じて満たすべき水準	の上で、当該意向に基づいた個別プランを提案し、当該商品について当該意向とどのように対応しているかも含めて説明する。 　その後、契約締結前の段階において顧客の最終的な意向を確認し、個別プランを提案・説明する前に把握した顧客の意向と最終的な意向を比較し、両者が相違している場合には、その相違点を確認する。	<div style="writing-mode:vertical-rl">意向把握型</div> その上で、当該意向に基づいた個別プランを提案し、当該プランについて当該意向とどのように対応しているかも含めて説明する。 　その後、最終的な顧客の意向が確定した段階において、その意向と当初把握した主な顧客の意向を比較し、両者が相違している場合には、その相違点を確認する。
	(2) 保険金額や保険料を含めた個別プランを提案する都度、保険募集人がどのような意向を推定して当該プランを設計したかの説明を行い、当該プランについて当該意向とどのように対応しているかも含めて説明する。 　その後、契約締結前の段階において、顧客の最終的な意向と募集人が推定してきた顧客の意向を比較し、両者が相違していないことを確認する。	<div style="writing-mode:vertical-rl">意向推定型</div> イ．保険金額や保険料を含めた当該顧客向けの個別プランを提案する都度、保険会社又は保険募集人が、どのような意向を推定（把握）して当該プランを設計したかの説明を行い、当該プランについて、当該意向とどのように対応しているかも含めて説明する。 　その後、最終的な顧客の意向が確定した段階において、その意向と保険会社又は保険募集人が把握した主な顧客の意向を比較し、両者が相違している場合には、その相違点を確認する。
	さらに、実務における対応方針を明確化する観点から、主な募集形態について、当該「プリンシプルを満たすための具体的な方法」として、意向確認も含めたプロセスの例示を監督指針において、併せて設けることが適当	（監督指針においては、WG報告書における左記の記載を踏まえ、意向確認も含めたプロセスの例示を上記ア．およびイ．に係る注釈として規定したところ）

（注）　商品特性や募集形態によっては、必ずしも本文(1)(2)に該当しない方法も排除されないと考えられるが、その場合にも本文(1)(2)と同程度に「顧客の意向の把握、当該意向に沿った商品提案・説明、顧客自身による自らの意向と保険商品の理解・照合」が確保される必要があると考えられる。

　上記のほか、顧客の意向が顕在化している損害保険商品（自動車保険や火災保険など）については、比較的、短時間の募集プロセスとなることから、そのような実態に則したものとして、監督指針では以下の「ウ．」を規定し

たほか、保険分野を問わず簡易な商品に係る募集に則したものとして、同「エ.」を規定したところである。

　ウ.　自動車や不動産購入等に伴う補償を望む顧客に対し、主な意向・情報を把握したうえで、個別プランの作成・提案を行い、主な意向と個別プランの比較を記載するとともに、保険会社又は保険募集人が把握した顧客の意向と個別プランの関係性をわかりやすく説明する。

　　　その後、契約締結前の段階において、当該意向と契約の申込みを行おうとする保険契約の内容が合致しているかどうかを確認（「意向確認」）する。

　エ.　上記ア.からウ.の場合において、規則第227条の2第3項第3号ロに規定する一年間に支払う保険料の額（保険期間が一年未満であって保険期間の更新をすることができる保険契約にあっては、一年間当たりの額に換算した額）が5,000円以下である保険契約における意向把握について、商品内容・特性に応じて適切に行うものとする。

(b)　顧客との書類等の受渡しが一度に限定される保険募集の流れの例

　「意向把握・確認義務」は、法令上の行為義務であることから、保険会社や保険募集人（遵守主体）は、監督指針に規定された水準およびその水準を満たすための具体的な方法（例示）を参考として、各自の創意工夫のもと、実務上、その適切性を確保する必要がある。

　また、保険WG報告書において、「（具体的手法については、）画一的なものを強制することとした場合、多様化している募集形態すべてに適合する手法を設けることの困難さから、結果として意向把握が形骸化するおそれがあることや保険会社・保険募集人及び顧客の双方に対して過度な負担を課すおそれがあることを踏まえれば、顧客ニーズを把握するための具体的な手法については、商品形態や募集形態に応じて、保険会社・保険募集人の創意工夫に委ねることとし、法律上は、上記の考え方を一般的義務規定（プリンシプル）として規定することが適当」とされていることなども、募集の流れの検討にあたっては踏まえる必要がある。

そのため、監督指針においては、前述のとおり、保険ショップ（店頭）などにおける保険募集を想定した「ア．意向把握型」や、保険会社の営業職員によるコンサルティング的な保険募集を想定した「イ．意向推定型」、さらには、損害保険の商品性などの特性を考慮した「ウ．損保型」、比較的簡易な保険商品に係る保険募集を想定した「エ．年間保険料5,000円以下に係るもの」を規定したところであり、また、だれ（保険会社・保険募集人）が用いるべき手法であるかといった明示を避けることで、特定の者に対して特定の方法が強要されないよう配慮したところでもある。

これらア．からエ．の手法は、本来、ダイレクトメール等による当手法（顧客との書類等のやりとりが1度に限定される手法）を念頭に置いたものではないが、当手法による意向把握・確認義務の履行をいっさい認めないと仮にした場合には、意向把握・確認というプロセスを形式化・形骸化させるおそれがあるほか、今後、保険会社における販売戦略の自由度を妨げることなども懸念されたことから、当手法の活用の可否や具体的な方法（工夫）も含め、自己責任のもと、各保険会社等の判断に委ねることとした。[PC.337]

よって、当手法による保険募集を行う場合にあっては、意向把握・確認義務の趣旨を十分踏まえ、保険契約者等保護の観点から、①意向把握の適切性（推定の妥当性）や、②保険商品の説明・提案に係る顧客理解の程度、③当初意向と最終的な意向のふりかえりの必要性、④意向確認の確実な実施などに十分配慮したうえで、保険会社や保険募集人等の自己責任のもと、創意工夫により適切な保険募集に努めるほか、当手法の実効性を検証し、必要に応じて改善に努めることが重要となる。

b　ダイレクトメールやパンフレット・スタンドを用いた非対面募集における意向把握・確認義務の果たし方について

実務上の留意点と対応例

［留意点］

・非対面募集においても、改正保険業法第294条の2にのっとり、①顧客の意向の把握（推定）、②把握（推定）した意向に沿った保険契約の締結等の

提案・説明、③顧客の意向と当該保険契約の内容が合致していることを顧客が確認する機会の提供、を適切に行う必要がある。
- さらに、顧客からの書類等の受領が1回に限定される方法を用いる場合には、保険契約者等の保護の観点から以下の点に留意しつつ、慎重に対応する必要がある。（図表3－14参照）
    ① 意向の推定（把握）については、推定の確度に留意して合理性・妥当性のある意向推定を行う必要がある（たとえば、顧客属性、既加入の保障内容等を把握している「既契約者」を対象にするなどの対応が考えられる）。
    ② 商品・個別プランの内容について、顧客の理解度に十分配慮したうえで、意向との対応状況を含めてわかりやすく表示する必要がある。
    ③ 当初意向と最終的な意向の比較（ふりかえり）について、当初意向に係る推定の確度を補うためにも顧客自身が意向の比較を確実に行うことができるよう工夫する必要がある。
    ④ 意向確認について、顧客自身が確実に行うことができるよう工夫する必要がある。
    ⑤ 適切な意向把握の実効性を確保する観点から、たとえば、保険契約成立後のフォロー等、保険募集以外に顧客と接する機会も活用して、顧客目線に立ち顧客の理解に資する創意工夫や改善を図る必要がある。

［対応例］
- 保険会社等の創意工夫のもと、たとえば、以下のような対応を行うことが考えられる。
    ① 意向の推定（把握）、推定（把握）した意向に沿った保険契約の締結等の提案・説明

        封筒の外側に商品概要等を記載し、関心のある者が開封する、または関心のある者が手にとるデザインとする。

        また、手続の流れや、それぞれのプロセスの法的意味等を概観できるフローチャートを同封し、顧客に全体像を把握させる。

        なお、推定の確度に留意して、合理性・妥当性のある意向推定を行う

図表3－14　顧客との書類等の受渡しが一度に限定される保険募集の流れ（例）

	Step.1 意向把握（推定）	Step.2 提案・説明	Step.3 最終的な意向と当初意向の比較	Step.4 意向確認
	発送	（顧客自身がパンフレットや重要事項説明書等を読んだうえで、加入を判断し、以降の手続（Step.3⇒Step.4）を行うもの）		返送
ケースA	既契約者に対して、既契約内容とは異なる保険商品のパンフレットや申込書一式を郵送する。ダイレクトメール（DM）については、既契約者に対してのみしか行わない（既契約者であるため、性別・年齢・既加入商品等、顧客に関する情報を保有しており、意向の推定が一定程度可能との考え）。DMの封筒に商品内容を記載し、顧客の意向に沿う場合に開封してもらえるよう注記する。団体扱いの職域の者への募集については、所属団体との複数回にわたる対話を通じ、所属構成員の生活環境、既加入の保障内容等の情報を入手し、当該情報に基づき、意向を推定	顧客は、郵送されてきた封書にある注記等を読んだうえで、開封し、同封のパンフレット等の募集書類を読み、理解し、加入を判断のうえ、申込書を記入し、返送（申込み）する。 現行パンフレットを改訂し、「目立つ場所に、推定（把握）した顧客の意向と個別プランの関係をわかりやすく記載」する。同時に、提案商品では充たさない複数分野にわたる保障分野もあれば明示的に提示する。 また、不明点がある場合には、代理店等への問合せを行うように明記	顧客は、郵送されてきた封書にある注記等を読んだうえで、開封し、同封のパンフレット等の募集書類を読み、理解し、加入を判断のうえ、申込書を記入し、返送（申込み）する。 「ご意向チェックシート」を新設し、推定した意向が顧客の意向に沿った保障かどうかについての確認と、意向のふりかえりを求める。同確認においては、プレプリントとせず、顧客自身に記入・提出を求めることで、顧客自身がステップを追って意向確認する機会を担保する。意向が相違した場合等には、代理店への問合せを行うよう明記	顧客自身が最終的な意向と申込内容が一致していることを確認のうえ申込みする。 顧客の最終的な意向と選択したプラン内容が合致しているかを確認できる。
ケースB	既契約者に対して保険加入状況や顧客属性等を踏まえた合理的な根拠に基づき意向を推定し、ダイレクトメール（DM）を送付する。	推定した意向と個別プランとの関係性をDM同封書面の目立つ場所にわかりやすく表示するとともに、推定した意向と異なる意向がある場合の対応についても、DM同封書面の目立つ場所にわかりやすく表示することで、顧客の意向形成を促す。 他の意向がないこと、あるいは他の意向の表明を受けることのいずれかにより、一定程度の意向を把握する。他の意向がある場合には、DM同封書面により申出を受ける。	顧客は「意向把握書」（仮称）を確認し、意向のふりかえりを実施する。	顧客は「意向確認書」により、申込みを行おうとする保険契約の内容が最終的な意向と合致していることを確認する。

（資料）　金融庁保険課作成

必要があることから、ダイレクトメールやパンフレット・スタンドにおいて不特定多数の顧客を対象とすることには、一定の困難が伴う。

　たとえば、対象となる顧客の属性を特定したうえで、適合する顧客へ配布する等の対応が考えられる（留意点①および②を踏まえた対応）。
② 意向の把握（当初意向に係る推定の確度を補うことが見込まれるものとして）
　（ⅰ）簡易な設問に答えながら、顧客自らが自身の意向を言語化・明確化できるよう、誘導する。
　（ⅱ）書類を記入する間に生じた意向の変化にも対応できる設問を設ける（いずれも留意点③を踏まえた対応）。
　　（例）「推定した意向以外の意向の有無を自己検証できるチェックシートを同封」
　　　　「意向が相違した場合等に顧客が照会できるように誘導する（1回の手続で完結するとは限らないことを前提としたフローの整備）」
　　　　等
　（意向の変化を確認（当初意向に係る推定の確度を補うことが見込まれる））
③ 最終的な意向に沿った商品内容となっているか確認欄を設ける（留意点④を踏まえた対応）。

上記①〜③の例については、「人」を介さずに資料を配布する形態である。ほかにも非保険募集人を介して資料を手交する形態も想定されるが、その場合には、非保険募集人による無登録募集行為が行われないよう、以下の点に注意する必要がある。

・資料を手交する前後に、非保険募集人と顧客との間で、意向に係るコミュニケーションを発生させない。
・資料の外側に記載する商品概要を最小限にとどめ、手交する者が内容に関与していないことを明確化する。

　c　インターネット経由の募集について
インターネット経由の募集においても、上記bの記載を参考として、画面

遷移や構成、表示内容等を工夫するなど、意向把握・確認義務の履行が形式的にならないよう留意する必要があると考えられる。

意向把握・確認義務に係る体制整備について

　意向把握・確認義務に係る体制整備については、監督指針Ⅱ-4-2-2(3)④において、「保険会社及び保険募集人においては、法第294条の2に規定する措置に関し、契約の申込みを行おうとする保険商品が顧客の意向に合致した内容であることを顧客が確認する機会を確保し、顧客が保険商品を適切に選択・購入することを可能とするため、そのプロセス等を社内規則等で定めるとともに、所属する保険募集人に対して適切な教育・管理・指導を実施するほか、以下のような体制が整備されているか」と規定したうえで、以下のとおり、①意向把握に係る体制整備と、②意向確認に係る体制整備に関して、それぞれに必要となる体制について規定している。

(1)　意向把握に係る体制整備

　意向把握に係る体制整備については、監督指針において、以下のとおり規定している。

> Ⅱ-4-2-2　保険契約の募集上の留意点
> (3)　法第294条の2関係（意向の把握・確認義務）
> 　④　意向把握・確認義務に係る体制整備関係
> 　　保険会社及び保険募集人においては、法第294条の2に規定する措置に関し、契約の申込みも行おうとする保険商品が顧客の意向に合致した内容であることを顧客が確認する機会を確保し、顧客が保険商品を適切に選択・購入することを可能とするため、そのプロセス等を社内規則等で定めるとともに、所属する保険募集人に対して適切な教育・管理・指導を実施するほか、以下のような体制が整備されているか。
> 　　ア．意向把握に係る体制整備

　　　　保険会社又は保険募集人のいずれか、又は双方において、意向把握に係る業務の適切な遂行を確認できる措置を講じているか。
　　　　例えば、適切な方法により、保険募集のプロセスに応じて、意向把握に用いた帳票等（例えば、アンケートや設計書等）であって、Ⅱ－4－2－2(3)①ア．からウ．に規定する顧客の最終的な意向と比較した顧客の意向に係るもの及び最終的な意向に係るものを保存するなどの措置を講じているか。
　　（注）　顧客の意向に関する情報の収集や提供等に際しては、個人情報の保護に関する法律（利用目的の明示や第三者提供に係る同意等）や銀行等の窓口販売における弊害防止措置などの関係法令等を遵守する必要があることに留意する。

　意向把握義務は、保険会社または保険募集人に対して課せられる義務であり、いずれか、または、双方において、その適切な遂行を確保する措置を講じる必要がある。

　意向確認は、保険契約の締結直前に、最終的な意向と申込みを行う保険契約の内容が合致していることを確認するものであるため、保険募集人は、申込みを行おうとする保険契約の保険者（保険会社）の所定帳票等を用いることが可能である。他方、意向把握は、募集当初に行われるうえ、最終的に契約申込みに至らない場合も想定されることから、保険代理店においては、保険募集人が募集当初における意向把握を、自らの帳票や保険会社から提供されたシステム等で作成した帳票等を用いて適切に行うための措置を講じる必要がある。そのため、上記監督指針(3)④ア．にあるとおり、行為の主体を「保険会社又は保険募集人のいずれか、又は双方」としている。

　具体的な措置の内容としては、各保険会社や保険募集人が自社の商品特性や募集形態を踏まえたうえで監督指針Ⅱ－4－2－2(3)①に規定している意向把握のプロセスを、自らの募集プロセスにおいて適切に行うことが求められている。

また、それらの措置について事後的に確認・検証を行うことができるように、上記の監督指針(3)④ア．においては、顧客の最終的な意向と比較した顧客の意向に係るものおよび最終的な意向に係るものを保存するなどの措置を講じることを求め、[PC.375]当該義務の適切な履行の証跡管理を行うことで、保険会社または保険募集人が自ら、いわゆる「PDCAサイクル」(「P」：Plan（計画や方針等を策定・規程化）、「D」：Do（その計画や方針等に基づく実施・運用）、「C」：Check（実施状況等を確認）、「A」：Act（確認結果に基づく処置・改善））を回すことを可能にし、当該義務の形骸化等を防止するとともに、実務の効率化や顧客の利便性等に配慮した、よりよい仕組みを構築し、さらにはその改善を図っていくことを求めていることがある。

　　a　意向把握に用いる帳票等について
　意向把握に用いる帳票等としては、各保険会社や保険募集人の募集プロセスや顧客との応接の程度等によって、さまざまなものが使用されることが考えられるが、いずれの場合においても、意向把握に係る業務の適切な遂行を確認するため実際に意向把握に用いた帳票等を保存する必要がある。
　たとえば、①当初の意向と最終的な意向が記載され、それを比較したことが確認できる資料と、②最終的な意向と申込内容が合致していることを確認する意向確認書面を、物理的に同一の書面とすることについては、①②それぞれが同一書面内において分離して記載されていれば保存する帳票としては問題ないと考える。[PC.365]
　他方、たとえば、監督指針Ⅱ-4-2-2(3)①イ．の方法で設計書を用いて意向把握を行う場合には、意向把握に用いた設計書自体も一定期間の保存が求められるものと考えられる。[PC.369]
　また、たとえば、当初の意向について、把握した時点で、常に最終的に保存することとなる帳票に記載することまで求められるものではなく、なんらかの募集記録として残し、後に、その記録に基づき意向把握に係る書面を作成するといった方法も、Ⅱ-4-2-2(3)の規定の趣旨や内容を満たすものであれば、直ちに否定されるものではないが、かかる場合であっても、個別プ

ランの提案や説明をする前に把握した意向については、当然ながら、最終的にはなんらかの帳票等で保存するなどの措置を講じる必要がある。[PC.362]

なお、意向把握に用いた帳票等に関しては、必ずしも顧客による署名や押印までを求めるものではない。また、募集過程で作成された書類のすべての保存までを求めるものでもない。[PC.357〜PC.361]

　b　意向把握に用いた帳票等の保存について
(a)　意向把握に用いた帳票等の保存主体について

　意向把握に用いる帳票等の保存については、当該体制整備の主体が「保険会社又は保険募集人のいずれか、又は双方」とされていることから、「保険会社」「保険募集人」「双方」のいずれかが適切に保存することが求められる。したがって、保険会社において、意向把握に用いた書面等を保存する場合には、保険代理店における保存まで求められるものではない。[PC.379] 同様に、意向把握に用いた書面等を保険仲立人において保存する場合には、保険会社における保存までを求めるものではない。[PC.380]

　また、たとえば、保険代理店が意向把握の履歴を保存することになっている場合には、保険会社において意向把握の履歴を残すことまで求めるものではないが、この場合、保険会社は、保険代理店に対し適切に保存を行うよう求めるなどの態勢を整備する必要がある。[PC.378]

　帳票等の保存にあたっては、保険代理店が作成・使用した意向把握に係る帳票を保険会社が保存することも認められる。[PC.377] 意向把握に用いた帳票等については、電子媒体での保存も可能であり、支店で作成・使用した帳票等を本部等一箇所で保存することも認められる。[PC.370、371] また、複数の保険募集人が共同して保険募集を行う場合、意向把握に係る記録の保存は、複数のうちの１人の保険募集人が行うことも認められる。[PC.372]

(b)　意向把握に用いた帳票等の保存期間について

　意向把握に用いた帳票等の保存期間については、保険契約締結日から保険会社または保険募集人が事後的に検証するために適当と考える期間保存する

ことが求められる。また、必要に応じて、保存期間や保存方法を見直す必要があるほか、帳票により保存期間が異なる場合もあると考える。[PC.383〜389]

また、成約に至らなかった顧客に関する「意向把握に用いた帳票等」の保存については、法令上求められるものではないが、個人情報保護法令にも十分に留意しつつ、事後的な検証・改善を図る観点から、不成立となった顧客に関する意向把握に用いた書面の一部を保険会社または保険募集人が適当と考える期間残すことも考えられる。[PC.381、382]

図表3−15　意向把握・確認義務について⑥（法第294条の2関係）
○意向把握・確認義務に係る体制整備（証跡管理）

④　意向把握・確認義務に係る体制整備関係
保険会社及び保険募集人においては、法第294条の2に規定する措置に関し、契約の申込みを行おうとする保険商品が顧客の意向に合致した内容であることを顧客が確認する機会を確保し、顧客が保険商品を適切に選択・購入することを可能とするため、そのプロセス等を社内規則等に定めるとともに、所属する保険募集人に対して適切な教育・管理・指導を実施するほか、以下のような体制が整備されているか。 ア．意向把握に係る体制整備 　　保険会社又は保険募集人のいずれか、又は双方において、意向把握に係る業務の適切な遂行を確認できる措置を講じているか。 　　　例えば、適切な方法により、保険募集のプロセスに応じて、意向把握に用いた帳票等（例えば、アンケートや設計書等）であって、Ⅱ−4−2−2(3)①ア．からウ．に規定する顧客の最終的な意向と比較した顧客の意向に係るもの及び最終的な意向に係るものを保存するなどの措置を講じているか。 （監督指針Ⅱ−4−2−2(3)）

パブリックコメントに寄せられたご意見	金融庁の考え方
○保険商品のみに関する顧客の意向の把握（推定）を行う作業は、非公開金融情報保護措置に定められている「保険募集に係る業務」に該当するという理解で良いか。 他方、顧客のニーズがどのあたりにあるのかが判明しない段階で、保険商品を含めた	○法第294条の2に規定する措置に関し、意向把握の手段として保険商品の保障内容を含むアンケートを用いるのであれば、「保険募集」に該当します。 （当然に「保険募集に係る業務」

様々な金融商品・サービスに関する顧客の意向の把握(推定)を行う作業は、保険募集に直接つながる業務に該当しないと考えられるため、非公開金融情報保護措置に定められている「保険募集に係る業務」に該当しないという理解で良いか。 金融商品取引法の要請により顧客の知識、経験、財産の状況等を把握するために使用しているアンケート等と同一の書面で、保険商品に関してもその意向を把握(推定)することは、顧客の意向の把握(推定)を行う上で有効であると考えるが、かかる把握(推定)の取組みは、「保険募集に係る業務」に該当しないという理解で良いか。【No.328】	にも該当します。) なお、貴見のアンケートが保険募集を目的とするものではなく、保険募集に直接つながらないものであれば、「保険募集に係る業務」に該当しないと考えます。 なお適合性の原則で確認すべき内容と意向把握すべき内容は必ずしも同じものではないと考えます。 ※適合性確認におけるアンケートを意向把握書面として併用する場合、事前同意をアンケート以前に行う必要がある。アンケートと意向把握書面を分離した場合は、アンケート⇒事前同意⇒意向把握の順となることに留意する必要がある。

(資料) 金融庁保険課作成

(2) 意向確認に係る体制整備

　意向確認に係る体制整備については、保険会社または保険募集人において、改正保険業法第294条の2の規定に基づき、顧客が保険契約の申込みを行おうとする保険商品の内容が顧客の意向に合致した内容であることを顧客が確認する機会を確保し、顧客が保険商品を適切に選択・購入することが可能となるよう、適切な措置を講じる必要があるため、監督指針において、以下のとおり規定している。

Ⅱ−4−2−2　保険契約の募集上の留意点
　(3)　法第294条の2関係(意向の把握・確認義務)
　　④　意向把握・確認義務に係る体制整備関係
　　　イ．意向確認に係る体制整備

規則第53条の7第1項及び規則第227条の7に規定する措置に関し、保険会社又は保険募集人において、契約の申込みを行おうとする保険商品が顧客の意向に合致した内容であることを顧客が確認する機会を確保し、顧客が保険商品を適切に選択・購入することを可能とするため、適切な遂行を確認できる措置を講じているか。

　　Ⅱ－4－2－2(3)①ア．からウ．又はこれと同等の方法を用いる場合においては、以下の措置を講じているか。

　　（注）　規則第227条の2第2項に定める団体保険について、保険契約者である団体が被保険者となる者に対して加入勧奨を行う場合は、保険商品が被保険者の意向に合致した内容であることを確認する機会を確保するため、以下の㈜から㈹までのような体制整備と同程度の措置を講じるものとする。

㈜　意向確認書面の作成・交付

　　契約の申込みを行おうとする保険商品が顧客の意向に合致しているものかどうかを、顧客が契約締結前に最終的に確認する機会を確保するために、顧客の意向に関して情報を収集し、保険商品が顧客の意向に合致することを確認する書面（以下、「意向確認書面」という。）を作成し、顧客に交付するとともに、保険会社等において保存するものとされているか。

㈶　意向確認書面の記載事項

　　意向確認書面には、以下の事項が記載されているか。

　a．顧客の意向に関する情報

　b．保険契約の内容が当該意向とどのように対応しているか。

　c．その他顧客の意向に関して特に記載すべき事項

　　　例えば、特記事項欄を設け、以下のような情報を記載することが考えられる。

(a) 当該保険契約の内容では顧客の意向を全部又は一部満たされない場合はその旨
(b) 特に顧客から強く要望する意向があった場合や個別性の強い意向を顧客が有する場合はその意向に関する情報
(c) 当該保険契約の内容が顧客の意向に合致することを確認するために最低限必要な情報が提供されなかった場合はその旨

d．保険募集人の氏名・名称
　顧客に対して当該書面の作成責任者を明らかにするために記載されているか。

(ウ) 意向確認書面の記載方法
　意向確認書面は顧客にとって分かりやすい記載とされているか。
　なお、顧客の意向に関する情報については、例えば、当該書面に予め想定される顧客の意向に関する情報の項目を列挙するといった方法も認められるが、その場合は、予め想定できない顧客の意向に関する情報（上記(イ)c.）を記載するため、特記事項欄等を設けるものとする。

(エ) 意向確認書面の確認・交付時期
　意向確認書面により、保険契約を締結するまでに、顧客が申込みを行おうとしている保険契約の内容が顧客の意向と合致しているか否かの確認を行う措置を講じているか。
　また、顧客が確認した意向確認書面は、顧客の確認後、遅滞なく顧客へ交付する措置を講じているか。
　なお、顧客が即時の契約締結を求めている場合や電話による募集の場合など当該書面の即時の交付が困難な場合は、顧客の利便性を考慮し、意向確認書面に記載すべき内容を口頭にて確認のうえ、意向確認書面を事後に遅滞なく交付することでも足

り る 。

(オ) 意向確認書面の記載内容の確認・修正

意向確認書面の記載内容のうち、特に顧客の意向に関する情報（上記(イ) a. 及び c.）については、顧客に対して事実に反する記載がないかを確認するとともに、顧客から当該部分の記載の修正を求められた場合には速やかに対応を行うこととされているか。

(カ) 保険契約の内容に関する意向の確認

顧客が申込みを行おうとする保険契約の内容のうち、顧客が自らの意向に合致しているかの確認を特に必要とする事項（主契約や特約ごとの具体的な保障（補償）内容、保険料（保険料払込方法、保険料払込期間を含む。）及び保険金額、保障（補償）期間、配当の有無など）については、意向確認書面に確認のための設問を設ける等の方法により、顧客に対して再確認を促すような工夫がなされているか。

(キ) 意向確認書面の媒体等

意向確認書面については、顧客における保存の必要性を考慮し、原則として書面により交付することとされているか。

なお、必ずしも独立した書面とする必要はないが（申込書と一体で作成することも可能と考えられる。）、他の書面と同一の書面とする場合には、意向確認書面に該当する部分を明確に区別して記載する必要があることに留意すること。

また、当該書面は保険会社又は保険募集人と顧客の双方が確認するために交付される書面であることから、保険会社又は保険募集人においても書面等を事後的に確認できる方法により保存することとされているか。

(注) 電子メール等の電磁的方法による交付を行う場合は、顧客の了解を得ていること及び印刷又は電磁的方法によ

る保存が可能であることが必要である。
- (ク) 顧客が意向確認書面の作成及び交付を希望しない場合の対応

  顧客が当該書面の作成及び交付を希望しない場合は、顧客に対して、当該書面の役割（契約の申込みを行おうとする保険契約の内容が顧客の意向に合致するか否かを保険会社又は保険募集人及び顧客の双方が確認するための書面であること等）を書面等により説明するとともに、事後に顧客が意向確認書面の作成及び交付を希望しなかったことが検証できる態勢にあるか。
- (ケ) 意向確認書面の記載事項等の検証等

  意向確認書面の作成及び交付については、保険商品の特性や販売方法の状況の変化に応じて、また顧客等からの苦情・相談の内容を踏まえながら、その記載事項や記載方法、収集すべき顧客の意向に関する情報及びその収集方法等について検証のうえ、必要に応じ見直しを行うこと等の適切な措置が講じられているか。
- (コ) 顧客が保険契約の内容等を誤解していること等が明らかな場合の対応

  顧客が保険契約の内容等について、理解していない又は誤解していることが明らかである場合は、より分かりやすい説明及び誤解の解消に努めることとされているか。
- (サ) 取り扱える保険会社の範囲の説明等

  保険募集人が取り扱える保険会社の範囲（例えば、専属か乗合か、乗合の場合には取り扱える保険会社の数等の情報等）を説明するとともに、顧客が告知を行おうとする際には、告知受領権の有無についてその説明が行われることとされているか。

イ．（注）は、規則第227条の２第２項に定める団体保険の加入勧奨において、保険会社または保険募集人に求められる体制整備について規定したもの

である。規則第227条の2第2項に定める団体保険の加入勧奨は、情報提供義務および意向把握・確認義務が適用除外となっており（125頁参照）、これらに係る体制整備が法律上は求められていない。他方、意向確認については、今般の法改正以前より、これが適切に実施されるための措置として、通常の募集における意向確認に係る体制整備と同程度の措置を講じることを求めていたところである。法改正後にも、これを改める特段の理由はないことから、引き続き同様の体制整備を監督指針において求めることとしている。

なお、上記㈭において、意向確認書面の媒体等に関して、「意向確認書面については、（中略）保険会社又は保険募集人と顧客の双方が確認するために交付される書面であることから、保険会社又は保険募集人においても書面等を事後的に確認できる方法により保存することとされているか」と規定しているが、この保存期間については、各保険会社において、商品特性等に応じ、社内規則等で適切に定めたうえで、最低限保険契約が継続している間は保存することが必要である。[平成18年2月22日 PC.15]

第4節 直接支払いサービスについて

　「直接支払いサービス」とは、保険金を受け取るべき者が、保険金を対価として保険会社の提携事業者が取り扱う商品等を購入し、または、提供を受けることとした場合に、保険会社が当該商品等の対価として、保険金を受け取るべき者に代わり保険金を当該提携事業者に直接支払うことをいう。[PC.442]

　現在、生命保険契約および傷害疾病定額保険契約については、法令上、保険給付の方法が金銭に限定されている。他方で、社会の高齢化に伴い、被保険者が介護を要する状態になった場合や亡くなった場合などに、保険金ではなく、信頼のできる事業者から介護や葬儀をはじめとする財・サービスの給付を受けたいというニーズが高まっている。かかる現状を踏まえWG報告書においては、法令上、生命保険における現物給付を認めることについて、
・保険会社が将来時点で提供する財・サービスの質等についてどのように担保するか
・保険会社が、財務の健全性を確保する観点から、財・サービスの価格変動リスクにどのように対処するか
といった課題が存在するとして、以下のような検討課題や対応を示している。

1-1-2　サービス提供業者への保険金直接支払いについて
（中略）
　他方、保険会社が特定の財・サービスを提供する提携先の事業者（以

下「提携事業者」という。）を顧客に紹介し、顧客が提携事業者からの財・サービスの購入を希望した場合に、保険金を受取人ではなく当該事業者に対してその代金として支払うこと（以下「直接支払いサービス」という。）については、法令上、特段禁止されておらず[9]、当該サービスによっても、上記ニーズに一定程度応えることができると考えられる。

この場合には、顧客は、保険金支払時点において財・サービスの内容や価格に納得がいかない場合には、当然に保険金支払いを選択できること、及び、保険会社も保険金額の範囲内で、財・サービスを提供した事業者に支払いを行えばよく、その価格変動リスクを負わないことから、生命保険契約等における現物給付を認めた場合の懸念のかなりの部分を回避することができると考えられる。

よって、生命保険契約等においても、このような直接支払いサービスを顧客に提供することが可能である旨を明確化することにより、顧客サービスの充実をまずは図れるようにし、生命保険契約等における現物給付の解禁については、引き続き、将来の検討課題とすることが適当である。

ただし、保険会社が、あらかじめ、「保険事故発生時に、保険会社が特定の財・サービスを提供する提携事業者を紹介し、顧客が当該事業者からの財・サービスを購入することを選択した場合には、保険金直接支払いサービスが受けられる」旨を表示し、提携事業者が提供する財・サービスの内容・水準に言及して保険募集を行う場合には、保険会社が紹介する提携事業者が提供する財・サービスへの期待が顧客による保険商品選択時の重要な判断材料となりうることから、当該財・サービスの内容等に対する顧客の期待を保護する必要がある。

こうしたことなどを踏まえ、提携事業者が提供する財・サービスの内容等に係る情報提供[10][11]及び適切な提携事業者を提示するための体制整備[12]を義務づけることが適当である。[13]

なお、上記情報提供及び体制整備に加えて、保険事故発生時に、改め

て、提携事業者からの財・サービスの購入ではなく、保険金の受け取りを選択することができる旨を説明することを併せて求めることが適当である。

9　この場合、保険会社が給付するものは、あくまでも保険金であって、提携事業者が提供する財・サービスではない。
10　情報提供を義務づける事項の具体的内容としては、以下のものが考えられる。
・情報事業者が提供する財・サービスの内容・水準
・情報事業者を選択する基準
・保険事故発生時に、顧客が提携事業者からの財・サービスを必ずしも購入する必要はなく、保険金の受け取りを選択することができること
・保険金と財・サービスに係る費用に差額が生じた場合には、差額を受け取ることができること
（逆に、不足が生じた場合には、不足分を支払う必要があること）
・当初、想定していた内容・水準を満たす財・サービスを提供可能な提携事業者の紹介が困難となる場合として想定されるケースに係る説明
11　これらの情報提供を行うに当たっては、財・サービスを提供するのは保険会社自身ではなく提携事業者であることについて、顧客に誤解を生じさせないようにする必要があると考えられる。
12　体制整備義務の具体的内容としては、以下のものが考えられる。
・財・サービスの費用を保険会社から支払うことについて、提携事業者から事前の同意を得ること
・提携事業者との間で、提供する財・サービスの内容・水準や顧客が紹介サービスを利用した場合の連絡・支払方法などの手続きを定めること
・提携事業者が提供する財・サービスの質の確認や、問題が発見された場合の提携事業者の入れ替えなど、保険事故発生時に、保険会社自らが設定し、顧客に説明した内容・水準を満たす提携事業者を紹介できる状態を維持するための措置を講じること
なお、財・サービスの提供業者の紹介を顧客に約束する際に、どの程度具体的な内容について約束をするかについては保険会社の判断に委ねられているが、仮に、顧客に対して財・サービスの内容や事業者について具体的に約束をした場合には、その具体的条件を満たす者を紹介する必要があることから、保険会社が事業者を紹介する際の裁量は狭くなると考えられる。そのため、提携事業者が提供する財・サービスの内容について具体的な約束をした場合には、提携事業者が提供する財・サービスの質を確保するための体制整備として保険会社に求められる水準は高くなると考えられる。
13　なお、単に、保険事故発生後に、顧客からの指図に基づき、顧客以外の第三者に保険金を支払う場合（通常の指図払い）については、財・サービスの質に対する顧客の期待という問題は生じないから、このような義務づけの必要はないと考えられる。

以上のWG報告書の記載を踏まえたうえで、以下のとおり、規則第227条

の2第3項第5号および規則第234条の21の2第1項第3号(情報提供義務)と、規則第53条の12の2(体制整備義務)が規定された。

> **規則第227条の2第3項**
>
> 　保険会社等若しくは外国保険会社等、これらの役員(保険募集人である者を除く。)、保険募集人又は保険仲立人若しくはその役員若しくは使用人は、法第294条第1項の規定により保険契約の内容その他保険契約者等の参考となるべき情報の提供を行う場合には、保険契約者及び被保険者に対し、次に掲げる方法により行うものとする。
> 　五　保険契約に係る保険事故が発生したときにおいて保険金を受け取るべき者の選択により、保険金の支払又は直接支払いサービスを受けることができる旨及び提携事業者が取り扱う商品等の内容又は水準について説明を行う場合にあっては、当該商品等の内容又は水準その他必要な事項を記載した書面を用いて行う説明及び当該書面の交付

> **規則第234条の21の2第1項**
>
> 　保険会社等若しくは外国保険会社等、これらの役員(保険募集人である者を除く。)、保険募集人又は保険仲立人若しくはその役員若しくは使用人は、法第300条の2の規定により保険契約者等の参考となるべき情報の提供を行う場合には、保険契約者及び被保険者に対し、次に掲げる方法により行うものとする。
> 　三　特定保険契約に係る保険事故が発生したときにおいて保険金を受け取るべき者の選択により、保険金の支払又は直接支払いサービスを受けることができる旨及び提携事業者が取り扱う商品等の内容又は水準について説明を行う場合にあっては、当該商品等の内容又は水準その他必要な事項を記載した書面を用いて行う説明及び当該書

面の交付

> **規則第53条の12の2**
>
> 　保険会社は、保険契約の締結、保険募集又は自らが締結した若しくは保険募集を行った団体保険に係る保険契約に加入することを勧誘する行為その他の当該保険契約に加入させるための行為に際して、当該保険会社、生命保険募集人又は損害保険募集人が、保険契約者又は被保険者に対し、当該保険契約に係る保険事故が発生したときにおいて保険金を受け取るべき者の選択により、保険金の支払又は直接支払いサービス（保険金を受け取るべき者が当該保険契約に係る保険金の全部又は一部を対価として当該保険会社が提携する事業者（以下この条、第227条の2第3項第5号及び第234条の21の2第1項第3号において「提携事業者」という。）が取り扱う商品等（商品、権利又は役務をいう。以下この条、第227条の2第3項第5号及び第234条の21の2第1項第3号において同じ。）を購入し又は提供を受けることとした場合に、当該保険会社が当該商品等の対価の全部又は一部として当該保険金を受け取るべき者に代わり当該保険金の全部又は一部を提携事業者に支払うことをいう。以下同じ。）を受けることができる旨及び当該商品等の内容又は水準について説明を行う場合（当該説明に係る当該商品等の内容又は水準が保険契約の締結又は保険契約に加入することの判断に重要な影響を及ぼす場合に限る。第227条の2第3項第5号及び第234条の21の2第1項第3号において同じ。）において、当該保険金を受け取るべき者に対し適切な提携事業者を提示するための体制の整備その他の必要な措置を講じなければならない。

　規則第53条の12の2等に規定する直接支払いサービスに係る規制については、定額保険である第1分野保険（死亡保険）および第3分野保険（医療保険等）だけではなく、たとえば、ペット保険・費用保険などの実損てん補型

の第 2 分野保険についても規制対象となりうる。[PC.11]

　また、直接支払いを組み込んだ場合に、直ちにかかる規定の対象となるものではなく（保険金請求時の単なる指図払いの場合は適用対象外）、保険募集時に、保険会社から提携事業者に直接保険金を支払うことに加えて、保険会社の提携事業者が提供するサービスの内容・水準に言及（書面に記載がある場合を含む）し、当該言及内容（提携事業者のサービスの内容・水準）が保険商品選択時の重要な判断材料となる場合に適用対象となる。[PC.9] [PC.443]

　これを受けた監督指針においては、以下のとおり、保険募集等に際して、同サービスを受けられる旨を顧客に説明し、かつ、提携事業者が提供するサービスの内容・水準に言及する場合に、情報提供義務の対象として、所定の事項の説明（説明には約款や重要事項説明書にある場合以外にも、たとえば、パンフレット等の書面に記載している場合も含まれる。[PC.10]）を求め、また、保険会社には適切な提携事業者を提示するための体制整備を求めることとした。[PC.442]（図表 3 – 16参照）

Ⅱ-4-2-8　直接支払いサービス

　保険会社又は保険募集人は、保険募集等を行うにあたって、保険金を受け取るべき者の選択により、直接支払いサービスが受けられる旨を表示し、かつ、提携事業者が提供する財・サービスの内容・水準に言及する場合には、以下のような点に留意し、規則第53条の12の 2 に規定する措置が講じられているかどうか及び規則第227条の 2 第 3 項第 5 号及び規則第234条の21の 2 第 1 項第 3 号に規定する情報の提供が行われているかどうかを確認するものとする。

(1)　保険募集時に保険契約者又は被保険者に対して以下に掲げる事項の情報提供が行われているか。
　①　保険金を受け取ることができること（提携事業者からの財・サービスの購入や直接支払いサービスの利用が義務づけられないこと）
　②　提携事業者の選定基準（提携事業者が決定している場合には、提携

事業者の名称も表示する。）
③　直接支払いサービスを受ける場合において、保険金が財・サービスの対価に満たないときは、顧客が不足分を支払う必要があること（余剰が生じた場合には、余剰分を保険金として受け取ることができること）
④　当初想定していた財・サービスを提供可能な提携事業者の紹介が困難となる場合として想定されるケース
(2)　保険契約者、被保険者、保険金を受け取るべき者又は提携事業者から紹介手数料その他の報酬を得ていないか。
(3)　提携事業者との同意のもとで提供する財・サービスの内容・水準や保険金を受け取るべき者が直接支払いサービスを利用した場合の連絡・支払方法などの手続きを定めているか。
(4)　提携事業者が提供する財・サービスの質の確認や、問題が発見された場合の提携事業者の入れ替えなど、保険募集時に保険契約者又は被保険者に説明した内容・水準の財・サービスを提供できる提携事業者を紹介できる状態を維持するための措置を講じているか。
(5)　保険事故発生時に、提携事業者からの財・サービスの購入や直接支払いサービスを受けることが義務づけられるものではない（保険金を受け取ることができる）旨を、改めて、保険金を受け取るべき者に説明しているか。

　　a　(1)について
　保険募集時に保険契約者または被保険者に対して情報提供しなければならない事項（Ⅱ-4-2-8(1)）は、上記WG報告書の注釈10の内容を踏まえたものであるが、保険契約者等保護の観点から、保険契約者または被保険者に対して、注記喚起を要すると考えられる文言については、一部明確化を図った。
　このうち、保険募集時に保険契約者に対して情報提供しなければならない

事項（Ⅱ−4−2−8⑴）の③にある「（余剰が生じた場合には、余剰分を保険金として受け取ることができること）」については、たとえば、商品の特性上保険金が財・サービスの対価に対して不足・余剰を生じることが想定されない場合には、本項目の説明は不要と考えられる。[PC.445]

　また、「財・サービスを提供可能な提携事業者の紹介が困難となる場合として想定されるケース」については、保険募集時の情報提供が義務となっている（Ⅱ−4−2−8⑴④）が、現実には、予見しがたいやむをえない事由により、当初想定していた水準の財・サービスの提供が可能な提携事業者の紹介が困難となってしまうケースもまったくないとは言い切れない。そのため、保険会社等が、保険募集時の情報提供が不十分なものであったことに留意したうえで、代替事業者がいないかを十分に確認し、顧客に周知を行い、サービスを変更・停止することも許容される場合はあると考えられる。[PC.447]

　　b　⑵について

「⑵　保険契約者、被保険者、保険金を受け取るべき者又は提携事業者から紹介手数料その他の報酬を得ていないか」と規定した趣旨は、保険会社による他業禁止規制の抵触を防ぐとともに不当な提携事業者等の参入による契約者保護に欠ける事態の発生を防止することにある。なお、当該趣旨にかんがみれば、別途、付随業務であるビジネスマッチング業務として、提携事業者等の紹介を行う場合に、対価性のある手数料等を受領することが一律に当該規定に抵触するものではないと考える。[PC.444]

　　c　⑷について

「⑷　提携事業者が提供する財・サービスの質の確認や、問題が発見された場合の提携事業者の入れ替えなど、保険募集時に保険契約者又は被保険者に説明した内容・水準の財・サービスを提供できる提携事業者を紹介できる状態を維持するための措置を講じているか」と規定した趣旨は、当該サービスが保険金を受け取るべき者に適切に提供される状態を確保することにある。そのため、保険会社においては、提携事業者に対する指導や折衝を行う

ことまで求められるものではないが、適宜提携事業者が提供する財・サービスの質の確認を行い、問題が発見された場合には、提携事業者の入替えを行うことなどにより、財・サービスの内容・水準を維持するための措置を講じる必要があると考える。[PC.446]

d (5)について

(5)においては、「提携事業者からの財・サービスの購入や直接支払いサービスを受けることが義務づけられるものではない（保険金を受け取ることができる）旨」を、保険募集時だけでなく、保険事故発生時にも説明することを保険会社等に対し求めている。ただし、たとえば、ケガや事故に遭い、提携事業者である病院や修理業者の紹介を求める顧客の要望が明らかである場合など、財・サービスの提供に緊急性を有し、かつ、顧客がかかる財・サービスの提供を選択することが客観的に明らかな場合等、社会通念上、当該状況下において、保険金の選択が可能な旨の説明を行うことが期待されない場合には、当該説明を省略することが否定されるものではないと考える。[PC.448]

図表 3 －16　直接支払いサービスについて（監督指針Ⅱ-4-2-8関係）

直接支払いサービスについて

　保険会社または保険募集人は、保険募集等を行うにあたって、保険金を受け取るべき者の選択により、直接支払いサービスが受けられる旨を表示し、かつ、提携事業者が提供する財・サービスの内容・水準に言及する場合には、以下のような点に留意し、規則第53条の12の2に規定する措置が講じられているかどうかおよび規則第227条の2第3項第5号および規則第234条の21の2第1項第3号に規定する情報の提供が行われているかどうかを確認するものとする。

情報提供義務

(1) 保険募集時に保険契約者または被保険者に対して以下に掲げる事項の情報提供が行われているか。
　① 保険金を受け取ることができること（提携事業者からの財・サービスの購入や直接支払いサービスの利用が義務づけられないこと）
　② 提携事業者の選定基準（提携事業者が決定している場合には、提携事業者の名称も表示する）
　③ 直接支払いサービスを受ける場合において、保険金が財・サービスの対価に満たないときは、顧客が不足分を支払う必要があること（余剰が生じた場合には、余剰分を保険金として受け取ることができること）
　④ 当初想定していた財・サービスを提供可能な提携事業者の紹介が困難となる場合として想定されるケース

体制整備義務

(2) 保険契約者、被保険者、保険金を受け取るべき者または提携事業者から紹介手数料その他の報酬を得ていないか。
(3) 提携事業者との同意のもとで提供する財・サービスの内容・水準や保険金を受け取るべき者が直接支払いサービスを利用した場合の連絡・支払方法などの手続を定めているか。
(4) 提携事業者が提供する財・サービスの質の確認や、問題が発見された場合の提携事業者の入替えなど、保険募集時に保険契約者または被保険者に説明した内容・水準の財・サービスを提供できる提携事業者を紹介できる状態を維持するための措置を講じているか。
(5) 保険事故発生時に、提携事業者からの財・サービスの購入や直接支払いサービスを受けることが義務づけられるものではない（保険金を受け取ることができる）旨を、あらためて、保険金を受け取るべき者に説明しているか。

（資料）　金融庁保険課作成

第5節 保険募集人の体制整備義務関係

 保険募集人に対する体制整備義務の導入の背景について

 これまで保険募集人に対しては、法令上、体制整備は義務づけられていなかった。これは、これまでは、保険業法第282条に基づく生命保険募集人の「一社専属制度」が設けられていたように基本的には保険会社において、保険募集人の実態を把握することや、保険募集人に対する管理・指導を行うことが容易であったことから保険会社に対して体制整備を義務づけることをもって、保険募集人の業務の適切性を確保するという整理に基づくものである。

 しかし、近年、募集形態の多様化に伴い保険会社と保険募集人の関係が複雑化している。たとえば、かつては、保険募集人（保険代理店）1人（店）に対して保険会社は1社という専属代理店の形態が多かったが、近年では、乗合代理店の一般化・大型化が進み、保険募集人の独自の判断で複数の保険会社の商品を比較し、そのどれかを推奨・販売する、あるいは、保険募集に関連する業務の一部をアウトソーシングする、また、数百にも及ぶ店舗をもつ大規模な保険代理店も出現するなどといった、特定の保険会社が保険募集人の行為の全容を把握して管理・指導するといった従来の法律が想定していた状況とは異なる状況が生じてきている。

 このような状況を踏まえ、保険募集人自身に対しても保険募集ルールを遵守するための体制整備を義務づけ、さらに、複数の保険会社の商品の比較推奨販売を行う場合には追加的な義務を課すことで、保険募集の適切性を確保することが求められることとなった。（図表3-17参照）加えて、保険募集人

図表3－17　保険募集人に対する体制整備義務の導入①
　　　　　（保険業法第294条の3関係）

○　現　　状
　　保険会社に対して、保険募集の適切性確保のため、「体制整備」を義務づけ（保険業法第100条の2）

【従来型チャネル】

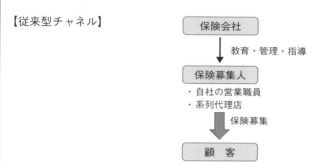

　保険募集人は、保険募集の業務に関し、① 保険募集の業務に係る重要な事項の顧客への説明、② 保険募集の業務に関して取得した顧客に関する情報の適正な取扱い、③ 保険募集の業務を第三者に委託する場合における当該保険募集の業務の的確な遂行、④ 比較説明・推奨販売、⑤ 保険募集人指導事業、その他の健全かつ適切な運営を確保するための体制を構築する必要がある。　　　　　　　　　　　　　　　　　　（保険業法第294条の3）

【乗合代理店の出現】

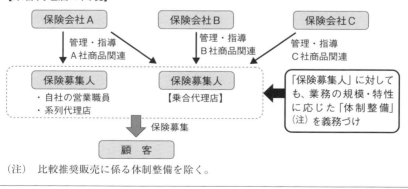

（注）　比較推奨販売に係る体制整備を除く。

（資料）　金融庁保険課作成

が、保険募集の業務の一部を外部に委託する場合には、保険募集人に対し、外部委託先を適切に管理する義務を課すこととされた。

これらの点に関し、WG報告書においては以下のとおり記載されている。

2-3　保険募集人の義務

　先述のとおり、募集形態の多様化により、保険会社と保険募集人の関係も多様化しており、保険募集人独自の判断で複数保険会社商品の比較推奨販売を行ったり、募集に関連する業務の一部をアウトソーシングしたりするなど、ある特定の保険会社が保険募集人の全容を把握し、管理・指導を行うという、法が想定していたケースに必ずしも当てはまらない場合が増えつつある。このような状況を踏まえれば、保険会社に加えて、保険募集人についても、募集ルールの遵守をはじめとして、保険募集の適切性を確保するために主体的な取り組みを行うことが求められる。このような観点からは、保険募集人についても、(1)上記2－2の保険募集の基本的ルールを遵守するための体制整備を義務づけ、(2)主体的に複数保険会社の商品の比較推奨販売を行う場合の追加的義務を設けるとともに、(3)自らが行う保険募集に関して外部委託先を使用する場合には、当該外部委託先に対する管理責任を課すことが適当である。

2-3-1　保険募集人の体制整備義務

　現行の保険業法においては、保険会社に対してはいわゆる体制整備義務が課せられている一方、保険募集人はそのような義務付けの対象とはされていない。

　しかし、保険募集人の中には、いわゆる乗合代理店（2以上の保険会社から保険募集の委託を受けている保険募集人を指す。）を中心に数百にも及ぶ店舗で保険募集を行うものなど大規模なものが出現していることに加え、上記のように情報提供義務や意向把握義務など保険募集人自身も

行為規制の対象とされることから、所属保険会社等による管理・指導に加えて、保険募集人自身もその業務を適切に行うための体制を自ら整備することが必要と考えられる。このため、保険会社のみならず、保険募集人に対してもその業務の規模・特性に応じ、保険募集に係る業務を適切に行うための体制を整備することを義務付けることが適当である。

このように、従来から保険会社が保険募集人に対する教育・管理・指導について責任を負っているところではあるが、保険会社の系列ではない独立系の保険代理店が増加し、規模が拡大するとともに、その行う業務も多様化している等の現状を踏まえ、保険募集ルールの実効性を確保すべく、保険募集人自身に対しても、その規模や業務特性に応じて体制整備を求めることにしたものである。

 保険募集人に対する体制整備義務の全体像

保険業法第294条の3においては、保険募集人に対して、自らの業務の規模や特性に応じて、保険会社に課せられている体制整備に準じるものとして、保険募集の業務に関し、①保険募集業務に係る重要な事項の顧客への説明、②保険募集の業務に関して取得した顧客に関する情報の適正な取扱い、③保険募集の業務を第三者に委託する場合における当該保険募集の業務の的確な遂行、④比較・推奨販売、⑤保険募集人指導事業、その他の健全かつ適切な運営を確保するための体制を構築することを求めている。

> **改正保険業法第294条の3(業務運営に関する措置)**
> 保険募集人は、保険募集の業務(自らが保険募集を行った団体保険に係る保険契約に加入させるための行為に係る業務その他の保険募集の業務に密接に関連する業務を含む。以下この条並びに第305条第2項及び第3項において同じ。)に関し、この法律又は他の法律に別段の定めがあるものを除くほか、内閣府令で定めるところにより、①保険募集の業務に係る重要

> な事項の顧客への説明、②保険募集の業務に関して取得した顧客に関する情報の適正な取扱い、③保険募集の業務を第三者に委託する場合における当該保険募集の業務の的確な遂行、④二以上の所属保険会社等を有する場合における当該所属保険会社等が引き受ける保険に係る一の保険契約の契約内容につき当該保険に係る他の保険契約の契約内容と比較した事項の提供、⑤保険募集人指導事業（他の保険募集人に対し、保険募集の業務の指導に関する基本となるべき事項（当該他の保険募集人が行う保険募集の業務の方法又は条件に関する重要な事項を含むものに限る。）を定めて、継続的に当該他の保険募集人が行う保険募集の業務の指導を行う事業をいう。）を実施する場合における当該指導の実施方針の適正な策定及び当該実施方針に基づく適切な指導、その他の健全かつ適切な運営を確保するための措置を講じなければならない。

※上記枠内の条文中にある丸数字については、著者にて加筆したものである。

　このうち、上記①については、すべての保険募集人に求められるものであるのに対し、上記③～⑤は、それぞれ、その業務等を行う者に限定して求められるものである。また、上記②については、すべての保険募集人に求められるものではあるが、個人情報保護法等において求められる措置等の内容はさまざまである。

　このため、監督指針において、上記②の「保険募集の業務に関して取得した顧客に関する情報の適正な取扱い」については「保険募集人の規模や業務特性に応じて」という表現を用いているほか、保険募集人の体制整備に関し、保険会社における体制整備全般を準用する監督指針Ⅱ－4－2－9(8)においても同様に、当該表現を用いているのに対し [PC.459]、保険募集人自らの判断で実施する上記③・④・⑤については、当該表現は用いていない。このように、監督指針においては、「保険募集人の規模や業務特性に応じて」の表現を用いる部分、用いない部分を明確に分けている点に留意する必要がある。

すなわち、たとえば、保険募集人自らの判断であえて比較・推奨販売や保険募集人指導事業などを実施する場合には、当該保険募集人の規模が小さいといった場合でも、それら業務を適切に実施するために必要な体制整備を行う必要がある。

他方で、小規模な保険代理店においては、顧客情報の管理や内部監査について、独力で大規模代理店と同様の社内規則の策定や監査体制の整備を行うことはむずかしい場合もあると考えられる。そのため個人代理店や小規模の法人代理店も保険募集人の体制整備義務の対象とはなるものの、基本的には所属保険会社の指導・監督に従い、適切に業務を実施する体制を整備することで足りると考えられる。具体的には、所属保険会社や業界団体が提供するマニュアルやガイドラインを、自らの社内規則等と位置づけて使用することで対応することも考えられる。[PC.452、460]

「保険募集人の規模や業務の特性に応じた体制整備」を考えた場合、それは単に定量的な人員や、専属代理店か乗合代理店かの別、専業か兼業かの別などのみで判断されるものではなく、規模や特性に応じ、その体制のあり方が十分に合理的で、かつ、実効性のある体制であることが重要である。

自らの規模や業務の特性に照らした場合、具体的にどの水準までの体制整備を行えばよいのか判断がむずかしい、といった場合には、「顧客目線」に立った保険募集を行うことを求めているという改正保険業法の基本理念に立ち返ること、すなわち、「自分の規模、行っている業務の場合、顧客のための保険募集が適切に行われることを確保するためには、どのような措置が必要か」を考えることが判断の1つのヒントとなるのではないかと考える。

また、体制整備とは、「かたちをつくれば完了」というものではなく、その体制が実効性のあるものとして機能することが非常に重要である。保険会社が作成したマニュアル等のひな型を使用するという場合でも、「単に表紙に自社の名前を書いた」というだけでは意味がなく、そのマニュアル等の内容をよく理解し、自社のルールとして運用してはじめて意味があるものにな

ると考える。

　さらに、体制整備においては、「PDCA」サイクルが回るものとなっていることが重要である。最初につくった体制のでき栄えよりも、いったんつくられた体制が、よりよいものに常に進化していくための仕組みが整えられているかが非常に重要であると考えられる。

　このため、監督指針においては、以下のとおり規定することで、保険募集人に対しても、体制整備の一環として、いわゆる「PDCA」サイクルの活用による実効性のある体制整備を求めることとした。（図表3－18参照）

Ⅱ-4-2-9

　保険募集人においては、保険募集に関する業務について、業務の健全かつ適切な運営を確保するための措置を講じているか。

　また、監査等を通じて実態等を把握し【C】、不適切と認められる場合には、適切な措置を講じるとともに改善に向けた態勢整備を図っているか【A】。

（注）　保険会社の役員又は使用人及び保険代理店の役員又は使用人については、当該保険会社や保険代理店が募集の適切性を確保する観点から適切な研修・指導などの体制整備をしている場合には、当該指導に従い研修に参加することで基本的に足りるものと考えられる。

(1)　保険募集に関する法令等の遵守、保険契約に関する知識、内部事務管理態勢の整備（顧客情報の適正な管理を含む。）等について、社内規則等に定めて【P】、保険募集に従事する役員又は使用人の育成、資質の向上を図るための措置を講じるなど、適切な教育・管理・指導を行っているか【D】。

※上記枠内の【　】については、著者にて加筆したものである。

　保険募集人の方々が、形式的に体制を整えるにはどうすればよいかといっ

たことではなく、「顧客本位」という本質に沿った、実効性のある体制を整備するにはどうすればよいか、自らの規模・特性に応じて、よりいっそうの顧客の信頼を得られるように募集体制等の質の向上を図るにはどうすればよいか、といった点に重点を置き、体制整備に取り組んでいただくことを、著者としては、期待するものである。

　なお、保険募集人の体制整備義務は、一義的に保険募集人自らに体制整備を求めるものであるが、他方で、保険会社においては、保険会社の業務の健全かつ適切な運営を確保するため、保険募集人に対する教育・管理・指導を行うなど、適切な保険募集人管理態勢を構築することが求められている。
[PC.454]

　したがって、保険募集人が適切な保険募集を実現するためには、保険募集人が自ら策定・整備したマニュアルや体制整備の実施状況について、保険会社が業務監査等を通じて適切に確認する必要があり、保険会社は、保険募集人の保険募集の実態を適宜把握し、適切な保険募集管理体制を構築できるよう積極的に支援する必要があると考える。(図表3−20参照)

(1) 保険募集人の体制整備に係る包括的な規定（規則第227条の7）

　保険募集人の体制整備に係る包括的な規定として、規則第227条の7では次のとおり定めている。

> **規則第227条の7　（社内規則等）**
> 　保険募集人又は保険仲立人は、保険募集の業務（法第294条の3第1項に規定する保険募集の業務をいう。以下この章において同じ。）を営む場合においては、当該業務の内容及び方法に応じ、顧客の知識、経験、財産の状況及び取引を行う目的を踏まえた重要な事項の顧客への説明その他の健全かつ適切な業務の運営を確保するための措置（書面の交付その他の適切な方法による商品又は取引の内容及びリスクの説明並びに顧客の意向の適切な把握並びに犯罪を防止するための措置を含む。）に関する社内規則等（社内規則その他これに準ずるものをいう。以下この条において同じ。）を

> 定めるとともに、従業員に対する研修その他の当該社内規則等に基づいて業務が運営されるための十分な体制を整備しなければならない。

(注) 上記で引用した条文中の下線については、著者が加筆したものである。

これを受けて、監督指針Ⅱ-4-2-9(1)において、以下のとおり規定している。

Ⅱ-4-2-9　保険募集人の体制整備義務（法第294条の３関係）

　保険募集人においては、保険募集に関する業務について、業務の健全かつ適切な運営を確保するための措置を講じているか。また、監査等を通じて実態等を把握し、不適切と認められる場合には、適切な措置を講じるとともに改善に向けた態勢整備を図っているか。

(注)　保険会社の役員又は使用人及び保険代理店の役員又は使用人については、当該保険会社や保険代理店が募集の適切性を確保する観点から適切な研修・指導などの体制整備をしている場合には、当該指導に従い研修に参加することで基本的に足りるものと考えられる。

(1)　「保険募集に関する法令等の遵守、保険契約に関する知識、内部事務管理態勢の整備（顧客情報の適正な管理を含む。）等について、社内規則等に定めて、保険募集に従事する役員又は使用人の育成、資質の向上を図るための措置を講じるなど、適切な教育・管理・指導を行っているか。

　これは、体制整備を図る必要がある項目の例として、規則では顧客への情報提供を、監督指針では法令等遵守、内部事務管理等を掲げ、体制整備を図るやり方の例として、社内規則等の策定、従業員への教育・研修を掲げ、体制整備について保険募集人が行わなければならないことを包括的に規定したものである。

図表3−18　保険募集人に対する体制整備義務の導入②
　　　　　（保険業法第294条の3関係）

保険募集人の規模や業務特性に応じた体制整備

➢　保険募集人の規模や業務特性に応じた体制整備とは、単に定量的な人員数や専属代理店／乗合代理店や専業／兼業などの業務特性のみで判断されることなく、自らの規模や業務特性に応じ、その体制のあり方が十分に合理的でかつ、実効性のある体制であることが重要と考えます。
　また、下図のような『PDCAサイクル』を活用することにより、よりいっそうの顧客の信頼を得られるように募集体制等の質の向上に努めていく必要があると考えます。

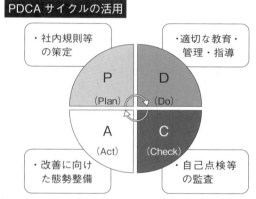

（資料）　金融庁保険課作成

　もちろん、「社内規則等」とされているとおり、社内のルール、やり方を定めるものは、「社内規則」に限るものではなく、業務マニュアル的なものや、システムチェックといったものも含まれる。そこで定められた内容を従業員に徹底していくための手段としても、「研修」に限るものではなく、保険募集人の創意工夫により、さまざまな方法で行っていくことが考えられる。

　監督指針の（注）は、WG報告書（2−3−1注釈50）において、保険募集人による「業務の規模・特性に応じた」体制整備に関して、「例えば、生命保険会社において保険募集活動を行う営業職員であれば、保険会社が募集の

適切性を確保する観点から適切な研修・指導などの体制整備をしている場合には、当該指導に従い研修に参加することで十分な水準を確保していることになると考えられる。」と記載されたことを踏まえたものである。監督指針においては、さらに、その対象となる者を営業職員同様に保険代理店の使用人も対象となりうることを明確にしたうえで、「保険会社の役員又は使用人及び<u>保険代理店の役員又は使用人</u>については、当該保険会社や保険代理店が募集の適切性を確保する観点から適切な研修・指導などの体制整備をしている場合には、当該指導に従い研修に参加することで基本的に足りるものと考えられる。」と規定したところである。

　すなわち、生命保険会社の営業職員や損害保険会社の研修生・直販社員、保険代理店の使用人等も体制整備義務の対象であるが、これらの者については、基本的に所属する保険会社や保険代理店の教育・管理・指導に従って（保険会社や保険代理店が作成するマニュアルに沿った業務運営、保険会社や保険代理店が実施する研修への参加等）、適正に業務を実施していることが重要であると考える。[PC.451]

(2) **保険募集の業務に関して取得した顧客に関する情報の適正な取扱い**

　保険募集の業務に関して取得した顧客に関する情報の適正な取扱いに係る体制整備については、規則第227条の9において、以下のとおり規定されている。

規則第227条の9（個人顧客情報の安全管理措置等）

　保険募集人又は保険仲立人は、その取り扱う個人である顧客に関する情報の安全管理、従業員の監督及び当該情報の取扱いを委託する場合にはその委託先の監督について、当該情報の漏えい、滅失又は毀損の防止を図るために必要かつ適切な措置を講じなければならない。

　これを受けた監督指針（Ⅱ-4-2-9(2)）においては、顧客情報の適正な取扱いに関して、「顧客情報管理（外部委託先を含む。）については、<u>保険募集</u>

人の規模や業務特性に応じて、基本的にⅡ-4-5に準じるものとする。」としたところである。

　ここで準用することとした監督指針Ⅱ-4-5とは、保険会社に求められる「顧客等に関する情報管理態勢」に係る規定であり、保険募集人に対しても、顧客情報管理について、「保険募集人の規模や業務特性に応じて」、保険会社に準じたかたちでの体制整備を求めることとしたものである。たとえば、監督指針Ⅱ-4-5のなかには、法人関係情報（金融商品取引業等に関する内閣府令第1条第4項第14号）を利用したインサイダー取引等の不公正な取引の防止について定めた規定があり、こういったものについては、多くの保険募集人においては、その「業務特性」に応じて捨象してかまわないが、他方で保険募集人も保険会社と同様、金融分野における個人情報取扱事業者であることから、顧客情報の保護の重要性にかんがみ、「基本的にⅡ-4-5に準じる」とすることで、保険募集人に対し、自らが接する顧客情報の重要性に応じて、適宜、適切な措置を講じることを求めたものである。

　特別の非公開情報（センシティブ情報）の取扱いに係る体制整備については、規則第227条の10において、以下のとおり規定されている。

規則第227条の10（特別の非公開情報の取扱い）
　保険募集人又は保険仲立人は、その業務上、取り扱う個人である顧客に関する人種、信条、門地、本籍地、保健医療又は犯罪経歴についての情報その他の特別の非公開情報（その業務上知り得た公表されていない情報をいう。）を、当該業務の適切な運営の確保その他必要と認められる目的以外の目的のために利用しないことを確保するための措置を講じなければならない。

　保険募集人にあっては、以上のように個人顧客情報の安全管理措置等を適切に講じるなど、「個人情報の保護に関する法律」等を遵守し、保険募集を適切に行う必要があるが、近年、保険会社と保険代理店の間における顧客情

報の取扱いに関して、特に、代理店委託契約の解約・解除時において問題となるケースが生じている。

　たとえば、見込み客に係る個人情報について、代理店委託契約が有効である間においては、保険会社と保険代理店の双方において、特に問題なく適切に管理がなされていたが、保険募集の初期過程においては、必ずしも、いずれかの保険会社に属するものではないことから、代理店委託契約の解約・解除時において、見込み客の個人情報の帰属が問題になるといったものである。

　見込み客に係る個人情報がだれに帰属するかの問題については、同様に、保険代理店とその使用人との間でも生じうるため、たとえば、保険会社と保険代理店、保険代理店とその使用人との間で、顧客から個人情報を取得する際の同意のとり方や、代理店委託契約書や雇用契約書等の記載内容等について整理を行い、保険代理店やその使用人が取得する顧客の個人情報の管理主体等に関して明確にするなどの措置を講じておくことが望ましいものと考えられる。

(3) 保険募集の業務を第三者に委託する場合における当該保険募集の業務の的確な遂行（規則第227条の11関係）

　保険募集の業務を第三者に委託する場合における当該保険募集の業務の的確な遂行に係る体制整備については、規則第227条の11において、以下のとおり規定されている。

> **規則第227条の11（委託業務の的確な遂行を確保するための措置）**
> 　保険募集人又は保険仲立人は、保険募集の業務を第三者に委託する場合には、当該委託した業務の実施状況を定期的に又は必要に応じて確認し、必要に応じて改善を求めるなど、当該業務が的確に実施されるために必要な措置を講じなければならない。

　また、これを受けた監督指針においては、保険募集人が募集関連行為を募

集関連行為従事者に行わせるにあたっての留意点として、監督指針Ⅱ-4-2-1(2)を参照するものとしている。

監督指針Ⅱ-4-2-1(2)を参照するものとしたのは、保険募集人が業務の一部をアウトソーシングする典型的な事例の1つとして、募集関連行為を第三者に委託するケースが考えられるところ、これに係る留意事項は、すでに監督指針Ⅱ-4-2-1(2)に記載されているため、再度、ここに規定しなくても足りるとも考えられるが、保険募集人の体制整備について定めている当該箇所にあらためて記載することで、網羅性を確保し、また、保険募集人が募集関連行為を第三者に委託する場合に、保険募集人に委託先である募集関連行為従事者に対する管理責任が生じること等について、注意喚起することを意図したものである。

保険募集人が、今般、監督指針で規定した募集関連行為を第三者に委託する場合には、当然、委託先管理を行う責任があり、業務委託先の行為が募集関連行為の範囲を超えて、保険募集行為にならないよう適切に管理しなければならない。また、たとえば、業務委託先が保険業法で禁止されている「特別利益の提供」をしていないか、特定商品の不適切な評価をしていないか等の確認を行わなくてはならない。

具体的な管理方法については、委託している業務の特性や規模に応じた管理体制を求めているところであって、個別のケースごとに異なるものである。しかし、委託を行う側は、委託先が適正な業務遂行を行うことができるか否かを事前に慎重に見極める必要がある。また、適正な業務遂行を確保するために、委託先との間で関係諸法令を踏まえた適切な体制整備を行う旨の契約を結ぶことも考えられる。いずれにせよ、委託先に対しては委託を行う者が業務の実態を把握できるように継続的なモニタリングを行う必要がある。

(4) 自己の商標等の使用を他の保険募集人に許諾した保険募集人に係る誤認防止措置について

自己の商標等の使用を他の保険募集人に許諾した保険募集人に係る誤認

防止については、規則第227条の13において、以下のとおり規定されている。

> **規則第227条の13（自己の商標等の使用を他の保険募集人に許諾した保険募集人に係る誤認防止）**
> 　自己の商標、商号その他の表示を使用することを他の保険募集人に許諾した保険募集人は、当該他の保険募集人が当該許諾をした保険募集人と同一の業務（保険募集の業務に限る。）を行うものと顧客が誤認することを防止するための適切な措置を講じなければならない。

これは、WG報告書（P.20）において、以下のとおり示されたことを受けたものである。

> **2-3-2　乗合代理店に係る規制について**
> 　さらに、フランチャイズ方式[59]を採用している場合には、顧客は当該フランチャイズの名称を使用している代理店からは一定水準のサービスを受けられることを期待するのが通常であることを踏まえれば、当該グループの名称やノウハウの管理・指導を行っている本部代理店（フランチャイザー）は自らの保険募集に係る体制を整備するのみならず、グループ名称の使用許諾やノウハウ提供を行っている他の代理店（フランチャイジー）に対する教育・管理・指導についても、適切に行うための体制整備を求めることが適当である[60]。
>
> ---
> 59　あるグループの本部A（フランチャイザー）が、他の保険募集人（代理店B）に対して、自らのグループ名称の使用許諾やノウハウ提供を行い、当該他の代理店B（フランチャイジー）は「〇〇グループ代理店B」として保険募集を行い、名称やノウハウの使用の対価をフランチャイザーに支払う経営形態。
> 60　なお、フランチャイジーにおいて取り扱う保険商品の品揃えが、フランチャイザーが顧客に宣伝しているものと異なる場合には、顧客に対して品揃えの相違点を説明することが求められる。

これを受けて監督指針においては、以下のとおり、具体的な措置内容等を規定した。

> **Ⅱ-4-2-9　保険募集人の体制整備義務**（法第294条の3関係）
> (6)　保険募集人が他人（他の保険募集人を含む。）に対して商号等の使用を許諾している場合には、両者が異なる主体であることや、両者が取り扱う保険商品の品揃えが顧客に宣伝しているものと異なる場合における品揃えの相違点を説明するなど、当該他人が当該保険募集人と同一の事業を行うものと顧客が誤認することを防止するための適切な措置を講じているか。

　WG報告書の当該部分は、フランチャイズ方式で事業を行っている場合の留意点について記載しているものであるが、保険募集人が自己の商標等の使用を他の保険募集人に許諾すること（いわゆる「名義貸し」）は、必ずしもフランチャイズ方式による場合に限られるものではない。このため、名義貸しについては、規則においても監督指針においても、フランチャイズに係る規定とは別途、フランチャイズ方式による場合とそうでない場合とに共通のものとして規定している。

　これらの具体的な措置は、名義を借りている保険募集人Bが、名義を貸している保険募集人Aとまったく同一の業務を行っているといった顧客の誤認を防止することを目的としたものであり、WG報告書の注記60を受けて、

① 保険募集人が他人（他の保険募集人を含む。）に対して商号等の使用を許諾している場合

　　→　両者が異なる主体であること

② 両者が取り扱う保険商品の品揃えが顧客に宣伝しているものと異なる場合

　　→　品揃えの相違点

などを顧客に対して説明することを求めている。たとえば、乗合保険会社数

が異なるなどにより、保険募集人Bにおいて取り扱う保険商品の品揃えが、保険募集人Aが顧客に宣伝しているものと異なる場合には、顧客に対して、品揃えの相違点を説明するなど、保険募集人Aと保険募集人Bの保険募集の業務の内容（取扱商品、保険募集の業務の方法または条件等）が異なることについて誤認を生じさせないための措置が必要となる。[PC.123]

これらの措置に関しては、法令上、「自己の商標、商号その他の表示を使用することを他の保険募集人に許諾した保険募集人（許諾募集人）」、すなわち保険募集人Aに対して求められるものであり、商標等の使用の許諾を受けた保険募集人（被許諾募集人）、すなわち保険募集人Bに求められる措置ではない。

つまり、保険募集人Bには、顧客の誤認防止について法令上の義務は課されていないこととなり、これで誤認防止措置の実効性が確保できるのか、ということを疑問視する声があったが、この点については、保険募集人Aが規則第227条の13に基づき、保険募集人Bが顧客の誤認防止のための適切な措置をとっているか確認し、措置が適切にとられていない場合には適切な対応（最終的には、保険募集人Bに対する商標等の使用の許諾を適切に終了させる措置を含む）をとることで保険募集人Bの行為の適切性を確保することを企図している。[PC.120]（図表3-19参照）

(5) 「保険募集人指導事業」を行う保険募集人に係る体制整備について

「保険募集人指導事業」とは、他の保険募集人に対し、保険募集の業務の指導に関する基本となるべき事項（当該他の保険募集人が行う保険募集の業務の方法または条件に関する重要な事項を含むものに限る。）を定めて、継続的に当該他の保険募集人が行う保険募集の業務の指導を行う事業（保険業法第294条の3第1項）をいい、当該事業を行う保険募集人に対し、一定の体制整備を求めることとした。（図表3-19、図表3-20参照）

これは、上記のWG報告書（P.20、注記59）に記載されている「フランチャイズ方式」といった経営形態にある保険募集人が、他の保険募集人に対して、継続的に保険募集の業務の教育・管理・指導を適切に行うための措

図表3-19　保険募集人に対する体制整備義務の導入③
　　　　　（保険業法第294条の3関係）

商号等の使用を許諾している保険募集人に係る誤認防止（規則第227条の13関係）
　自己の商標、商号、その他の表示を使用することを他の保険募集人に許諾した保険募集人は、当該他の保険募集人が当該許諾をした保険募集人と同一の業務（保険募集の業務に限る）を行うものと顧客が誤認することを防止するための適切な措置を講じなければならない。

「保険募集人指導事業」を行う保険募集人に係る体制整備
　「保険募集人指導事業」とは、他の保険募集人に対し、保険募集の業務の指導に関する基本となるべき事項（当該他の保険募集人が行う保険募集の業務の方法または条件に関する重要な事項を含むものに限る）を定めて、継続的に当該他の保険募集人が行う保険募集の業務指導を行う事業をいう。

「保険募集人指導事業」を行う保険募集人が講じる措置等（規則第227条の15関係）
1. 保険募集人指導事業の対象となる他の保険募集人に対する指導の実施方針（※）の適正な策定および当該実施方針に基づく適切な指導を行うための措置
2. 指導対象保険募集人における保険募集の業務の実施状況を、定期的にまたは必要に応じて確認することにより、指導対象保険募集人が当該保険募集の業務を的確に遂行しているかを検証し、必要に応じ改善させる等の措置

　　『実施方針』に定める事項(※)
　　1. 保険募集の業務の指導に関する事項
　　2. 指導対象保険募集人が行う保険募集の業務の方法および条件に関する事項

（資料）　金融庁保険課作成

図表3−20　保険募集人に対する体制整備義務の導入⑤
　　　　　（保険業法第294条の3関係）

区　　分	項　　目	対　象	対応内容
1．保険募集関係	意向把握・確認義務	全保険募集人	・プロセスを定め保険募集人に対して適切な教育・指導・管理 ・帳簿等の保存（証跡管理）
	比較推奨販売	乗合代理店	・社内規則等で措置を定め、実施状況を定期的に確認・検証
	募集関連行為従事者	該当する保険募集人	・委託先等の顧客紹介業者（リーズ業者等）に対する管理
	社内規則等	全保険代理店	・顧客の知識、経験、財産状況および取引を行う目的を踏まえた重要な事項の顧客への説明その他の健全かつ適切な業務の運営を確保するための措置に関する社内規則等の制定 ・社内規則等に基づき業務が運営されるための十分な体制を整備
2．情報管理関係	個人情報の安全管理措置	全保険代理店	・情報漏洩、減失または毀損の防止を図るために必要かつ適切な措置
	特別の非公開情報	全保険代理店	・特別の非公開情報を業務の適切な運営の確保その他必要と認められる目的以外の目的のために利用しないことを確保するための措置
3．外部委託関係	委託業務	該当する保険代理店	・保険募集の業務を第三者に委託する場合の的確に実施されるために必要な措置
4．表示関係	代理店の誤認防止	全保険代理店	・顧客が保険会社の代理店として立場を誤認することを防止するための措置
	商号等を他に使用させる場合	該当する保険代理店	・他の保険募集人も同一の業務を行うものと顧客が誤認することを防止するための措置
5．フランチャイズ関係	保険募集人指導事業	該当する保険代理店	・指導を受ける保険代理店に対する指導の実施方針の適正な策定および当該実施方針に基づく適切な指導

6．規模の大きな特定保険募集人関係	帳簿書類の備付け	乗合15社、または、乗合2社かつ年間手数料10億円以上	・事務所ごとに、保険契約者ごとかつ所属保険会社ごとに保険契約の締結年月日、保険会社、保険料、手数料等の対価などを記載した帳簿を契約から5年間保存
	事業報告書の提出		・各事業年度ごとに契約取扱い、手数料、苦情等の状況等に関する「事業報告書」を作成・提出

（資料）　金融庁保険課作成

置[11]を講じるよう求めたものであり、通常の保険募集人に係る体制整備義務に加えて、以下の措置（規則第227条の15第1項）を講じる必要がある。

---

① 保険募集人指導事業の対象となる他の保険募集人に対する指導の実施方針（注）の適正な策定および当該実施方針に基づく適切な指導を行うための措置（第1号）

② 指導対象保険募集人における保険募集の業務の実施状況を、定期的にまたは必要に応じて確認することにより、指導対象保険募集人が当該保険募集の業務を的確に遂行しているか検証し、必要に応じ改善させる等の措置（第2号）

（注） 規則第227条の15第2項においては、「実施方針」に掲げる事項として、以下のとおり規定されている。
　（i） 保険募集の業務の指導に関する事項
　（ii） 指導対象保険募集人が行う保険募集の業務の方法および条件に関する事項

以上を踏まえて、監督指針においては、以下のとおり規定したところである。

Ⅱ-4-2-9　保険募集人の体制整備義務（法第294条の3関係）

（7） 保険募集人指導事業を行う保険募集人においては、以下のような点

---

[11] 「フランチャイズ方式」は、保険会社の委託・指示に基づくものではなく、代理店同士の連携によって実施されるものである。このため、たとえば、保険代理店の使用人の適正化に用いられた、いわゆる「3者間契約スキーム」（保険会社との委託契約・保険会社の指示に基づき、統括代理店が被統括代理店に対し教育・管理・指導を実施する、というもの）については、屋号を共通して使用する場合などにあっては、「保険募集人指導事業」に該当しうる場合も想定されるものの、その場合においても、当該「3者間契約スキーム」は、フランチャイズ方式とは、目的や内容等が異なるものであると考えられることから、必ずしも、規則第227条の15第1項に規定されている措置を一律に講じる必要はないものと考えられる。[PC.568]

に留意しつつ、保険募集の業務の指導に関する基本となるべき事項を定めた実施方針を策定し、保険募集人指導事業の的確な遂行を確保するための措置を講じているか。
（注）　保険募集人における保険募集の業務のあり方を規定しないコンサルティング等の業務については、保険募集人指導事業に該当しない点に留意する。
① 　指導対象保険募集人における保険募集の業務について、適切に教育・管理・指導を行う態勢を構築し、必要に応じて改善等を求めるなど、規則第227条の15第1項に規定する措置を講じているか。
（注1）　保険募集人指導事業を行う場合、例えば、一定の知識・経験を有する者を配置するなど、教育・管理・指導を行う態勢を構築しているか。
（注2）　保険募集人指導事業を行う保険募集人が指導対象保険募集人を指導することにより、保険会社による指導対象保険募集人の教育・管理・指導（Ⅱ-4-2-1⑷参照）の責任が免除されるものではない。
　　　　従って、保険会社においては、自らが指導対象保険募集人に対して行う教育・管理・指導とあいまって適切な保険募集を行わせる態勢を構築する必要があることに留意する。
② 　指導対象保険募集人の指導の実施方針において、規則第227条の15第2項に規定する事項が記載されているか。

　この監督指針は、規則第227条の15に規定された措置の実施を確認するものであるが、フランチャイズ展開を行う保険募集人等、保険募集人指導事業を実施する保険募集人は通常の体制整備に加えて、以下の体制を整備することが必要となる。
① 　フランチャイジーである保険募集人における保険募集の業務について、適切に教育・管理・指導を行う態勢を構築し、必要に応じて改善等を求め

るなどの措置。
　たとえば、一定の知識・経験を有する者を配置するなど、教育・管理・指導を行うための措置。
② フランチャイジーに対して、どのように指導を行うかについての実施方針の策定、フランチャイジーである保険募集人との適正なフランチャイズ契約の締結と適切な指導、フランチャイジーにおける保険募集の業務の実施状況の検証・改善等の措置。
　実施方針においては、フランチャイズ展開を行ううえでの留意事項（業務の方法・条件等）を記載することが必要となる。[PC.567]
　なお、上記監督指針にある（注）で規定している「保険募集人における保険募集の業務のあり方を規定しないコンサルティング等の業務」とは、たとえば、店舗レイアウトなどに係るコンサルティングのみを行う場合等が考えられるが、いずれにせよ、コンサルティングとの名称かどうかにかかわらず、保険募集人における保険募集の業務のあり方を規定していないものについては、「保険募集人指導事業」には該当しない。[PC.569、570]
　したがって、たとえば、修理工場のフランチャイズチェーンや不動産事業のフランチャイズチェーンにおいて、たまたまフランチャイザーもフランチャイジーも保険募集人である（保険代理店となっている）ケースが存在しうるものと考えられる。そのような場合に、フランチャイザーがフランチャイジーに対して、顧客との接点を強化し売上げ増につなげるため、「新車販売時には車両保険をお勧めしましょう」といったマーケティングやセールストークの指導を行うことが考えられる。このような行為が、保険募集人指導事業に該当するかに関しては、他の保険募集人に対する指導について「保険募集の業務の指導に関する基本となるべき事項」を定めているものではなく、また、指導の内容が当該ケースのように、「保険募集の業務の方法又は条件に関する重要な事項」を含まない程度のマーケティング手法やセールストークの指導もしくは別事業（自動車販売業・不動産業等）に関する指導を行うにとどまる場合は、基本的には、「保険募集人指導事業」には該当しない

ものと考えられる。

　他方、それが「保険募集の業務の方法又は条件に関する重要な事項」に係るものである場合には、マーケティング手法やセールストークの指導も、「保険募集人指導事業」に該当する場合があるものと考えられる。いずれにせよ、具体的にどのような場合が「保険募集人指導事業」に該当するかについては、個別具体的な事情に則して判断されるべきものと考えられる。

　また、「保険募集人指導事業」に関する業務については、一義的には、同事業を行う保険募集人自身に体制整備が求められるものであるが、保険会社においては、当該保険募集人に対して、適切な保険募集を行うよう教育・管理・指導を行うなかで、適切な保険募集人指導事業を行うことを求めたり、不適切な事象が判明した場合は適切な対処等を求めることが望ましいと考える。[PC.571]

　なお、フランチャイザーである保険募集人からフランチャイジーである保険募集人に対し、保険募集に関する指導が行われることとなるが、監督指針Ⅱ-4-2-9(7)①（注2）に規定したとおり、これをもって、保険会社における（フランチャイジーである）保険募集人への教育・管理・指導の責任が免除されるものではない。保険会社から（フランチャイジーである）保険募集人への直接の教育・管理・指導は不可欠であり、保険募集人指導事業を行う保険募集人の指導と相まって適切な保険募集を行わせる態勢を構築する必要があると考える。[PC.572]

(6) 保険募集人に対する行政上の対応について

　保険募集人の体制整備の状況に問題があると認められたときは、必要に応じて、保険業法第305条に基づき報告を求め、重大な問題があると認められる場合には、保険業法第306条または第307条第1項に基づき行政処分を行う（監督指針Ⅱ-4-2-9(9)）こととなる。

　これらの行政権限については、今般の改正保険業法によって新たに規定されたものではないが、保険募集人の体制整備義務の導入に伴い想定される行政上の対応として、監督指針上で明確化を図ったものである。

第6節 特定保険募集人に係る義務
（帳簿書類の作成・保存義務／事業報告書の作成・提出義務）

　保険代理店の大型化が進展しつつあり、かかる代理店は、所属保険会社等からの独立性が高く、従来の所属保険会社等を通じた方法では募集形態の実態把握が類型的に困難となっている。そこで所属保険会社の数が多い等、一定の要件を満たす保険募集人に対する監督上の措置の必要性に関して、WG報告書では以下のような記載がなされている。

> 2－3－2　乗合代理店に係る規制について
> 　また、追加的ルールの導入に伴い、監督の実効性を確保するため、例えば乗合数の多い代理店など一定の要件を満たす代理店には業務に関する報告書の提出を義務づける等、監督当局が乗合代理店の募集形態や販売実績等を把握するための措置を講じることが適当である。

　これを受けた改正保険業法においては、複数の保険会社の商品を取り扱う規模の大きな乗合代理店（規模の大きな特定保険募集人）に対して、帳簿書類の作成・保存（保険業法第303条）や事業報告書の提出（保険業法第304条）を義務づけることとされた。（図表3－21参照）

a　保険業法第303条でいう「特定保険募集人」について

　これらの義務主体となる「規模の大きな特定保険募集人」について、WG報告書では、例示として「乗合数の多い代理店」が示されているが、乗合保険会社の数のみでは、当該代理店の規模を必ずしも正確に表しておらず、他の要件もあわせて判断する必要があると考えられたことから、規則第236条の2においては、直近の事業年度末において、以下のいずれかに該当するも

のと定義することとした。
① 所属保険会社等の数が15社以上
② 所属保険会社等の数が2社以上で、当該事業年度において所属保険会社

図表3−21　特定保険募集人に係る「事業報告書」の提出および帳簿書類の備付義務の考え方について②【保険業法第303条、第304条関係】

> 所属保険会社等からの独立性が高いなど、所属保険会社等においても募集形態の実態把握が困難な規模の大きな特定保険募集人について、当局による監督強化の一環として帳簿書類の備付けおよび「事業報告書」の提出を義務づけ。

▼

規模の大きな特定保険募集人の基準（規則第236条の2関係）

規模の大きな保険募集人の基準は、事業年度末において、以下のいずれかに該当する保険募集人をいう。
① 所属保険会社等の数が15社以上（※所属生命保険会社等、所属損害保険会社等、所属少額短期保険業者等のそれぞれの数（②も同様））
② 所属保険会社等の数が2社以上で、当該事業年度において所属保険会社等から受けた手数料、報酬等の総額が10億円以上

規模の大きな特定保険募集人に係る義務の内容　※社内規則等に帳簿書類の作成および保存の方法を具体的に規定

1．帳簿書類の作成・保存（規則第237条、同第237条の2関係）
　・帳簿書類の内容は、①保険契約に係る締結年月日、②保険会社名、③保険料、④保険募集人が受けた手数料等の額
　・保存期間は、保険契約の締結の日から5年間・施行後に開始する事業年度開始日から備え付けることが必要
2．事業報告書の提出（規則第238条（別紙様式第25号の2、別紙様式第25号の3）関係）
　・事業報告書の内容は、代理店登録年月日、代理申請会社、取扱保険契約等の状況、保険募集人指導事業の実施状況、保険募集に係る苦情の発生状況等
　・様式を法人・個人に分けて各々定めており、当該様式に記載のうえ、施行後に開始する事業年度末から3カ月以内に管轄財務局長等への提出が必要

（資料）　金融庁保険課作成

等から受けた手数料、報酬、その他の対価の額が10億円以上

　①・②については、生命保険・損害保険・少額短期保険ごとに判断するものであり、たとえば、直近の事業年度末における所属保険会社の数が生命保険会社10社、損害保険会社5社の場合には①には該当しないこととなる。一方、生命保険・損害保険・少額短期保険の3業態のうち、1つでも基準合致した場合には、3業態すべての業態について帳簿書類の作成・保存や事業報告書の提出が必要となる。[PC.132]（図表3-22参照）

　なお、この基準に該当する保険募集人を、保険業法第303条（および規則第236条の2）において「特定保険募集人」と定義しているが、当該定義は、帳簿書類の作成保存等を義務づける規定に係る部分（具体的には、保険業法第303条、規則第236条、第236条の2、第238条）に限って用いられている。すなわち、この「特定保険募集人」は、内閣総理大臣の登録が必要な者を定めた保険業法第276条に規定する「特定保険募集人（生命保険募集人、損害保険代理店又は少額短期保険募集人（特定少額短期保険募集人を除く。））」とは別のものである。この区別を明確にするため、本書においては、以下、保険業法第303条（および規則第236条の2）において定める「特定保険募集人」を、「規模の大きな特定保険募集人」と呼ぶことにする。

　規模の大きな特定保険募集人は、事業年度末における上記①・②の要件の充足性に照らして該当・非該当を判断するものであり、要件を充足した場合には当該事業年度末から規模の大きな特定保険募集人となる。すなわち、ある事業年度末に規模の大きな特定保険募集人の要件を満たすこととなった者は、当該事業年度末の翌日から保険業法第303条に規定する帳簿書類を作成・保存する必要があり、また、当該事業年度末の翌日から3カ月以内に保険業法第304条に規定する事業報告書（当該事業年度末に係る事業年度の事業報告書）を作成・提出することが必要となる。

　また、それまで規模の大きな特定保険募集人であった者が、ある事業年度末で上記の要件を満たさなくなった場合には、当該事業年度末をもって規模の大きな特定保険募集人ではなくなる。その結果として、当該事業年度末の

翌日以降、保険業法第303条に規定する帳簿書類の保存義務がなくなり、従前、保険業法第303条に基づき保存してきた帳簿書類を引き続き保存する義務も消滅し、また、保険業法第304条に規定する事業報告書（当該事業年度末に係る事業年度の事業報告書）を作成・提出する必要はなくなることとなる。[PC.139]

なお、保険業法第304条に規定する事業報告書の提出については、改正保険業法（附則第2条第3項）において、「この法律の施行の日（平成28年5月29日）以後に開始する事業年度に係る事業報告書について適用する」との経過措置が設けられている。

b 「所属保険会社等の数」について

規則第236条の2でいう「所属保険会社等の数」とは、商品の新規販売の有無にかかわらず、事業年度末において、代理店委託契約を締結している所属保険会社等（所属生命保険会社等、所属損害保険会社等、所属少額短期保険業者）の数である。[PC.133、144]

「所属保険会社等の数」については、図表3－23の例のとおりであり、生命保険、損害保険、少額短期保険のそれぞれの業態ごとに判定し、いずれかの業態で該当すれば、「規模の大きい特定保険募集人」となり、すべての業態について帳簿書類の備付け、事業報告書の作成・提出が必要となる。

また、A保険会社がB保険会社の再委託者となって、A保険会社自らも保険募集を委託している保険代理店Cに対して再委託を行う場合、保険代理店Cについては、所属保険会社等は、委託者たるA保険会社と再委託者たるB保険会社の2社とされることに注意が必要である。

c 「手数料、報酬その他の対価の額」について

規則第236条の2第2号でいう「手数料、報酬その他の対価の額」とは、保険募集に関して保険募集人が保険会社から収受しているすべての金銭（加入勧奨に係る金銭の収受があればそれを含む）をいうものである。[PC.137]

他方、たとえば自動車ディーラーが保険代理店であったとして、所属保険会社に社有車として自動車を販売した際の自動車売買代金は、保険募集に関

図表 3−22 特定保険募集人に係る「事業報告書」の提出および帳簿書類の備付義務の考え方について①
【保険業法第303条、304条関係】

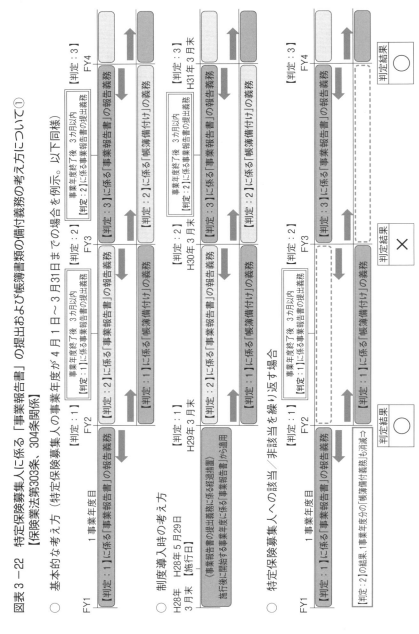

(資料) 金融庁保険課作成

図表 3-23 「所属保険会社等の数」と該当の有無

	生命保険	損害保険	少額短期保険	合 計		該当有無
例1	14社	9社	13社	36社	⇒	非該当（注）
例2	15社	1社	2社	18社		該当

（注） 各業態における「手数料・報酬等の合計額が10億円未満の場合」

して収受した金銭ではないことから、「手数料、報酬その他の対価の額の総額」には含まれない。

また、保険代理店の適正化に伴う、いわゆる「3者間契約スキーム」において、統括代理店Cが、被統括代理店Dの分も含めて代理店手数料を受領しているという場合、統括代理店Cの行為が、単に、事務手続きの効率化のために、便宜的に被統括代理店Dの手数料を受け取っているのにとどまるのであれば、当該受領額は、統括代理店Cが所属保険会社から収受した「手数料、報酬その他の対価の額」の計算には含まない。

なお、自賠責保険、海上保険（船舶・貨物）に係る手数料等も「手数料、報酬その他の対価の額」に含まれる。[PC.158]

また、ある保険募集人において、法人としては1つの法人であるが、主たる事務所と従たる事務所が別個に保険募集人登録されているという場合における「規模の大きな特定保険募集人」の該当・非該当の判定については、1つの法人単位で判断することとなる。[PC.154]

d 帳簿書類作成・保存義務（保険業法第303条関係）について

(a) 帳簿書類の作成・保存の方法等について

規模の大きな特定保険募集人は、事務所ごとに、その業務に関する帳簿書類を備え、保険契約者ごとに保険契約の締結年月日や保険料、手数料等を記載し、保険契約締結の日から5年間、適切に保存しなければならない。（保険業法第303条、規則第237条）

帳簿書類の備付けについては、改正保険業法第303条では「保険契約者ご

とに保険契約の締結の年月日その他の内閣府令で定める事項を記載し」と規定され、規則第237条の2においては、「法303条に規定する内閣府令で定める事項は、特定保険募集人にあっては、所属保険会社等ごとに、次に掲げる事項とする」と規定されていることから、規模の大きな特定保険募集人においては、「保険契約者ごと」、かつ、「所属保険会社等ごと」に、規則第237条の2に規定される事項を記載した帳簿書類を作成し、適切に保存しなければならないこととなる。［PC.574］

規模の大きな特定保険募集人における帳簿書類の保存期間については、規則第237条第1項において「保険契約の締結の日から5年間」と規定されている。したがって、たとえば自動車保険などの、保険期間が5年に満たない短期の保険契約にあっては、保険契約が更新（更改）された後も、契約締結から5年間は更新（更改）前の契約に係る帳簿書類を適切に保存する必要がある。

なお、同条第2項に規定する保険仲立人の業務に関する帳簿書類の保存期間については、「保険契約が消滅した日から5年間」となっており、両者の保存期間（5年間）の起算時点が異なる。かかる相異は、保険契約は、保険者である保険会社と保険契約者の間で締結される契約であり、保険募集人は、必ずしも、保険契約の消滅日を知りえないことを想定し、起算時点を契約開始時点としたのに対し、保険仲立人には、当該帳簿書類に記載する事項（規則第237条の2第2項）などを踏まえた場合、「保険契約が消滅した日」を知りえることから、改正保険業法においては、特段の改正を行わないこととした結果生じたものである。

ここでいう、帳簿書類を備え付ける必要がある「事務所」とは、保険募集人が在籍する事務所を指す。したがって、保険募集人が在籍しない事務所には帳簿を備え付ける必要はないが、店舗が複数あり、それぞれに保険募集人が在籍している場合には、その店舗ごとに帳簿書類を備え付ける必要がある。ただし、必ずしも事務所（店舗）ごとにそれぞれの帳簿を作成・保存することまでが求められるものではなく、本部が当該保険募集人全体のものと

して一括で作成した帳簿を各事務所（店舗）において保管することも認められる。[PC.575]

　なお、帳簿については、定められた様式はなく、規則第237条の2に規定される事項が網羅されているものであれば、様式等を特段問うものではない。[PC.150]

　監督指針においては、帳簿書類の作成・保存に関して、以下のとおり規定している。

II－4－2－10　帳簿書類

　法第303条に規定する特定保険募集人（以下、II－4－2－11において、「特定保険募集人」という。）は、社内規則等に、規則第237条の2第1項に規定する書類の作成及び保存の方法を具体的に定めるものとする。

　当規定は、規模の大きな特定保険募集人において、自らの実務に照らして適当と認められる方法等を社内規則等に定めたうえで、帳簿を適切に作成、保存することを求めたものである。

　実務上は、保険募集人と各保険会社との間の情報共有の仕方等も踏まえたうえで定めることになると考えられるが、たとえば、基本的に保険契約申込書を帳簿として用いるという対応、すなわち、契約成立後、所属保険会社から遅滞なく、当該書面の写しを入手し、適切に保存することにより、常時閲覧できる体制を整備するという手法も、手数料等、保険契約申込書には記載されていない項目をなんらかのかたちで補足し、求められる項目が網羅されていれば、認められると考える。[PC.577]

　また、帳簿書類の保管にあたっては、社内規則等に規定していれば、紙による保管のほか、内閣府の所管する「金融関連法令に係る民間事業者等が行う書面の保存等における情報通信の技術の利用に関する法律」施行規則に基づき、電磁的記録により保存するという対応も認められる。ただし、いずれにせよ、常時閲覧できる体制が整備されている必要があることに留意が必要

である。[PC.145、146]

　したがって、たとえば、保険代理店においては、規則第237条の2第1項第1号～第4号に規定する内容を満たすものであれば、所属保険会社が提供する専用画面で閲覧可能な状態を確保することを社内規則等に規定したうえで、適切に備え置くという対応も認められると考えられる。[PC.576]

(b)　帳簿書類の内容等について

　保険業法第303条に規定する帳簿書類に記載する事項については、規則第237条の2第1項に規定する以下の事項を所属保険会社等ごとに記載しなくてはならない。また、これらの事項については、一契約ごとに記載する必要がある。[PC.152]

　なお、以下各号の事項を別帳簿に記載して、あわせて保存することも可能である。（たとえば、第1号から第3号まで記載した帳簿と第4号を記載した帳簿を別に保存。）

① 　保険契約の締結の年月日（第1号）
② 　保険契約の引受けを行う保険会社等または外国保険会社等の商号または名称（第2号）
③ 　保険契約に係る保険料（第3号）
④ 　保険募集に関して当該特定保険募集人が受けた<u>手数料、報酬その他の対価の額</u>（第4号）

(c)　文中の用語解説（補足）

　1)　「保険契約の締結の年月日」について

　「① 　保険契約の締結の年月日」については、契約日をいう。[PC.153]

　2)　「手数料、報酬その他の対価の額」について

　規則第237条の2第1項第1号～第4号に規定する項目（上記①～④）は、いずれも帳簿書類において保険契約者ごとに記載しなくてはならない事項であるが、「④　保険募集に関して当該特定保険募集人が受けた手数料、報酬その他の対価の額」（第4号）にある「手数料、報酬その他の対価の額」については、複数の保険契約者に係るものが合算して支払われる場合もあると

考えられる。仮に、このように保険契約者ごとに特定できない対価があった場合であっても、保険募集に関して受けた対価であれば、「手数料、報酬その他の対価の額」に該当しうるもの［PC.134］であり、その記載にあたっては、たとえば、ボーナスコミッションなどについては、保険契約者ごとに按分して記載することが望ましいと考えられるが、按分することが困難な場合には、まとめて記載することも認められると考える。［PC.151］

また、当該金額については、税込み、税抜きのどちらの表示であるかわかるように記載されていれば、どちらの表示であっても問題ないものと考える。［PC.153］

　e　事業報告書の作成・提出義務（保険業法第304条関係）

規模の大きな特定保険募集人は、事業年度ごとに、規則に定める別紙様式（法人である場合は、別紙様式第25号の2、個人である場合は、別紙様式第25号の3）により、「事業報告書」を作成し、毎事業年度経過後3カ月以内に内閣総理大臣[12]に提出しなければならない（保険業法第304条、規則第238条）。

なお、ある規模の大きな特定保険募集人が、法人としては1つであるが、複数の事務所が異なる財務（支）局において別個に登録されているという場合には、1つの法人として集計した事業報告書を作成することが原則であるが、そうした対応が困難な場合には、当該複数の事務所ごとに集計・作成したものを束ねて、本店の所在する財務（支）局に提出するとの対応も認められる。［PC.154］

なお、事業報告書の作成に際しては、保険会社から提供されるデータを使用することも許容される。［PC.162］

---

[12] 「事業報告書」の提出については、法令上、内閣総理大臣となっているが、当該報告書の受理権限は、保険業法第313条に基づき内閣総理大臣から金融庁長官へ委任されており、さらに、保険業法施行令第49条第1項第3号に基づき金融庁長官から財（支）務局長に委任されている。したがって、規模の大きな特定保険募集人は、当該特定保険募集人の主たる事務所の所在地を管轄する財務局長（当該所在地が福岡財務支局の管轄区域内にある場合にあっては、福岡財務支局長）に提出することとなる。

別紙様式第25号の2（第238条第1項関係）（法人の場合）

（日本工業規格Ａ４）

事 業 報 告 書（　　　年度）
（　年　月　日から　年　月　日まで）

　　　　　　　　　　　　　　　　　　　　　　　　　　　　年　月　日提出

財務（支）局長　殿

　　　　　　　　　　　　　　　　　　郵便番号（　　－　　）
　　　　　　　　　　　　　　　　　　住　　所
　　　　　　　　　　　　　　　　　　電話番号（　　　）　－
　　　　　　　　　　　　　　　　　　商号又は名称
　　　　　　　　　　　　　　　　　　代表者又は管理人の氏名　　　印

１．事業概要

(1)保険代理店登録年月日
　　［生命保険：
　　　損害保険：
　　　少額短期保険：　　　　　　　］
(2)代理申請会社（業者）名
　　［生命保険：
　　　損害保険：
　　　少額短期保険：　　　　　　　］
(3)専業・兼業の別（兼業の場合は、主たる業種名）

(4)役員及び使用人の状況

役員			使用人	合計
常勤	非常勤	小計		
名	名	名	名	名

保険募集を行う者として登録又は届け出ている人数	役員	使用人			合計
		生命保険	損害保険	少額短期保険	
	名	名	名	名	名

(5)事務所の状況

名　称	所在地	保険募集に従事する役員及び使用人	備　考
主たる事務所		名	
計　　　店		計　　　名	

（記載上の注意）
　事務所の状況を記載した適切な書面がある場合は、その書面をもってこれに代えることができる。

(6) 委託を受けている保険会社数の推移（直近3カ年度）

（単位：社）

	○年度	○年度	○年度
生 命 保 険			
損 害 保 険			
少 額 短 期 保 険			
合　　　　　計			

(7) 比較・推奨販売の方法について、以下の（ア）、（イ）のうち適当なものを選択してください。

（ア） 商品特性や保険料水準等の客観的な基準や理由等により、保険商品を絞り込んで、顧客に提示している。
（イ） 商品特性や保険料水準等の客観的な基準や理由等に基づくことなく、保険商品を絞り込んで、顧客に提示している。

(記載上の注意)
　事務所や商品分野によって販売方法が異なるなど、一つの選択により難い場合には、実態に応じて複数選択し、必要に応じ、簡潔に補足すること。

２．取扱保険契約等の状況
(1) 取扱保険商品数等
ア．生命保険

	取扱商品数	取扱保険会社名
1		
2		
3		
4		
5		
6		
7		
8		
9		
10		
11		
12		
13		
14		
15		

(記載上の注意)
1．取扱保険会社が15社以上ある場合は、行を追加して記載すること。
2．保険代理店における取扱商品数（いわゆるペットネーム単位）を記載すること。
3．取扱商品数が多い順に記載すること（取扱商品数が同数である場合は、契約件数が多いほうを上位に記載すること）。

イ．損害保険

	取扱商品数	取扱保険会社名
1		
2		
3		
4		
5		
6		
7		
8		
9		
10		
11		
12		
13		
14		
15		

（記載上の注意）
1．取扱保険会社が15社以上ある場合は、行を追加して記載すること。
2．保険代理店における取扱商品数（いわゆるペットネーム単位）を記載すること。
3．取扱商品数が多い順に記載すること（取扱商品数が同数である場合は、契約件数が多いほうを上位に記載すること）。

ウ．少額短期保険

	取扱商品数	取扱少額短期保険業者名
1		
2		
3		
4		
5		
6		
7		
8		
9		
10		
11		
12		
13		
14		
15		

（記載上の注意）
1．取扱少額短期保険業者が15社以上ある場合は、行を追加して記載すること。
2．保険代理店における取扱商品数（いわゆるペットネーム単位）を記載すること。
3．取扱商品数が多い順に記載すること（取扱商品数が同数である場合は、契約件数が多いほうを上位に記載すること）。

(2) 取扱保険契約等の内訳（直近3カ年度）

ア．生命保険

区分	保険種類	生命保険									備考
		○年度			○年度			○年度			
		法人	個人	合計	法人	個人	合計	法人	個人	合計	
契約件数 （件）	死亡保険										
	生死混合保険										
	生存保険										
	第三分野										
	年金										
	その他										
保険料 （百万円）	死亡保険										
	生死混合保険										
	生存保険										
	第三分野										
	年金										
	その他										
募集手数料 （百万円）	死亡保険										
	生死混合保険										
	生存保険										
	第三分野										
	年金										
	その他										

（記載上の注意）
1．特約については、主契約の保険種類にまとめて記載すること。
2．複数の保障が混合された商品等について、保険種類への分類が困難な場合は、その他に記載すること。また、その場合は、備考に概要を簡潔に記載すること。
3．法人・個人の区分について、正確な把握・区分が困難な場合には、合計に全体値を記載し、備考に把握可能な範囲での法人・個人の割合を併記すること。
4．保険料にかかる記載は、実収保険料を記載すること。
5．募集手数料（報酬、その他の対価の額を含む。）は、保険会社から提供される手数料等支払明細書等に基づき記載すること。

イ．損害保険

区分	保険種類	損害保険									備考
		○年度			○年度			○年度			
		法人	個人	合計	法人	個人	合計	法人	個人	合計	
契約件数 （件）	自動車保険										
	火災保険										
	傷害保険										
	（その他）新種										
保険料 （百万円）	自動車保険										
	火災保険										
	傷害保険										
	（その他）新種										
募集手数料 （百万円）	自動車保険										
	火災保険										
	傷害保険										
	（その他）新種										

（記載上の注意）
1．（その他）新種には、自賠責保険・海上保険（船舶・貨物）を除いた数値を記載すること。
2．法人・個人の区分について、正確な把握・区分が困難な場合には、合計に全体値を記載し、備考に把握可能な範囲での法人・個人の割合を併記すること。
3．保険料にかかる記載は、成績保険料を記載すること。
4．募集手数料（報酬、その他の対価の額を含む。）は、保険会社から提供される手数料等支払明細書等に基づき記載すること。

ウ．少額短期保険

区　分	保険種類	少額短期保険									備　考
		○年度			○年度			○年度			
		法人	個人	合計	法人	個人	合計	法人	個人	合計	
契約件数 （件）	生命保険										
	損害保険										
	第三分野										
	その他										
保険料 （百万円）	生命保険										
	損害保険										
	第三分野										
	その他										
募集手数料 （百万円）	生命保険										
	損害保険										
	第三分野										
	その他										

（記載上の注意）
1．特約については、主契約の保険種類にまとめて記載すること。
2．複数の保障が混合された商品等について、保険種類への分類が困難な場合は、その他に記載すること。また、その場合は、備考に概要を簡潔に記載すること。
3．法人・個人の区分について、正確な把握・区分が困難な場合には、合計に全体値を記載し、備考に把握可能な範囲での法人・個人の割合を併記すること。
4．保険料にかかる記載は、収受した金額を記載すること。
5．募集手数料（報酬、その他の対価の額を含む。）は、少額短期保険業者から提供される手数料等支払明細書等に基づき記載すること。

(3)取扱保険商品の月別契約件数等の状況（直近年度）

ア．生命保険

取扱保険会社名												
保険商品名		○月	○月	○月	○月	○月	○月	○月	○月	○月	○月	○月	○月
契約件数 （件）	新契約												
	保有契約												
	合計												
保険料 （百万円）	新契約												
	保有契約												
	合計												
募集手数料 （百万円）	新契約												
	保有契約												
	合計												
（備　考）													

（記載上の注意）
1．取り扱っている保険会社の保険商品について、上記の明細を保険商品名ごとに作成すること。ただし、保険商品名ごとに正確な把握・区分が困難な場合には、当該取扱保険商品が属する「保険種類」を保険商品名の欄に記載のうえ、当該数値を合計欄に記載すること。その場合には、正確な把握・区分が困難である理由を備考に簡潔に記載すること。
2．契約件数のうち、新契約については「月内の状況」、保有契約については「月末時点の状況」を記載すること。ただし、新契約・保有契約の正確な把握・区分が困難な場合には、それらを合算して合計欄に記載すること。
3．保険料にかかる記載は、実収保険料を記載すること。
4．募集手数料（報酬、その他の対価の額を含む。）は、保険会社から提供される手数料等支払明細書等に基づき、受収した月の手数料額を記載すること。

イ．損害保険

取扱保険会社名													
保険商品名		○月	○月	○月	○月	○月	○月	○月	○月	○月	○月	○月	○月
契約件数 （件）	新契約												
	更改(更新)契約												
	合計												
保険料 （百万円）	新契約												
	更改(更新)契約												
	合計												
募集手数料 （百万円）	新契約												
	更改(更新)契約												
	合計												
（備考）													

（記載上の注意）
1．取り扱っている保険会社の保険商品について、上記の明細を保険商品名ごとに作成すること。ただし、保険商品名ごとに正確な把握・区分が困難な場合には、当該取扱保険商品が属する「保険種類」を保険商品名の欄に記載のうえ、当該数値を合計欄に記載すること。その場合には、正確な把握・区分が困難である理由を備考に簡潔に記載すること。
2．契約件数のうち、新契約については「月内の状況」、更改（更新）契約については「月末時点の状況」を記載すること。ただし、新契約・更改（更新）契約の正確な把握・区分が困難な場合には、それらを合算して合計欄に記載すること。
3．保険料にかかる記載は、成績保険料を記載すること。
4．募集手数料（報酬、その他の対価の額を含む。）は、保険会社から提供される手数料等支払明細書等に基づき、収受した月の手数料額を記載すること。
5．第3分野における保険期間が1年超の契約については、「ア．生命保険」に記載すること。

ウ．少額短期保険

取扱少額短期保険業者名													
保険商品名		○月	○月	○月	○月	○月	○月	○月	○月	○月	○月	○月	○月
契約件数 （件）	新契約												
	更改(更新)契約												
	合計												
保険料 （百万円）	新契約												
	更改(更新)契約												
	合計												
募集手数料 （百万円）	新契約												
	更改(更新)契約												
	合計												
（備考）													

（記載上の注意）
1．取り扱っている少額短期保険業者の保険商品について、上記の明細を保険商品名ごとに作成すること。ただし、保険商品名ごとに正確な把握・区分が困難な場合には、当該取扱保険商品が属する「保険種類」を保険商品名の欄に記載のうえ、当該数値を合計欄に記載すること。その場合には、正確な把握・区分が困難である理由を備考に簡潔に記載すること。
2．契約件数のうち、新契約については「月内の状況」、更改（更新）契約については「月末時点の状況」を記載すること。ただし、新契約・更改（更新）契約の正確な把握・区分が困難な場合には、それらを合算して合計欄に記載すること。
3．保険料にかかる記載は、収受した金額を記載すること。
4．募集手数料（報酬、その他の対価の額を含む。）は、少額短期保険業者から提供される手数料等支払明細書等に基づき、収受した月の手数料額を記載すること。

3．保険募集人指導事業の実施状況等
(1)加盟店数の推移の状況（直近3カ年度）
(単位：店数)

○年度	○年度	○年度

(2)フランチャイザーによるフランチャイジーに対する教育・管理・指導の状況

(記載上の注意)
　保険募集指導方針等を記載した適切な書面がある場合は、その書面をもってこれに代えることができる。

4．保険募集にかかる苦情の発生件数（直近3カ年度）
(単位：件)

	○年度	○年度	○年度
生 命 保 険			
損 害 保 険			
少額短期保険			

(記載上の注意)
　上記1．から4．までにおいて、「記載上の注意」に沿った記載が困難な場合は、対応可能な記載方法を注記することで、その方法により記載することもできる。

別紙様式第25号の3（第238条第１項関係）（個人の場合）

（日本工業規格Ａ４）

事 業 報 告 書（　　年度）
（　年　月　日から　年　月　日まで）

年　月　日提出

財務（支）局長　殿

　　　　　　　　　　　　　　　　　　郵便番号（　　－　　）
　　　　　　　　　　　　　　　　　　住　　所
　　　　　　　　　　　　　　　　　　電話番号（　　）　－
　　　　　　　　　　　　　　　　　　氏　　名　　　　　　印

１．事業概要

(1) 保険代理店登録年月日
　　［生 命 保 険：
　　　損 害 保 険：
　　　少額短期保険：　　　　　　］

(2) 代理申請会社（業者）名
　　［生 命 保 険：
　　　損 害 保 険：
　　　少額短期保険：　　　　　　］

(3) 専業・兼業の別（兼業の場合は、主たる業種名）

(4) 使用人の状況

使 用 人	うち保険募集を行う旨の登録又は届出をした者		
	生命保険	損害保険	少額短期保険
名	名	名	名

(5) 事務所の状況

名　称	所 在 地	保険募集に従事する使用人	備　考
主たる事務所		名	
計　　店		計　　名	

（記載上の注意）
　事務所の状況を記載した適切な書面がある場合は、その書面をもってこれに代えることができる。

(6) 委託を受けている保険会社数の推移（直近3カ年度）

(単位：社)

	○年度	○年度	○年度
生 命 保 険			
損 害 保 険			
少 額 短 期 保 険			
合　　　　　計			

(7) 比較・推奨販売の方法について、以下の（ア）、（イ）のうち適当なものを選択してください。

方法	

（ア） 商品特性や保険料水準等の客観的な基準や理由等により、保険商品を絞り込んで、顧客に提示している。

（イ） 商品特性や保険料水準等の客観的な基準や理由等に基づくことなく、保険商品を絞り込んで、顧客に提示している。

(記載上の注意)
　事務所や商品分野によって販売方法が異なるなど、一つの選択により難い場合には、実態に応じて複数選択し、必要に応じ、簡潔に補足すること。

2．取扱保険契約等の状況
(1) 取扱保険商品数等
ア．生命保険

	取扱商品数	取扱保険会社名
1		
2		
3		
4		
5		
6		
7		
8		
9		
10		
11		
12		
13		
14		
15		

(記載上の注意)
1．取扱保険会社が15社以上ある場合は、行を追加して記載すること。
2．保険代理店における取扱商品数（いわゆるペットネーム単位）を記載すること。
3．取扱商品数が多い順に記載すること（取扱商品数が同数である場合は、契約件数が多いほうを上位に記載すること）。

イ．損害保険

	取扱商品数	取扱保険会社名
1		
2		
3		
4		
5		
6		
7		
8		
9		
10		
11		
12		
13		
14		
15		

（記載上の注意）
1．取扱保険会社が15社以上ある場合は、行を追加して記載すること。
2．保険代理店における取扱商品数（いわゆるペットネーム単位）を記載すること。
3．取扱商品数が多い順に記載すること（取扱商品数が同数である場合は、契約件数が多いほうを上位に記載すること）。

ウ．少額短期保険

	取扱商品数	取扱少額短期保険業者名
1		
2		
3		
4		
5		
6		
7		
8		
9		
10		
11		
12		
13		
14		
15		

（記載上の注意）
1．取扱少額短期保険業者が15社以上ある場合は、行を追加して記載すること。
2．保険代理店における取扱商品数（いわゆるペットネーム単位）を記載すること。
3．取扱商品数が多い順に記載すること（取扱商品数が同数である場合は、契約件数が多いほうを上位に記載すること）。

(2)取扱保険契約等の内訳（直近3カ年度）
ア．生命保険

区　分	保険種類	生命保険 ○年度 法人	個人	合計	○年度 法人	個人	合計	○年度 法人	個人	合計	備　考
契約件数 （件）	死亡保険										
	生死混合保険										
	生存保険										
	第三分野										
	年金										
	その他										
保険料 （百万円）	死亡保険										
	生死混合保険										
	生存保険										
	第三分野										
	年金										
	その他										
募集手数料 （百万円）	死亡保険										
	生死混合保険										
	生存保険										
	第三分野										
	年金										
	その他										

（記載上の注意）
1．特約については、主契約の保険種類にまとめて記載すること。
2．複数の保障が混合された商品等について、保険種類への分類が困難な場合は、その他に記載すること。また、その場合は、備考に概要を簡潔に記載すること。
3．法人・個人の区分について、正確な把握・区分が困難な場合には、合計に全体値を記載し、備考に把握可能な範囲での法人・個人の割合を併記すること。
4．保険料にかかる記載は、実収保険料を記載すること。
5．募集手数料（報酬、その他の対価の額を含む。）は、保険会社から提供される手数料等支払明細書等に基づき記載すること。

イ．損害保険

区　分	保険種類	損害保険 ○年度 法人	個人	合計	○年度 法人	個人	合計	○年度 法人	個人	合計	備　考
契約件数 （件）	自動車保険										
	火災保険										
	傷害保険										
	（その他）新種										
保険料 （百万円）	自動車保険										
	火災保険										
	傷害保険										
	（その他）新種										
募集手数料 （百万円）	自動車保険										
	火災保険										
	傷害保険										
	（その他）新種										

（記載上の注意）
1．（その他）新種には、自賠責保険・海上保険（船舶・貨物）を除いた数値を記載すること。
2．法人・個人の区分について、正確な把握・区分が困難な場合には、合計に全体値を記載し、備考に把握可能な範囲での法人・個人の割合を併記すること。
3．保険料にかかる記載は、成績保険料を記載すること。
4．募集手数料（報酬、その他の対価の額を含む。）は、保険会社から提供される手数料等支払明細書等に基づき記載すること。

ウ．少額短期保険

区　分	保険種類	少額短期保険									備　考
		○年度			○年度			○年度			
		法人	個人	合計	法人	個人	合計	法人	個人	合計	
契約件数 （件）	生命保険										
	損害保険										
	第三分野										
	その他										
保険料 （百万円）	生命保険										
	損害保険										
	第三分野										
	その他										
募集手数料 （百万円）	生命保険										
	損害保険										
	第三分野										
	その他										

（記載上の注意）
1．特約については、主契約の保険種類にまとめて記載すること。
2．複数の保障が混合された商品等について、保険種類への分類が困難な場合は、その他に記載すること。また、その場合は、備考に概要を簡潔に記載すること。
3．法人・個人の区分について、正確な把握・区分が困難な場合には、合計に全体値を記載し、備考に把握可能な範囲での法人・個人の割合を併記すること。
4．保険料にかかる記載は、収受した金額を記載すること。
5．募集手数料（報酬、その他の対価の額を含む。）は、少額短期保険業者から提供される手数料等支払明細書等に基づき記載すること。

(3) 取扱保険商品の月別契約件数等の状況（直近年度）
ア．生命保険

取扱保険会社名													
保険商品名													
		○月	○月	○月	○月	○月	○月	○月	○月	○月	○月	○月	○月
契約件数 （件）	新契約												
	保有契約												
	合計												
保険料 （百万円）	新契約												
	保有契約												
	合計												
募集手数料 （百万円）	新契約												
	保有契約												
	合計												
（備　考）													

（記載上の注意）
1．取り扱っている保険会社の保険商品について、上記の明細を保険商品名ごとに作成すること。ただし、保険商品名ごとに正確な把握・区分が困難な場合には、当該取扱保険商品が属する「保険種類」を保険商品名の欄に記載のうえ、当該数値を合計欄に記載すること。その場合には、正確な把握・区分が困難である理由を備考に簡潔に記載すること。
2．契約件数のうち、新契約については「月内の状況」、保有契約については「月末時点の状況」を記載すること。ただし、新契約・保有契約の正確な把握・区分が困難な場合には、それらを合算して合計欄に記載すること。
3．保険料にかかる記載は、実収保険料を記載すること。
4．募集手数料（報酬、その他の対価の額を含む。）は、保険会社から提供される手数料等支払明細書等に基づき、収受した月の手数料額を記載すること。

イ．損害保険

取扱保険会社名												
保 険 商 品 名		○月	○月	○月	○月	○月	○月	○月	○月	○月	○月	○月
契約件数 (件)	新 契 約											
	更改(更新)契約											
	合 計											
保 険 料 (百万円)	新 契 約											
	更改(更新)契約											
	合 計											
募集手数料 (百万円)	新 契 約											
	更改(更新)契約											
	合 計											
(備　考)												

(記載上の注意)
1．取り扱っている保険会社の保険商品について、上記の明細を保険商品名ごとに作成すること。ただし、保険商品名ごとに正確な把握・区分が困難な場合には、当該取扱保険商品が属する「保険種類」を保険商品名の欄に記載のうえ、当該数値を合計欄に記載すること。その場合には、正確な把握・区分が困難である理由を備考に簡潔に記載すること。
2．契約件数のうち、新契約については「月内の状況」、更改（更新）契約については「月末時点の状況」を記載すること。ただし、新契約・更改（更新）契約の正確な把握・区分が困難な場合には、それらを合算して合計欄に記載すること。
3．保険料にかかる記載は、成績保険料を記載すること。
4．募集手数料（報酬、その他の対価の額を含む。）は、保険会社から提供される手数料等支払明細書等に基づき、収受した月の手数料額を記載すること。
5．第3分野における保険期間が1年超の契約については、「ア．生命保険」に記載すること。

ウ．少額短期保険

取扱少額短期保険業者名												
保 険 商 品 名		○月	○月	○月	○月	○月	○月	○月	○月	○月	○月	○月
契約件数 (件)	新 契 約											
	更改(更新)契約											
	合 計											
保 険 料 (百万円)	新 契 約											
	更改(更新)契約											
	合 計											
募集手数料 (百万円)	新 契 約											
	更改(更新)契約											
	合 計											
(備　考)												

(記載上の注意)
1．取り扱っている少額短期保険業者の保険商品について、上記の明細を保険商品名ごとに作成すること。ただし、保険商品名ごとに正確な把握・区分が困難な場合には、当該取扱保険商品が属する「保険種類」を保険商品名の欄に記載のうえ、当該数値を合計欄に記載すること。その場合には、正確な把握・区分が困難である理由を備考に簡潔に記載すること。
2．契約件数のうち、新契約については「月内の状況」、更改（更新）契約については「月末時点の状況」を記載すること。ただし、新契約・更改（更新）契約の正確な把握・区分が困難な場合には、それらを合算して合計欄に記載すること。
3．保険料にかかる記載は、収受した金額を記載すること。
4．募集手数料（報酬、その他の対価の額を含む。）は、少額短期保険業者から提供される手数料等支払明細書等に基づき、収受した月の手数料額を記載すること。

3．保険募集人指導事業の実施状況等
(1)加盟店数の推移の状況（直近3カ年度）　　　　　　　　　　　　　　（単位：店数）

○年度	○年度	○年度

(2)フランチャイザーによるフランチャイジーに対する教育・管理・指導の状況

（記載上の注意）
　保険募集指導方針等を記載した適切な書面がある場合は、その書面をもってこれに代えることができる。

4．保険募集にかかる苦情の発生件数（直近3カ年度）
　　　　　　　　　　　　　　　　　　　　　　　　　　　　　　　　　（単位：件）

	○年度	○年度	○年度
生命保険			
損害保険			
少額短期保険			

（記載上の注意）
　上記1．から4．までにおいて、「記載上の注意」に沿った記載が困難な場合は、対応可能な記載方法を注記することで、その方法により記載することもできる。

(記載上の留意点)

1．共通（規則別紙様式第25号の2（法人の場合）／規則別紙様式第25号の3（個人の場合））

(1)　「2．取扱保険契約等の状況」「(1)取扱保険商品数等」
　　① 当表にある「取扱商品数」および「取扱保険会社名」の記載にあたっては、事業年度末時点のものを記載する必要がある。また、取扱商品のない保険会社の場合、取扱商品数を「0」として記載する必要がある。[PC.166]
　　② 当表の（記載上の注意）にある「2．保険代理店における取扱商品数（いわゆるペットネーム単位）を記載すること。」に関して、規模の大きな特定保険募集人にあっては、所属保険会社から販売を委託されており、保険料または手数料が発生している保険商品数をペットネーム単位で記載する必要がある。[PC.159]
　　　　また、販売を取りやめた商品についても、保険料または手数料が発生している場合には、取扱保険商品数に含める必要がある。ただし、手数料の発生がすでに終了している契約については省略することも可能である。[PC.157]
　　　　なお、事業報告書の作成を効率的に行う体制が整っていないなかで、ペットネーム単位での商品数の把握に莫大なコストが必要となる場合には、保険種類の数を記載することも認められる。ただし、その場合には、保険種類の数を記載したことを記載する必要がある。[PC.164]

(2)　「2．取扱保険契約等の状況」、「(2)取扱保険契約等の内訳（直近3カ年度）」
　　① ア．生命保険、イ．損害保険およびウ．少額短期保険に係る（記載上の注意）にある「募集手数料（報酬、その他の対価の額を含む。）」については、保険募集に関係のない手数料の計上は不要である。[PC.157]
　　　　これは、「(3)取扱保険商品の月別契約件数等の状況（直近年度）」においても同様である。
　　② ア．生命保険、イ．損害保険およびウ．少額短期保険に係る（記載上の注意）にある「募集手数料（報酬、その他の対価の額を含む。）」にある「その他の対価の額」とは、その名称を問わず、保険募集に関して特定保険募集人が保険会社から収受しているすべての金銭（加入勧奨に係る金銭の収受があればそれを含む）のうち、報酬および手数料以外のものをいう。[PC.165]

また、保険代理店が保険会社から提供を受ける以下の金銭は保険募集に関する報酬として、保険代理店は適切な推奨理由説明を行い、また、事業報告書に記載する必要がある。
・名目を問わず、販売促進を目的とした金銭
・名目を問わず、特定個社の商品販売が提供・継続の条件となっているもの等、実質的に募集に関する報酬と考えられるもの
　　これは、「(3)取扱保険商品の月別契約件数等の状況（直近年度）」においても同様である。
③　当表の記載にあたって、改正法の施行日以降、最初に提出する事業報告書において、仮に、過去３事業年度の数値を記載することが困難である場合には、必ずしも２年前、３年前の数値まで記載することを求めるものではない。
④　当表の「保険料」欄の記載に関して、外貨建て保険商品に係る取扱いについては、円換算して記入する必要があるが、為替レートの計算方法としては、たとえば、保険会社が定める契約時の為替レートで計算することも認められる。［PC.159］
　　これは、「(3)取扱保険商品の月別契約件数等の状況（直近年度）」においても同様である。
⑤　当表については、団体保険に係るものも記入する必要がある。［PC.159］
　　これは、「(3)取扱保険商品の月別契約件数等の状況（直近年度）」においても同様である。
⑥　ア．生命保険の（記載上の注意）に「４．保険料にかかる記載は、実収保険料を記載すること。」とあるが、ここでいう「実収保険料」とは、保険会社が現に収受した保険料であり［PC.162］、たとえば、平準払いの場合における未収保険料の計上は不要である。［PC.169］また、この場合、保険料の払い方に応じた年換算は要さない。共同募集の場合にあっては、実収保険料や手数料は、代理店分担割合で換算した保険料を報告する必要がある。［PC.165］
　　イ．損害保険の（記載上の注意）に「３．保険料にかかる記載は、成績保険料を記載すること。」とあるが、ここでいう「成績保険料」とは、保険会社が特定保険募集人の成績評価に用いる保険料をいう。［PC.162］
　　これらは、「(3)取扱保険商品の月別契約件数等の状況（直近年度）」においても同様である。

(3)「2．取扱保険契約等の状況」、「(3)取扱保険商品の月別契約件数等の状況（直近年度）」
　① 当表については、規模の大きな特定保険募集人が、所属保険会社から販売を委託されており、保険料または手数料が発生している保険契約について、保険商品ごとに記載する必要がある。
　　　ただし、手数料の発生がすでに終了している契約については省略することも可能である。
　　　なお、販売を取りやめた商品についても、保険料や手数料が発生している商品については、別紙様式に従い、「保有契約」として計上する必要がある。[PC.160]
　② 当表にある「契約件数」「保険料」「募集手数料」については、それぞれ「新契約」「保有契約」に区分されているが、当欄の記載にあたっては、たとえば、新規契約に係る契約件数については、契約月は「新契約」として計上し、翌月以降は「保有契約」として計上する。[PC.165] 既契約の延長（更改）の場合には、「保有契約」に計上する。[PC.169]
　③ 当該特定保険募集人の取扱契約において、中途解約等が生じ、手数料等を保険会社へ返却する必要が生じた場合で、返却する手数料等が受け取る手数料等よりも多い場合は、マイナス表示で記入する必要がある。[PC.159]
(4)「4．保険募集にかかる苦情の発生件数（直近3カ年度）」
　当表の記載にあたっては、当該保険募集人が受け付けた苦情件数のほか、保険会社等が受け付けた苦情について、保険会社から連携されている場合には、その件数も計上する必要がある。[PC.168]

2．規則別紙様式第25号の2（法人の場合）関係
　「1．事業概要」「(4)役員及び使用人の状況」
　当表は、当該代理店において保険募集に従事する役員および使用人の人数を記載するものであるが、その人数には、派遣社員も含まれる。[PC.162]

f　規模が大きい特定保険募集人における「帳簿書類の保存」（改正保険業法第303条）や「事業報告書の提出」（同法第304条）に係る保険会社の対応について

　保険募集人に対する体制整備義務の導入については、今後、保険募集人自らが規模や業務特性に応じた体制整備を図ることにより、これまで保険会社等が行ってきた保険募集人に対する教育・管理・指導と相まって、いっそう適切な保険募集が行われることが期待されている。

　また、規模が大きい特定保険募集人（同法第303条）においては、今後は、「帳簿書類の保存」（同条）や「事業報告書の提出」（同法第304条）に係る対応が必要となる。

　当該特定保険募集人においては、「帳簿書類」の保存および「事業報告書」の作成・提出にあたって、複数の保険会社等から提出される数値や資料等を活用することも考えられることから、金融庁としては、保険会社等を会員とする保険業界団体に対して、当該特定保険募集人による「帳簿書類」の適切な保存および「事業報告書」の効率的な作成・提出に資するよう、実務面等における配慮が必要となると考えられることを踏まえ、今後、保険募集人自らが行う体制整備に向けて引き続き、保険会社等における教育・管理・指導が適切かつ十分に行われるよう傘下会員に対する周知・徹底を求めたところである。

金監第1711号
平成27年5月27日

⎧ 一般社団法人　生命保険協会　会長　殿 ⎫
⎨ 一般社団法人　日本損害保険協会　会長　殿 ⎬
⎪ 一般社団法人　外国損害保険協会　会長　殿 ⎪
⎩ 一般社団法人　日本少額短期保険協会　会長　殿 ⎭

金　融　庁
監　督　局　保　険　課

改正保険業法の施行に向けた対応について

　日頃から保険監督行政に対しまして、ご理解をいただき感謝いたします。

　「保険業法等の一部を改正する法律」（平成26年法律第45号。以下、「改正法」という。）が成立・公布されたことを受けて、本日、関係政府令及び「保険会社向けの総合的な監督指針」のパブリック・コメントの結果を公表したところでございます。

　当該改正法の主な内容としましては、
　　1．「情報提供義務」の導入（改正法第294条関係）
　　2．「意向把握・確認義務」の導入（改正法第294条の2関係）
　　3．「保険募集人に対する体制整備義務」の導入（改正法第294条の3関係）

であり、今後、貴協会の傘下会員におかれましては、これらの新たに導入された義務の的確な履行に向けた適切な体制整備を図っていくこととなります。

　特に、上記3．にある「保険募集人に対する体制整備義務」の導入については、今後、保険募集人自らが規模や業務特性に応じた体制整備を図ることに加えて、これまで保険会社等が行ってきた保険募集人に対する教育・管理・指導とあいまって、一層適切な保険募集が行われることとなるものと考えます。

また、規模が大きい特定保険募集人（改正法第303条）においては、今後は、「帳簿書類の保存」（同条）や「事業報告書の提出」（改正法第304条）に係る対応が必要となります。

　当該特定保険募集人においては、「帳簿書類」の保存及び「事業報告書」の作成・提出にあたって、複数の保険会社等から提供される数値や資料等を活用することも考えられることから、傘下会員においては、当該特定保険募集人による「帳簿書類」の適切な保存及び「事業報告書」の効率的な作成・提出に資するよう、実務面等における配慮が必要となるものと考えられます。

　貴協会におかれましては、このような事情等を踏まえ、今後、保険募集人自らが行う体制整備に向けて、引き続き、保険会社等における教育・管理・指導が適切かつ十分に行われるよう、傘下会員に対する周知・徹底をお願いします。

(以上)

第7節
比較推奨販売に係る「情報提供義務」と「体制整備義務」について

 比較推奨販売に係る規制が導入された背景について

　近年、いわゆる「保険ショップ」といわれる乗合代理店（複数の保険会社と代理店委託契約を締結し、それら複数の保険会社の保険商品に係る保険募集を行う者）の増加が見受けられるが、このような乗合代理店においては、保険募集に際して、顧客に対して取り扱う複数保険会社の保険商品を比較して、各保険商品の保障（補償）内容や保険料などの保険商品上の特徴等を説明している場合がある。

　また、このような乗合代理店においては、取り扱う複数保険会社の保険商品のなかから、顧客の意向を聞いたうえで、保険商品を絞り込む社（者）がある一方で、代理店があらかじめ経営方針等に基づき顧客に対して提示・推奨する保険商品を決定している等によって、顧客に特定の保険商品（群）を勧めるといった手法による保険募集を行っている社（者）が見受けられるようになっている。

　こうした「保険ショップ」といわれる乗合代理店の増加は、「複数の保険会社の商品を比較したうえで、加入する保険商品を選びたい」といった顧客のニーズに対応したことによるものと考えられる。一方で、乗合代理店のなかには、「公平・中立」を標榜しているものもあった。しかしながら、乗合代理店は、あくまでも保険会社から委託を受けて保険募集を行う者であり、「公平・中立」な立場で保険募集を行うことが法的に担保されているわけではない。

　このような乗合代理店の現状、および乗合代理店に係る規制のあり方につ

いて、WG 報告書では以下のとおり記載されている。

> **2-3-2　乗合代理店に係る規制について**
> 　乗合代理店は、複数の保険会社から委託を受けて保険募集を行っている者であるが、顧客のニーズ等を踏まえて自らが取り扱う複数保険会社の商品の比較推奨販売を行うなど、保険会社からの管理・指導を前提としつつも、それに加えて自らの判断により独自の募集プロセスを構築しているものもある。
> 　そのため、当該募集活動の適切性を確保するためには、保険会社による管理・指導のみならず、乗合代理店自身が自身による体制整備を含めてより主体的に努力する必要がある。
> 　また、乗合代理店の中には、「公平・中立」を標榜して複数の保険会社の商品の中から、顧客のニーズを踏まえて商品を販売するものもある。
> 　一方、法令上は、保険会社から独立した立場で募集行為を行う保険仲立人とは異なり、乗合代理店はあくまでも保険会社から委託を受けて保険募集を行う者として位置付けられており、「公平・中立」な立場で募集を行うことが担保されているわけではない。
> 　このような複数保険会社商品の比較推奨販売について、今後とも拡大する可能性もあることから、顧客がこのような募集形態の法的性質について誤解することを防止するとともに、複数保険会社商品間の比較推奨の質の確保をすることを通じて、当該販売形態における募集活動の適切性を確保する観点から、以下の見直しを行うことが適当である。
> 　まず、複数保険会社間の商品比較・推奨販売を行う乗合代理店に対しては、当該商品比較・推奨の適正化を図る観点から、情報提供義務等の一環として、
> ①　当該乗合代理店が取り扱う商品のうち、比較可能な商品の全容を明示するとともに、

② 特定の商品を提示・推奨する際には、当該推奨理由を分かりやすく説明する[52]

ことを求めることが適当である[53][54][55]。

さらに、乗合代理店の立場等について顧客の誤認を防止する観点から、

① 乗合代理店は、法律上は保険会社側の代理店であるという自らの立場について明示することを求めるとともに、
② 保険会社の代理店としての立場を誤解させるような表示を行うことを禁止する[56]

ことが適当である。

なお、保険募集人一般に対する体制整備義務[57]は乗合代理店に対しても適用されることから、例えば、比較販売を行う乗合代理店については、個別の商品説明を適切に行うことに加えて、適切な商品比較・推奨を行うことについても体制を整備するなど、乗合代理店はそれぞれの規模や業務特性に応じた体制を整備することが求められる[58]。

---

[52] 自らの取扱商品の中から顧客のニーズに合致している商品のうち、乗合代理店側の判断により、さらに絞込みを行った上で、商品を提示・推奨する場合には、当該絞込みの基準等についても、説明を行うことが求められる。

[53] なお、一社専属の募集人についても、意向把握義務に基づき、自らが提案する個別プランと顧客の意向がどのように対応しているかについて説明することが求められる。（2-2-1参照）

[54] 自らが勧める商品の優位性を示すために他の商品との比較を行う場合には、当該他の商品についてもその全体像や特性について正確に顧客に示すとともに自らが勧める商品の優位性の根拠を説明するなど、顧客が保険契約の契約内容について、正確な判断を行うに必要な事項を包括的に示す必要がある。（法第300条第1項第6号　監督指針Ⅱ-3-3-2(6)及びⅡ-3-3-6(6)参照）

[55] なお、乗合代理店であっても、商品比較・推奨販売を行わずに特定の商品（群）のみを顧客に提示する場合には、取扱商品の中から当該商品（群）のみを提示する理由（保険料水準や商品特性に関するものに限らず、特定の保険会社との資本関係やその他の事務手続・経営方針上の理由を含む）を説明すれば足りる。

[56] 単に「公平・中立」との表示を行った場合には「所属保険会社等と顧客との間で中立である」と顧客が誤解するおそれがあることを踏まえ、そのような誤解を招かないような表示とすることが求められる。

[57] 2-3-1　参照

> 58 日常的に複数保険会社の商品の比較推奨販売を行っている乗合代理店については、日常的にこれらの義務を果たすために必要な体制整備を求められることになる。一方、乗合代理店であっても、原則として比較推奨販売を行わない場合にはこのような体制整備を行う必要はなく、また、顧客からの求めがあったときに例外的に比較推奨販売を行う場合には、そのために必要な範囲内で体制整備を行うことで足りる。

これを受け、複数の保険会社の商品の比較推奨販売を行う乗合代理店に対し、適切な情報提供を義務づけるとともに、しかるべき体制を整備することを求めることとした。

比較推奨販売に係る「情報提供義務」について

規則第227条の2第3項第4号においては、乗合代理店に対して、基本的な保険募集を行う場合の情報提供に加えて、比較推奨販売を行う場合における情報提供義務として、「顧客の意向に沿って商品を選別して提案する場合」と「募集人側の理由・基準により特定の商品を提案する場合」に分類して、それぞれの場合に提出すべき情報の内容を以下のとおり規定している。

> **規則第227条の2（情報の提供）**
> 第3項　保険会社等若しくは外国保険会社等、これらの役員（保険募集人である者を除く。）、保険募集人又は保険仲立人若しくはその役員若しくは使用人は、法第294条第1項の規定により保険契約の内容その他保険契約者等の参考となるべき情報の提供を行う場合には、保険契約者及び被保険者に対し、次に掲げる方法により行うものとする。
> 四　二以上の所属保険会社等を有する保険募集人（一以上の所属保険会社等を有する保険募集人である保険会社等又は外国保険会社等（イ及びロにおいて「保険募集人保険会社等」という。）を含む。ロ、第227条の12、227条の14及び第234条の21の2第1項第2号において同じ。）にあっては、次のイからハまでに掲げる場合における当該イからハ

までに定める事項の説明
- イ 当該所属保険会社等（保険募集人保険会社等にあっては、所属保険会社等又は当該保険募集人保険会社等。第227条の12、第227条の14第1項及び第234条の21の2第1項第2号イにおいて同じ。）が引き受ける保険に係る一の保険契約の契約内容につき当該保険に係る他の保険契約の契約内容と比較した事項を提供しようとする場合　当該比較に係る事項
- ロ 二以上の所属保険会社等（保険募集人保険会社等にあっては、一以上の所属保険会社等及び当該保険募集人保険会社等。）が引き受ける保険（ハ、第227条の12、第227条の14第2項並びに第234条の21の2第1項第2号ロ及びハにおいて「二以上の所属保険会社等が引き受ける保険」という。）に係る二以上の比較可能な同種の保険契約の中から顧客の意向に沿った保険契約を選別することにより、保険契約の締結又は保険契約への加入をすべき一又は二以上の保険契約（以下「提案契約」という。）の提案をしようとする場合　当該二以上の所属保険会社等を有する保険募集人が取り扱う保険契約のうち顧客の意向に沿った比較可能な同種の保険契約の概要及び当該提案の理由
- ハ 二以上の所属保険会社等が引き受ける保険に係る二以上の比較可能な同種の保険契約の中からロの規定による選別をすることなく、提案契約の提案をしようとする場合　当該提案の理由

また、これを受け、監督指針においては、以下のとおり規定している。

Ⅱ-4-2-9　保険募集人の体制整備義務（法第294条の3関係）

(5) 二以上の所属保険会社等を有する保険募集人（規則第227条の2第3項第4号及び規則第234条の21の2第1項第2号に規定する二以上の所属保険会社等を有する保険募集人をいう。以下、Ⅱ-4-2-9(5)において同じ。）

においては、以下の点に留意しつつ、規則第227条の2第3項第4号及び規則第234条の21の2第1項第2号に規定する保険契約への加入の提案を行う理由の説明その他二以上の所属保険会社等を有する保険募集人の業務の健全かつ適切な運営を確保するための措置が講じられているかどうかを確認するものとする。

① 二以上の所属保険会社等を有する保険募集人が取り扱う商品の中から、顧客の意向に沿った比較可能な商品（保険募集人の把握した顧客の意向に基づき、保険の種別や保障（補償）内容などの商品特性等により、商品の絞込みを行った場合には、当該絞込み後の商品）の概要を明示し、顧客の求めに応じて商品内容を説明しているか。

② 顧客に対し、特定の商品を提示・推奨する際には、当該提示・推奨理由を分かりやすく説明することとしているか。特に、自らの取扱商品のうち顧客の意向に合致している商品の中から、二以上の所属保険会社等を有する保険募集人の判断により、さらに絞込みを行った上で、商品を提示・推奨する場合には、商品特性や保険料水準などの客観的な基準や理由等について、説明を行っているか。

（注1） 形式的には商品の推奨理由を客観的に説明しているように装いながら、実質的には、例えば保険代理店の受け取る手数料水準の高い商品に誘導するために商品の絞込みや提示・推奨を行うことのないよう留意する。

（注2） 例えば、自らが勧める商品の優位性を示すために他の商品との比較を行う場合には、当該他の商品についても、その全体像や特性について正確に顧客に示すとともに自らが勧める商品の優位性の根拠を説明するなど、顧客が保険契約の契約内容について、正確な判断を行うに必要な事項を包括的に示す必要がある点に留意する。（法第300条第1項第6号、Ⅱ-4-2-2(9)②参照）。

③ 上記①、②にかかわらず、商品特性や保険料水準などの客観的な

第3章 改正保険業法の解説 271

> 基準や理由等に基づくことなく、商品を絞込み又は特定の商品を顧客に提示・推奨する場合には、その基準や理由等（特定の保険会社との資本関係やその他の事務手続・経営方針上の理由を含む。）を説明しているか。
> （注） 各保険会社間における「公平・中立」を掲げる場合には、商品の絞込みや提示・推奨の基準や理由等として、特定の保険会社との資本関係や手数料の水準その他の事務手続・経営方針などの事情を考慮することのないよう留意する。

　上記規則第227条の2第3項第4号イ（および第234条の21の2第1項第2号イ）は、比較に係る情報提供を行う際の規制であり、規則第227条の2第3項第4号ロおよびハ（ならびに規則第234条の21の2第1項第2号ロおよびハ）は、二以上の所属保険会社等が引き受ける保険に係る二以上の比較可能な同種の保険契約のなかから、同各号ロまたはハの規定による選別をすることにより、提案契約の提案をしようとする場合の規制である。[PC.69]

　これらは、監督指針においては、前者がⅡ-4-2-9(5)(注2)、後者がⅡ-4-2-9(5)①②および③に該当することになる。

　前者（規則第227条の2第3項第4号イ、監督指針Ⅱ-4-2-9(5)(注2)）は、乗合代理店が顧客に対し、複数の保険会社の商品を比較し、各商品の特徴等を説明しているため、これを「比較説明」と呼び、後者（規則第227条の2第3項第4号ロおよびハ、監督指針Ⅱ-4-2-9(5)①②および③）は、乗合代理店が顧客に対し、取り扱うことのできる複数の保険会社の商品のなかから、顧客の意向に応じて絞り込む、または、あらかじめ乗合代理店自身が提示・推奨する商品を決めておく等により、顧客に特定の保険会社の商品を推奨しているため、これを「推奨販売」と呼び、「比較説明」と「推奨販売」をあわせて、「比較推奨販売」と呼ぶこととする。

　「比較推奨販売」という用語からは、「比較」したうえで「推奨」するというプロセスが必ず求められるイメージも生じるが、「比較説明」を実施する

かどうかは任意であることに留意が必要である。

これら「比較説明」と「推奨販売」に係る規則と監督指針の規定の関係を整理すると、以下のとおりになる。[PC.483]

		規則第227条の2第3項第4号	監督指針の対応する規定
比較説明する場合	イ	当該所属保険会社等が引き受ける保険に係る1の保険契約の契約内容につき、当該保険に係る他の契約内容と比較した事項を提供しようとする場合 ↓ 当該比較に係る事項を説明しなければならない。	Ⅱ-4-2-9(5)②(注2) 例えば、自らが勧める商品の優位性を示すために他の商品との比較を行う場合には、当該他の商品についても、その全体像や特性について、正確に顧客に示すとともに自らが勧める商品の優位性の根拠を説明するなど、顧客が保険契約の契約内容について、正確な判断を行うに必要な事項を包括的に示す必要がある点に留意する（法第300条第1項第6号、Ⅱ-4-2-2(9)②参照）。
推奨販売する場合	顧客意向に沿った選別を行う場合 ロ	当該所属保険会社が引き受ける保険に係る二以上の比較可能な同種の保険契約のなかから、顧客の意向に沿った保険契約を選別することにより、提案契約の提案をしようとする場合 ↓ 当該二以上の所属保険会社等を有する保険募集人が取り扱う保険契約のうち、顧客の意向に沿った比較可能な同種の保険契約の概要および当該提案の理由を説明しなければならない。	Ⅱ-4-2-9(5)①② ① 二以上の所属保険会社等を有する保険募集人が取り扱う商品の中から、顧客の意向に沿った比較可能な商品（保険募集人の把握した顧客の意向に基づき、保険の種別や保障（補償）内容などの商品特性等により、商品の絞込みを行った場合には、当該絞込み後の商品）の概要を明示し、顧客の求めに応じて商品内容を説明しているか。 ② 顧客に対し、特定の商品を提示・推奨する際には、当該提示・推奨理由を分かりやすく説明することとしているか。 　特に自らの取扱商品のうち顧客の意向に合致している商品の中から、二以上の所属保険会社等を有する保険募集人の判断により、さらに絞込みを行った上で、商品を提示・推奨する場合には、商品特性や保険料水準などの客観的な基準や理由について、説明を行っているか。 （注1） 形式的には商品の推奨理由を客観的に説明しているように装いながら、実質的には、例えば保険代理店が受け取る手数料水準の高い商品に誘導するために商品の絞込

			みや提示・推奨を行うことのないよう留意する。
自店独自の推奨理由・基準に沿った選別を行う場合	ハ	二以上の所属保険会社等が引き受ける保険に係る二以上の比較可能な同種の保険契約のなかからロの規定による選別をすることなく、提案契約を提案しようとする場合 ↓ 当該提案の理由を説明しなければならない。	Ⅱ－4－2－9(5)③ ③　上記①、②にかかわらず、商品特性や保険料水準などの客観的な基準や理由等に基づくことなく、商品を絞込み又は特定の商品を顧客に提示・推奨する場合には、その基準や理由等（特定の保険会社との資本関係やその他の事務手続・経営方針上の理由を含む。）を説明しているか。 （注）　各保険会社間における「公平・中立」を掲げている場合には、商品の絞込みや提示・推奨の基準や理由等として、特定の保険会社との資本関係や手数料の水準その他の事務手続・経営方針などの事情を考慮することのないよう留意する。

　Ⅱ－4－2－9(5)でいう「二以上の所属保険会社等を有する保険募集人」とは、規則第227条の2第3項第4号と同様、生命保険会社・損害保険会社・少額短期保険業者の内訳を問わず、二以上の所属保険会社等を有する保険募集人を指すものであり、たとえば、法第282条（生命保険募集人に係る制限）第3項に規定する「二以上の所属保険会社等を有する場合」とは異なる解釈となることに注意が必要である。たとえば、生命保険会社1社、損害保険会社1社に所属する保険募集人であっても、第三分野においては、比較可能な二以上の同種の保険契約が存在しうることから、生命保険会社、損害保険会社、少額短期保険業者の内訳にかかわらず、2社以上の所属保険会社等を有する場合には「二以上の所属保険会社等を有する保険募集人」に該当することになる。[PC.79～81]

　他方で、このような「所属保険会社」についての考え方はⅡ－4－2－9(5)に係る部分のみに適用され、他の部分、たとえば、監督指針Ⅱ－4－2－2　保険契約の募集上の留意点（(1)法第283条第3項関係生命保険募集人に係る制限（一社専属制等）の例外の適用）や、Ⅲ－2－1　特定保険募集人の登録等事務の規定における「所属保険会社」は、生命保険会社・損害保険会社・少額短期

保険業者ごとに別個の単位で判断されるものであり、これまでの考え方を変更するものではない。[PC.477]

(1) 複数の商品内容を比較し、販売する場合（比較説明）に係る情報提供義務について

複数の商品内容を比較し、販売する場合（比較説明）においては、規則第227条の2第3項第4号イに基づく（監督指針Ⅱ-4-2-9(5)②（注2）に留意した）対応が求められる。

具体的には、所属保険会社が引き受ける保険に係る一の保険契約の契約内容につき、当該保険に係る他の保険契約の契約内容と比較した事項を提供しようとする場合、当該比較に係る事項に関して説明しなくてはならない。これは、法第300条第1項第6号に基づき二以上の所属保険会社等を有する保険募集人等が商品比較をする際に行うべきこと等について、情報提供義務としても明確にしたものである。[PC.70]

「当該比較に係る事項」とは、法第300条第1項第6号に関する監督指針の規定Ⅱ-4-2-2(9)②を踏まえれば、たとえば、客観的事実に基づく事項、または、数値を表示すること、保険契約の契約内容について、正確な判断を行うに必要な事項を包括的に表示すること等を指すものと考えられる。[PC.72]

たとえば、以下のように、一義的には保険商品の概要明示を行っているという場合であっても、あわせて実質的に契約内容の比較を行っているという場合には、Ⅱ-4-2-2(9)に留意する必要がある。

① 比較可能な商品の概要明示のみを企図している場合［PC.500］、あるいは、比較可能な商品の概要を明示した後、顧客の意向を把握したところ、二以上の保険商品の説明を求められた場合で、その後、二以上の保険商品を説明する場合［PC.501］のように、基本的には、比較可能な商品の概要を明示し、顧客からの求めに応じて商品内容の説明をしているにすぎないという場合には、Ⅱ-4-2-2(9)に規定のある比較表示には該当しないと考えられるが、概要明示の際に、実質的に契約内容を比較した場合には、Ⅱ-4-2-2(9)に該当すると考えられる。

② 複数の保険会社のパンフレットを、それぞれ交付・説明したうえで、
・顧客自身に保険商品を選択してもらうという行為［PC.502］
・顧客自身に保険商品を選択してもらう際に、それぞれの保険商品の特徴を説明するという行為［PC.503］
・顧客自身に保険商品を選択してもらう際に、顧客から「どれがお勧めなのか」と問われ、それぞれの保険商品の特徴を説明する行為［PC.504］
　以上のような行為については、パンフレットの交付・説明だけではⅡ-4-2-2(9)に該当しないが、概要説明の際に、実質的に契約内容を比較した場合には、Ⅱ-4-2-2(9)に該当すると考えられる。

(2) 比較可能な商品のなかから商品を選別し、推奨する場合（推奨販売）に係る情報提供義務について

(a) 顧客の意向に沿って商品を選別し、商品を推奨する場合に係る情報提供について（図表3-24参照）

　推奨販売する場合のうち、顧客の意向に沿って商品を選別・推奨する場合については、規則第227条の2第3項第4号ロに基づく（監督指針Ⅱ-4-2-9(5)①②に留意した）対応が求められる。

　具体的には、当該所属保険会社が引き受ける保険に係る二以上の比較可能な商品のなかから、顧客の意向に沿った保険契約を選別することにより、提案契約の提案をしようとする場合には、当該二以上の所属保険会社等を有する保険募集人が取り扱う保険契約のうち顧客の意向に沿った①比較可能な商品の概要を説明し、②特定の商品を提案（推奨）する際には、提案（推奨）の理由を説明しなければならない。

　なお、以下の例の場合には、「保険募集人が取り扱う保険契約」のうち「比較可能な商品」がない（同種の保険契約（商品）を取り扱っていない）ものと考えられる。［PC.78］

（例）
① 生命保険会社1社とペット保険専門の損害保険会社1社を所属保険会社とし、当該保険会社が認可を得ている保険商品のうちに同種の保険契約が

ない場合
② 　生命保険会社1社と損害保険会社1社を所属保険会社とし、当該保険会社が認可を得ている保険商品には同種の保険契約（第三分野の保険商品）が存在するものの、いずれか一方の保険会社から当該同種の保険契約の締結の代理または媒介に係る委託を受けていない場合
　1)　「二以上の比較可能な同種の保険契約」とは
　ある保険契約が、規則第227条の2第3項第4号ロに規定されている「二以上の比較可能な同種の保険契約」に該当するかどうかは、保険募集人が顧客の意向の把握過程において把握しようとする顧客の意向との関係で、一般人の合理的な期待を基準として、当該保険契約が「比較可能な同種」のものといえるかについて、個別具体的かつ実質的に判断されるべきものである。
　その判断の際には、主契約レベルでの意向の共通性が手がかりとなりうるが、従前、特約として付されていたものが、主契約化する傾向や、アカウント型保険のようなものもあるため、最終的には、顧客の具体的な意向、保険契約の対象となるリスクの種類、保険給付の内容および、保険契約の特性・類型等を踏まえつつ、実質的に判断されるべきものと考えられる。[PC.74]
　2)　「比較可能な商品」とは
　「保険募集人が取り扱う保険契約」のうち「比較可能な商品」とは、保険会社から販売を委託された商品がその対象となりうるが、たとえば、社内規則において、店舗に応じて取扱商品を決めている場合には、その範囲での商品となる。ただし、この場合は、同じ保険募集人のなかで、店舗において取扱商品が異なることになるので、Ⅱ-4-2-9(8)が準じて扱うこととされているⅡ-4-2-2(3)④イ．(サ)を踏まえ、他の店舗では異なる商品を取り扱っていることを顧客に対して説明することが必要となる。[PC.510]
　3)　概要を明示することが必要である商品とは
　監督指針においては、「①比較可能な商品の概要の説明」に関して、<u>保険募集人の把握した顧客の意向に基づき、保険の種別や保障（補償）内容などの商品特性等により、商品の絞込みを行った場合には、当該絞込み後の商品</u>

の概要を明示し、顧客の求めに応じて商品内容を説明することを規定している（監督指針Ⅱ-4-2-9(5)①）。

当規定にある「顧客の意向に沿った比較可能な商品（保険募集人の把握した顧客の意向に基づき、保険の種別や保障（補償）内容などの商品特性等により、商品の絞込みを行った場合には、当該絞込み後の商品）の概要を明示し、」とは、保険募集人が、顧客の意向に沿って商品の絞込みを行った場合には、当該絞込み後の商品の概要を明示することで足りる。[PC.555] たとえば、「医療保険に加入したい」という顧客の意向が示された後、保険募集人から顧客に対して保険料重視なのか保障内容重視なのかといったヒアリングを行うこと等を通じ、追加的に明らかになった顧客の意向に沿ってさらなる商品の絞込みを行った場合には、保険募集人は、必ずしも取り扱うすべての医療保険の概要を明示する必要はなく、さらなる絞込み後の商品について概要を明示することで足りる。

他方、たとえば、「医療保険に加入したい」という顧客の意向が示された段階で概要の明示を行った場合であって、その後、保険募集人から顧客に対して保険料重視なのか保障内容重視なのかといったヒアリングを行うこと等を通じて、さらなる顧客の意向に基づく商品の絞込みを行ったという場合、当該絞込み後の商品について、再度、概要明示を求められるものではなく、その場合には、当該絞込み後の商品の資料を明示することで足りる。[PC.557]

顧客の意向に沿った比較可能な商品の概要明示は、顧客の求めがあったときのみ行えば足りるというものではなく、保険募集人は、顧客の意向に沿った比較可能な商品が絞り込まれた段階において、当該同種の商品の概要を明示する必要があり [PC.556]、顧客の求めに応じて商品内容を説明し、商品の絞込みの理由を説明する必要がある。

4）「商品の概要」とは

「商品の概要」とは、たとえば、パンフレットにおける商品概要のページなど、商品内容の全体像が理解できる程度の情報をいう。[PC.548]

他方、監督指針Ⅱ-4-2-2(2)の「契約概要」とは、顧客が保険商品の内容を理解するために必要な情報をいい、主な項目はⅡ-4-2-2(2)②ア．やⅡ-4-2-2(2)③イ．(ア)に規定されている。
5)「商品の概要の明示」[13]とは

「商品の概要の明示」にあたっては、必ずしも、提案する商品の一覧表を用いることを求めているものではない。[PC.549]

また、比較可能な商品の概要を明示した書面については、商品の概要明示を適切に行うことができるのであれば、顧客に対して明示する他の書面と一体的なものであったとしても認められる。[PC.554]

なお、銀行窓販において、銀行等が定める募集指針に規定することが求められる事項の1つとして、監督指針Ⅱ-4-2-6-3(2)は「複数の保険契約の中から顧客の自主的な判断による選択を可能とするための情報の提供を行うこと」をあげているが、Ⅱ-4-2-9(5)①に基づく概要の明示は、ここでいう情報の提供とは異なるもの[PC.552]であり、当該情報の提供は、必ずしも、比較推奨販売において求められるものではない。[PC.553]

6) 特定の商品を提案（推奨）する際の提案（推奨）理由の説明について

監督指針においては、自らの取扱商品のうち顧客の意向に合致している商品のなかから、二以上の所属保険会社等を有する保険募集人の判断により、さらに絞込みを行ったうえで、商品を提示・推奨する場合、顧客に対して、当該提示・推奨理由をわかりやすく説明することに加えて<u>商品特性や保険料水準などの客観的な基準や理由等について、説明を行う</u>ことを規定している（監督指針Ⅱ-4-2-9(5)②）。

この場合の留意点として、（注1）においては、「形式的には、商品の推奨理由を客観的に説明しているように装いながら、実質的には、例えば保険代理店が受け取る手数料水準の高い商品に誘導するために商品の絞込みや提示・推奨を行うことのないよう」に留意を求めたところである。

---

[13] 一般社団法人生命保険協会「保険募集人の体制整備に関するガイドライン（別紙1）」の「概要明示用資料イメージ」を参照。

この点については、たとえば、「人気ランキング」や「資料請求件数ランキング」と謳いながら、実際には、「保険代理店の受け取る手数料水準の高い商品に誘導するような仕組み」がとられていることが発覚した場合には、Ⅱ-4-2-9(5)②（注1）に該当することになる。[PC.544]
　なお、保険募集人が、その取り扱う保険契約をいわゆる「ランキング形式」で顧客に提示することが、規則第227条の2第3項第4号ロ．またはハ．の要件に該当するか否かについては、そのような提示が、一または二以上の保険契約を提案しようとする場合に該当するか、また、該当する場合に当該ランキングの主題が保険契約の選別に係る顧客の意向と合致しているかどうかによって判断されるべきものである。いずれにしても、ランキングの提示が保険契約の提案に該当するかどうかは、保険募集の過程における個別具体的な事情に即して判断されるべきものである。[PC.92]
　また、「推奨販売」において、絞込みの基準や理由を説明する際には、法第300条第1項第6号（誤解させるおそれのある他の保険商品との比較表示の禁止）に基づく網羅的な説明が求められるものではないが、自らが勧める商品の優位性を高めるために他の商品との比較を行う場合には、法第300条第1項第6号の規定に留意する必要がある。[PC.558]
　「提案の理由」としては、顧客の意向に沿った商品の絞込みと対応関係にある理由が必要となるが、そのような理由の説明がされた場合には、当該商品以外の商品を「提案しない理由」が含まれることになるため、あらためて「提案しない理由」を述べることまでは求められるものではない。これは、後述の(b)の「提案の理由」の場合についても同様である。[PC.87]
　なお、同一の保険代理店に属する複数の保険募集人が、当該代理店が取り扱う保険商品のなかから顧客の意向を踏まえて、それぞれの保険募集人の判断に基づき絞込んだ場合、結果として、異なる保険商品を推奨することとなった場合であっても、Ⅱ-4-2-9(5)に留意した適切な絞込みを行ったものであれば特段問題はなく、保険募集人によって異なる保険商品を推奨することもありうるものと考えられる。[PC.491]

図表3-24　比較推奨販売に係る情報提供義務について①
　　　　　（監督指針Ⅱ-4-2-9⑸関係）
○比較推奨販売に係る情報提供方法のイメージ（図①）

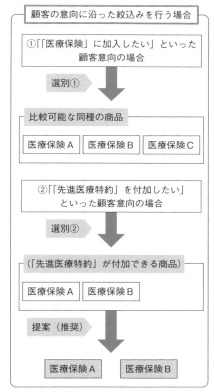

(資料)　金融庁保険課作成

(b)　自店独自の理由・基準により選別し、推奨する場合に係る情報提供義務について（商品特性や保険料水準などの客観的な基準や理由等に基づくことなく、商品を選別・推奨する場合の情報提供義務について）（図3-25参照）

　監督指針においては、推奨販売において、商品特性や保険料水準などの客観的な基準や理由等に基づくことなく、商品を選別・推奨する場合にあっては、以下の点について留意を求めている。

第3章　改正保険業法の解説　281

「商品特性や保険料水準などの客観的な基準や理由等に基づくことなく、商品を絞込み又は特定の商品を顧客に提示・推奨する場合には、その基準や理由等（特定の保険会社との資本関係やその他の事務手続・経営方針上の理由を含む。）を説明しているか」（監督指針Ⅱ－4－2－9(5)③）

当該規定は、WG報告書において、「乗合代理店であっても、商品比較・推奨販売を行わずに特定の商品（群）のみを顧客に提示する場合には、取扱商品の中から当該商品（群）のみを提示する理由（保険料水準や商品特性に関するものに限らず、特定の保険会社との資本関係やその他の事務手続・経営方針上の理由を含む）を説明すれば足りる」としていることを踏まえたものである。

1) 顧客に説明する理由等について

顧客に説明されることとなる理由等は、当然ながら、一定の合理性・具体性を有するものである必要があると考える。[PC.94] 保険募集人が特定の商品を提示する理由等は、さまざまであるが、いずれの場合においても、その理由が合理的なものである必要がある。また、理由が複数ある場合には、その主たる理由を説明する必要があり、それらを顧客にわかりやすく説明する必要がある。[PC.521～530] また、その理由等については社内規則等に規定しておく必要がある。[PC.559]

2) 「保険代理店の受け取る手数料が高い商品であること」等を提案理由とすることは可能か

一般的にはあまり考えられないと思われるが、仮に保険代理店が「保険代理店の受け取る手数料水準が高い商品」であることを理由に当該商品を提案しようとすることがあった場合には、「商品特性や保険料水準などの客観的な基準や理由等に基づかないもの」に該当することから、規則第227条の2第3項第4号ハ（および監督指針Ⅱ－4－2－9(5)③）に基づき、当該提案理由を説明する必要があることとなる。

なお、この場合の「手数料」とは、募集手数料といった名目のみならず保険会社から支払われる報酬、その他の対価も該当しうるものであり、たとえ

ば、海外での表彰・研修といったインセンティブの獲得を目的として特定の保険会社の商品を推奨する場合、当該保険代理店は、顧客に対して、その推奨理由をわかりやすく説明する必要があることになる。

また、具体的な提案理由については、特定の保険会社との資本関係やその他の事務手続・経営方針上の理由のほかにも、たとえば、特定の保険会社の

図表3-25　比較推奨販売に係る情報提供義務について②
　　　　　（監督指針Ⅱ-4-2-9⑸関係）
○比較推奨販売に係る情報提供方法のイメージ（図②）

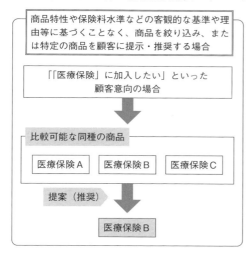

【推奨理由の説明】
・顧客の意向に沿った商品のうち、特定の商品を推奨する際には、推奨理由を説明することが必要
　※商品特性や保険料水準などの客観的な基準や理由等に基づくことなく、特定の商品を顧客に提示・推奨する際には、その基準や理由等（特定の保険会社との資本関係やその他の事務手続・経営方針上の理由を含む）を説明することが必要

パブリックコメントに寄せられたご意見	金融庁の考え方
○　商品特性や保険料水準などの客観的な基準や理由に基づくことなく特定の商品を提示する場合の、理由等については、保険募集人の事情によって様々であり、他の法令に抵触するなどの不適切なものでない限り、許容されるとの理解で良いか。【No.521一部省略】	○　保険募集人が特定の商品を提示する理由等は様々であると考えますが、いずれの場合においても、その理由が合理的なものである必要があるとともに、理由が複数ある場合にはその主たる理由を説明する必要があり、また、分かりやすく説明を行う必要があります。

（資料）　金融庁保険課作成

系列代理店において、特定の保険会社の商品を提示する場合に、当該代理店が特定の保険会社の系列代理店である旨を説明するというケースも考えられる［PC.531］が、いずれにしても、客観的な基準や理由等に基づくことなく商品を絞込みまたは特定の商品を顧客に提示・推奨する場合には、基準や理由等を説明する必要がある。［PC.559］

したがって、たとえば、推奨方針等において顧客の意向に沿って提案する旨を掲げる一方で、実際には、保険会社から提供される金銭の水準、インセンティブ等を理由に商品を推奨するといったことのないよう留意する必要がある。

また、保険代理店が保険会社から提供される金銭の水準等を主たる理由に商品を推奨しているにもかかわらず、「当該保険代理店における販売量の多さ」を推奨理由と装い、説明する行為は不適切なものと考えられる。

3) 1つの募集過程において規則第227条の2第3項第4号ロで規定する手法とハで規定する手法を併用することは認められるか

1つの募集過程において規則第227条の2第3項第4号ロで規定する手法とハで規定する手法を併用することはありうると考えられる。たとえば、当初、ロで規定する手法で商品の選別を行っている場合には、その段階ではロの規定が適用され、最終的に商品の提案をする段階で、顧客の意向に沿った選別をすることなく保険募集人の判断で特定の保険契約に絞り込んで提案する場合には、当該絞込みはロの規定による選別をすることなく行うものであるため、規則第227条の2第3項第4号ハが適用される。

4) 保険代理店が部署（保険募集人）ごとに担当する保険会社を決めておくとの対応は認められるか

当該対応とは、具体的には、たとえば、二以上の所属保険会社等を有する法人代理店において、部署（保険募集人）ごとに担当する保険会社1社を決めるなど、顧客の意向を把握する前に保険商品を絞り込んでいる場合などを想定している。かかる場合、仮に、当該顧客の意向が他の保険会社の保険商品だった場合、当該顧客の意向に沿った他の保険会社を担当する他の部署

（保険募集人）から、再度、商品提案などの保険募集を行うことが求められることになり、法人代理店としては二以上の所属保険会社等を有することから、規則第227条の2第3項第4号が適用され、その限りにおいて、使用人である保険募集人を通じて必要となる情報提供がなされる必要がある点に留意する必要がある。[PC.85]

5) 提示・推奨する理由が保険代理店の拠点によって異なることは認められるか

また、二以上の所属保険会社等を有する保険募集人が、Ⅱ－4－2－9(5)①②に基づき提示・推奨する理由が、当該保険代理店の拠点（支社・支店）によって異なるということも考えられるが、その場合でも、それらは合理的なものである必要があり、顧客にわかりやすく説明がなされる必要がある。[PC.537]

6) 規則第227条の2第3項第4号ハと意向把握との関係

規則第227条の2第3項第4号ハの「顧客の意向に沿った保険契約を選別することなく」特定の商品を推奨する場合であっても、法第294条の2の規定に基づき顧客の意向を把握する必要がある（意向把握・確認義務は適用となる）。意向把握を行ったうえで、規則第227条の2第3項第4号ハに該当するケースとしては、たとえば、顧客の意向に沿った商品群のなかから、資本関係等を理由に特定の保険商品を提案する場合が考えられる。その場合、当該提案の理由を顧客に情報提供する必要がある。[PC.93]

比較推奨販売に係る「体制整備義務」について

比較推奨販売に係る体制整備としては、乗合代理店における業務の健全かつ適切な運営を確保するための措置として、①乗合代理店における誤認防止措置、②比較推奨販売の適切性を確保するための措置、が定められている。

(1) **乗合代理店における誤認防止措置**（規則第227条の12）

乗合代理店における誤認防止措置について、規則第227条の12は、以下のとおり規定している。

「二以上の所属保険会社等を有する保険募集人は、当該所属保険会社等が引き受ける保険に係る一の保険契約の契約内容につき当該保険に係る他の保険契約の契約内容と比較した事項を提供する場合（異なる所属保険会社等が引き受ける保険に係る保険契約の内容を比較する場合に限る。）又は二以上の所属保険会社等が引き受ける保険に係る二以上の比較可能な同種の保険契約の中から提案契約の提案をする場合には、当該保険募集人が保険会社等又は外国保険会社等の委託を受けた者又はその者の再委託を受けた者でないと顧客が誤認することを防止するための適切な措置を講じなければならない」

また、当規定に関して、監督指針（Ⅱ-4-2-9(4)）は、「保険会社のために保険契約の締結の代理・媒介を行う立場を誤解させるような表示を行っていないか」と規定したうえで、「（注）単に「公平・中立」との表示を行った場合には、「保険会社と顧客との間で中立である」と顧客が誤解するおそれがある点に留意する」と規定したところである。

この規定は、WG報告書（P.18）において、「乗合代理店の中には、「公平・中立」を標榜して複数の保険会社の商品の中から、顧客のニーズを踏まえて商品を販売するものもある。一方、法令上は、保険会社から独立した立場で募集行為を行う保険仲立人とは異なり、乗合代理店はあくまでも保険会社から委託を受けて保険募集を行う者として位置付けられており、「公平・中立」な立場で募集を行うことが担保されているわけではない。このような複数保険会社商品の比較推奨販売について、今後とも拡大する可能性もあることから、顧客がこのような募集形態の法的性質について誤解することを防止するとともに、複数保険会社商品間の比較推奨の質の確保をすることを通じて、当該保険形態における募集活動の適切性を確保する観点から、以下の見直しを行うことが適当である」とされ、加えて、

「乗合代理店の立場等について顧客の誤認を防止する観点から、
① 乗合代理店は、法律上は保険会社側の代理店であるという自らの立場について明示することを求めるとともに、
② 保険会社の代理店としての立場を誤解させるような表示を行うことを禁

止する[56]ことが適当である」とされ、

注釈56として、「単に「公平・中立」との表示を行った場合には、「所属保険会社等と顧客との間で中立である」と顧客が誤解するおそれがあることを踏まえ、そのような誤解を招かないような表示とすることが求められる」とされたことを受けて規定したものである。

実際には、乗合代理店の中には、なんらかのセールス文言を添えて複数の保険会社の商品の中から、顧客のニーズを踏まえて商品を販売するものもあることもあることから、パブリック・コメントにおいては、「保険会社・代理店の方針・スローガン等として、「お客様最優先」「お客様と一緒に必要な補償・ライフプランを考えます」などを掲げることは一般的に行われているが、このような保険募集の方針・スタンスを示すことを制限する趣旨ではないという理解か」や「保険代理店が自身の経営理念や信条として、「お客様本意」や「お客様の視点で」あるいは「お客様の立場に立って」という表現を用いて募集活動を行うことは、他の業界と同様に永続的ビジネスの大前提であり、特に制限されるものではないとの理解でよいか」といった意見・質問が多く寄せられたところである。

これに関しては、「（保険会社と顧客との間で、ではなく、）保険会社間で公平・中立である」といった表示や、質問にあるような表示をすることは、直ちに否定されるものではないものの、たとえば、単に「公平・中立」との表示を行った場合には、監督指針Ⅱ-4-2-9(4)（注）にも規定されているとおり、「保険会社と顧客との間で中立である」と顧客が誤認するおそれがある点に留意する必要がある［PC.467］ほか、この場合にあっては、Ⅱ-4-2-9(5)③（注）にも規定されているとおり、商品の絞込みや提示・推奨の基準や理由等として、特定の保険会社との資本関係や手数料の水準その他の事務手続・経営方針などの事情を考慮することのないよう留意する必要がある。また、「お客様本位」などの、質問にあるような表示を行う場合には、その販売手法や、その他の商品説明手法とあいまって、顧客と保険会社との間で中立であると誤認させることのないよう各募集人に対する教育・指導等

を徹底し、顧客の誤認を招くような表示や説明を行わないようにするための措置を講じることが必要になる。なお、保険募集人が保険募集を行おうとするときは、あらかじめ、顧客に対して所属保険会社等の商号等を明らかにしなければならない（法第294条第3項）が、それに加えて、なんらかの積極的な明示行為を求めるものではない。

(2) 比較推奨販売の適切性を確保するための措置（規則第227条の14関係）

契約内容を比較した事項の提供の適切性を確保するための措置については、規則第227条の14において、以下のとおり規定されている。

「二以上の所属保険会社等を有する保険募集人は、当該所属保険会社等が引き受ける保険に係る一の保険契約の契約内容につき当該保険に係る他の保険契約の契約内容と比較した事項を提供する場合には、保険契約者若しくは被保険者又は不特定の者に対して、当該事項であってこれらの者を誤解させるおそれのあるものを告げ、又は表示することを防止するための措置を講じなければならない」（第1項）

「二以上の所属保険会社等を有する保険募集人は、二以上の所属保険会社等が引き受ける保険に係る二以上の比較可能な同種の保険契約の中から提案契約の提案をする場合には、当該提案に係る必要な説明を行うことを確保するための措置を講じなければならない」（第2項）

これを受けた監督指針においては、比較推奨販売を行う乗合代理店において、乗合代理店が業務の健全かつ適切な運営を確保するための措置として、保険募集人一般に対する体制整備に加えて、以下の措置を講じることを求めたところである。

Ⅱ-4-2-9　保険募集人の体制整備義務（法第294条の3関係）
(5)　二以上の所属保険会社等を有する保険募集人（規則第227条の2第3項第4号及び規則第234条の21の2第1項第2号に規定する二以上の所属保険会社等を有する保険募集人をいう。以下、Ⅱ-4-2-9(5)において同じ。）においては、以下の点に留意しつつ、規則第227条の2第3項第4号

及び規則第234条の21の2第1項第2号に規定する保険契約への加入の提案を行う理由の説明その他二以上の所属保険会社等を有する保険募集人の業務の健全かつ適切な運営を確保するための措置が講じられているかどうかを確認するものとする。

① 二以上の所属保険会社等を有する保険募集人が取り扱う商品の中から、顧客の意向に沿った比較可能な商品（保険募集人の把握した顧客の意向に基づき、保険の種別や保障（補償）内容などの商品特性等により、商品の絞込みを行った場合には、当該絞込み後の商品）の概要を明示し、顧客の求めに応じて商品内容を説明しているか。

② 顧客に対し、特定の商品を提示・推奨する際には、当該提示・推奨理由を分かりやすく説明することとしているか。特に、自らの取扱商品のうち顧客の意向に合致している商品の中から、二以上の所属保険会社等を有する保険募集人の判断により、さらに絞込みを行った上で、商品を提示・推奨する場合には、商品特性や保険料水準などの客観的な基準や理由等について、説明を行っているか。

（注１） 形式的には商品の推奨理由を客観的に説明しているように装いながら、実質的には、例えば保険代理店の受け取る手数料水準の高い商品に誘導するために商品の絞込みや提示・推奨を行うことのないよう留意する。

（注２） 例えば、自らが勧める商品の優位性を示すために他の商品との比較を行う場合には、当該他の商品についても、その全体像や特性について正確に顧客に示すとともに自らが勧める商品の優位性の根拠を説明するなど、顧客が保険契約の契約内容について、正確な判断を行うに必要な事項を包括的に示す必要がある点に留意する（法第300条第１項第６号、Ⅱ－４－２－２(9)②参照）。

③ 上記①、②にかかわらず、商品特性や保険料水準などの客観的な基準や理由等に基づくことなく、商品を絞込み又は特定の商品を顧

客に提示・推奨する場合には、その基準や理由等（特定の保険会社との資本関係やその他の事務手続・経営方針上の理由を含む。）を説明しているか。

(注) 各保険会社間における「公平・中立」を掲げる場合には、商品の絞込みや提示・推奨の基準や理由等として、特定の保険会社との資本関係や手数料の水準その他の事務手続・経営方針などの事情を考慮することのないよう留意する。

④ 上記①から③に基づき、商品の提示・推奨や保険代理店の立場の表示等を適切に行うための措置について、社内規則等において定めたうえで、定期的かつ必要に応じて、その実施状況を確認・検証する態勢が構築されているか。

監督指針Ⅱ-4-2-9(5)④は、商品特性や募集形態を踏まえつつ、Ⅱ-4-2-9(5)①～③を適切に行うことを社内規則等に定めたうえで、事後に効率的かつ効果的に確認・検証できる態勢を構築することを求めたものである。

「確認・検証できる態勢」の構築を求めたのは、比較推奨販売の適切性を確保するためにはその実施状況を確認・検証し、必要に応じて改善することが重要であると考えられるためであり、証跡管理として、比較推奨販売の適切性の確認・検証に資する記録や証跡等の保存が必要となると考えられる。

乗合代理店におけるⅡ-4-2-9(5)に係る体制整備は、保険会社による研修・指導を受けることに加えて、乗合代理店自らが適切かつ実効性のある体制を整備することを求められるものである。ただし、保険会社においても、適切な保険募集を行うよう保険募集人に対して教育・指導・管理を実施するなかで、適切な比較推奨販売を行うよう求め、問題があれば改善策を指示することが望ましい対応であると考えられる。[PC.480]

比較推奨販売を行う保険募集人は、通常、保険募集人に対して求められる体制整備に加えて、これらの体制整備が必要となる。当該対象となる者が個人代理店や小規模な法人代理店であって、独自の体制整備がむずかしい場合

であっても、法令や監督指針を踏まえて、適切かつ主体的に業務を遂行する体制を整備する必要がある。[PC.474]

　この点に関しては、WG報告書において、「なお、保険募集人一般に対する体制整備義務は乗合代理店に対しても適用されることから、例えば、比較販売を行う乗合代理店については、個別の商品説明を適切に行うことに加えて、適切な商品比較・推奨を行うことについても体制を整備するなど、乗合代理店はそれぞれの規模や業務特性に応じた体制を整備することが求められる」とされたことを踏まえたものである。

　なお、原則、比較推奨販売を行う乗合代理店においては、日常的に適切な比較推奨販売を行うために必要な体制整備が求められることとなるが、乗合代理店であっても、いっさい、顧客の意向に沿った選別を行わないこととしている場合には、監督指針Ⅱ-4-2-9(5)に基づく体制整備を行う必要はない。他方で、顧客からの求めがあった場合には、例外的にでも比較推奨販売を行う場合には、そのために必要な体制整備を行うことが求められる。[PC.475]

　また、損害保険代理店・生命保険代理店、それぞれの専属代理店であった場合でも、同種の保険商品（たとえば、損害保険会社の「がん保険」と生命保険会社の「がん保険」）が存在する場合には、Ⅱ-4-2-9(5)に留意した体制整備を行う必要がある。[PC.485]　さらに、法第98条第2項に基づく認可を得て、他の保険会社の保険商品を販売する保険会社もⅡ-4-2-9(5)の対象となる。他の保険会社の保険商品の販売は、自社にない商品の供給を他保険会社から受けることを目的としてなされることが多く、代理代行を行う保険会社の営業職員は、他保険会社の類似の商品が取扱い可能な場合でも、基本的に自社商品の販売を優先することが考えられるが、これは、客観的な基準や理由等に基づくことなく、比較可能な同種の保険契約のなかから自社の商品のみを顧客に提示・推奨する場合に該当するので、たとえば、「その保険会社の営業職員である」ことが絞込みの理由であることが顧客にわかるように説明することが求められる。他方、社内規則で比較可能な同種の他社商品

の販売を行わない旨を定めている場合等には、Ⅱ-4-2-9(5)の対象外となる。[PC.476]

また、以下のような場合（法人代理店としての保険募集人が二以上の所属保険会社を有する場合）であっても、規則第227条の2第3項第4号が適用となるため、その限りにおいて、使用人である保険募集人を通じて必要な情報提供を行う必要があり、そのための体制を整備する必要がある。

① 乗合代理店において、保険募集人ごとに取扱保険会社の担当を割り振り（募集人資格については、すべての保険募集人がすべての取扱保険会社の募集人資格を保有する）、各保険募集人は、自らの担当する取扱保険会社の保険商品を取り扱うこととしており、このような取扱いに関して、事前に顧客に説明（自らが担当する取扱保険会社以外の商品も法人代理店として取り扱っている旨の説明）したところ、顧客から担当する取扱保険会社以外の保険会社の保険商品の提案も受けたいといった要望があった場合。[PC.486]

② 法人代理店として、複数の保険会社と委託契約を締結しているものの、各営業部署ごとに、担当する保険会社を各1社決めており、顧客の意向を把握する前に保険商品を絞り込んだうえで保険募集を行い、顧客の意向が他の保険会社の保険商品であった場合には、顧客の意向に基づく他の保険会社の担当者から、再度、保険募集を行うなどの事業形態の場合。[PC.487]

さらに、以下の場合にも、比較推奨販売に該当するため、顧客からの求めにより比較推奨販売を行う場合に限らず、Ⅱ-4-2-9(5)に留意した体制を整備する必要がある。

・二以上の所属保険会社等を有する金融機関代理店の場合で、顧客からのニーズを踏まえて、商品の絞込みを行い、1商品のみを顧客に提示する場合 [PC.489]
・インターネットによる保険募集において比較推奨販売を行う場合[PC.479]

図表3－26　比較推奨販売に係る体制整備義務について①
　　　　　（監督指針Ⅱ-4-2-9⑸関係）

○比較推奨販売に係る体制整備義務の内容について

　複数の保険会社の保険商品を取り扱う保険募集人において比較推奨販売を行う場合には、顧客に対し、それぞれ以下の措置を講じることで、業務の健全かつ適切な運営を確保する必要がある。

	措置内容
ア．比較説明を行う場合	比較すべき事項を偏りなく説明するための措置
イ．推奨販売を行う場合	複数保険会社の保険商品から提案する商品をどのように選別したのかを説明するための措置 ①　顧客意向に沿って商品を選別し、商品を推奨→候補となる対象商品の概要と推奨理由 ②　自店独自の推奨理由・基準に沿って商品を選別し、商品を推奨→当該推奨理由
ウ．顧客の誤認防止	顧客が保険会社の代理店としての立場を誤認することを防止するための措置

ア．比較説明を行う場合

　所属保険会社等が引き受ける保険に係る一の保険契約の契約内容につき当該保険に係る他の保険契約の契約内容と比較した事項を提供しようとする場合には、当該比較に係る事項を説明

> ➤自らが勧める商品の優位性を示すために他の商品との比較を行う場合には、当該他の商品についても、その全体像や特性について正確に顧客に示すとともに自らが勧める商品の優位性の根拠を説明するなど、顧客が保険契約の内容について、正確な判断を行うに必要な事項を包括的に示す必要がある点に留意する。
> （参照：法第300条第1項第6号、Ⅱ-4-2-2⑼②）
> 　　　　　　　　　　　　　　　　　　　（【監督指針Ⅱ-4-2-9⑸②（注2）】）

（資料）　金融庁保険課作成

図表3-27　比較推奨販売に係る体制整備義務について②
　　　　　（監督指針Ⅱ-4-2-9⑸関係）

イ．推奨販売を行う場合

顧客の意向に沿って商品を選別し、商品を推奨する場合　（規則第227条の2第3項第4号ロ、同227条の14第2項、監督指針Ⅱ-4-2-9⑸①②関係）

① 二以上の所属保険会社等を有する保険募集人が取り扱う商品の中から、顧客の意向に沿った比較可能な商品（保険募集人の把握した顧客の意向に基づき、保険の種類や保障（補償）内容などの商品特性等により、商品の絞込みを行った場合には、当該絞込み後の商品）の概要を明示し、顧客の求めに応じて商品内容を説明しているか。

② 顧客に対し、特定の商品を提示・推奨する際には、当該提示・推奨理由を分かりやすく説明することとしているか。特に、自らの取扱商品のうち顧客の意向に合致している商品の中から、二以上の所属保険会社等を有する保険募集人の判断により、さらに絞込みを行った上で、商品を提示・推奨する場合には、商品特性や保険料水準などの客観的な基準や理由等について、説明を行っているか。
（注1）　形式的には商品の推奨理由を客観的に説明しているように装いながら、実質的には、例えば保険代理店の受け取る手数料水準の高い商品に誘導するために商品の絞込みや提示・推奨を行うことのないよう留意する。

商品特性や保険料水準などの客観的な基準や理由等に基づくことなく、商品を絞込みまたは特定の商品を顧客に提示・推奨する場合　（規則第227条の2第3項第4号ハ、同227条の14第2項、監督指針Ⅱ-4-2-9⑸③関係）

③ 上記①、②にかかわらず、商品特性や保険料水準などの客観的な基準や理由等に基づくことなく、商品を絞込み又は特定の商品を顧客に提示・推奨する場合には、その基準や理由等（特定の保険会社との資本関係やその他の事務手続・経営方針上の理由を含む）を説明しているか。
（注）　各保険会社間における「公平・中立」を掲げる場合には、商品の絞込みや提示・推奨の基準や理由等として、特定の保険会社との資本関係や手数料の水準その他の事務手続・経営方針などの事情を考慮することのないよう留意する。

（資料）　金融庁保険課作成

第8節
改正保険業法の施行に伴う保険代理店に対するヒアリングの実施について

　金融庁としては、保険募集人に対する体制整備義務に関する議論の過程において、さまざまな規模や業務特性を有する保険募集人の実態を考慮し、このような実態に照らし許容される体制を監督指針上に規定するなど、一定の配慮を行った。

　しかしながら改正保険業法の施行後においても、一部の保険代理店からは、「自分には、どの程度の体制が求められるのか」など、水準感が必ずしも掴みきれていないといった声も寄せられた。

　また、監督指針においては、意向把握・確認義務について、実務上の形骸化や、顧客や保険会社・保険募集人に対する過度な負担となることを避けるため、意向把握・確認の具体的方法については、取り扱う商品や募集形態を踏まえたうえで、保険会社または保険募集人（保険代理店）の創意工夫によることを規定したところである。

　こうしたことから、金融庁としては、平成28事務年度の「金融行政方針」において、「各保険会社や保険募集人において顧客本位の取組みが行われているか、その対応状況等について確認する」ことを示した。

　そして、金融庁および財務（支）局は、平成28年10月から12月までの間、保険代理店（全100店）に対するヒアリングを実施し、同法の施行後の対応状況等を確認したうえで、その実例につき、平成29年2月16日に公表した。その内容等は以下のとおりであり、保険会社および保険募集人においては、保険募集人の規模や業務の特性のほか、顧客属性や保険商品の特性等も踏まえたうえで、これらの事例を参考としつつ、顧客本位の観点から、今後も、

いっそうの取組みが図られていくことが期待されるところである。

■資料　改正保険業法の施行後の保険代理店における対応状況等について
　　　　〜保険代理店に対するヒアリング結果〜（平成29年2月）

　金融庁及び財務（支）局においては、平成28事務年度「金融行政方針」(※)に基づき、平成28年5月の改正保険業法（①顧客に対する情報提供義務（法第294条）、②顧客の意向把握・確認義務（法第294条の2）、③保険募集人の体制整備義務（法第294条の3）の導入）の施行に伴い、保険会社や保険募集人において顧客本位の取組みが行われているか、保険募集人（保険代理店）へのヒアリングを通じて、主に以下の点に関して、その対応状況を確認したところ。

1.「意向把握・確認義務」に係る創意工夫の事例

　「意向把握・確認義務」は、「保険会社若しくは保険募集人等は、保険募集に関し、顧客の意向を把握し、これに沿った保険契約の締結等の提案、当該保険契約の内容の説明及び保険契約の締結等に際しての顧客の意向と当該保険契約の内容が合致していることを顧客が確認する機会の提供を行わなければならない。」（法第294条の2）というものであり、当該義務の適切な履行は、正に『顧客本位の業務運営』に資するものである。

　一方、保険会社向けの総合的な監督指針（Ⅱ−4−2−2(3)①）においては、意向把握・確認義務の実務上の形骸化や、顧客や保険会社・保険募集人に対する過度な負担となることを避けるため、意向把握・確認の具体的方法については、取り扱う商品や募集形態を踏まえたうえで、保険会社又は保険募集人（保険代理店）の創意工夫によることを規定している。

　したがって、当ヒアリングにおいては、保険代理店が意向把握・確認義務を適切に履行するために、どのような創意工夫によって、顧客本位の取組みを行っているか、その事例の把握に努めたところである。

2．保険募集人の規模や業務特性に応じた体制整備の状況

　「保険募集人の体制整備義務」（法第294条の3）は、これまでの保険会社による教育・管理・指導（法第100条の2）に加えて、保険募集人（保険代理店）自らに、保険募集に関する業務に関して、業務の健全かつ適切な運営を確保するための措置を講じることを求めたものである。

　一方、保険募集人（保険代理店）の規模や業務の特性は様々であり、「自分には、どの程度の体制整備が求められているのか」といった水準感が必ずしも掴み切れていないという声も寄せられたことから、当ヒアリングにおいて

は、様々な規模や業務の特性を有する保険代理店における具体的な体制整備の状況の把握に努めたところである。また、当ヒアリングの中で、保険代理店の規模や業務特性を踏まえた工夫の事例も見受けられた。

Ⅰ．保険代理店に対するヒアリングの実施概要

1　実施時期、実施対象先、実施者
　(1)　実施時期……平成28年10月27日～平成28年12月21日
　(2)　実施対象先……全国に所在する保険代理店（100先）
　(3)　実施者……内閣府　金融庁（監督局　保険課、検査局）、財務省　財務（支）局及び内閣府　沖縄総合事務局

[内訳]　　　　　　　　　　　　　　　　　　　　　　　　　　　　　　　　（単位：先）

	金融庁	関東財務局	近畿財務局	その他の財務(支)局等	計
保険代理店	6	30	10	54（各局6先）	100

2　実施項目
　➢　改正保険業法の施行に伴う保険代理店における対応状況等として
　(1)　意向把握・確認義務（法第294条の2関係）……意向把握・確認義務に係る実務上の創意工夫の事例
　(2)　保険募集人の体制整備義務（法第294条の3関係）……保険代理店の規模や業務の特性に応じた体制整備状況

［※参考］：平成28事務年度　金融行政方針（抜粋）
　具体的重点施策
　　2．保険会社
　　　（中略）
　　　　保険会社の業務運営の面については、2016年5月に施行された改正保険業法において、顧客に対する情報提供義務、顧客の意向把握・確認義務、保険募集人の体制整備義務が導入された。これまでに実施した保険会社や乗合代理店における保険募集管理態勢等に関する水平的レビューの結果も参考にしつつ、本事務年度においても、引き続き、各保険会社や保険募集人において顧客本位の取組みが行われているか、その対応状況等について確認する。

Ⅱ．保険代理店に対するヒアリングの結果（概要）について

当ヒアリングを通じて把握された創意工夫等の事例は以下のとおりであり、これらは各保険代理店が独自に、実務上、取り組んでいるものである。
　保険代理店においては、自らの規模や業務の特性のほか、顧客属性や保険

商品の特性等も踏まえたうえで、これらの事例を参考としつつ、顧客本位の観点から、今後も、一層の取組みが図られていくことを期待するものである。

1.「意向把握・確認義務」に係る実務上の創意工夫の事例について

「意向把握・確認義務」については、顧客本位という法令の趣旨を踏まえ、形式的に「意向を把握する」という行為にとどまらず、顧客の意向に沿った対応を行うということは、「顧客の不安を解消すること」、「顧客に安心を届けること」、「顧客の人生に寄り添う金融商品を提供すること」等の考えに基づき、創意工夫を行っている事例が認められた。

これらの創意工夫の事例については、必ずしも、法令等によって求められたものではなく、一定のコストや実務上の負担等も生じ得るものと考えられるが、保険代理店という立場から顧客本位を実質的に捉えた取組みでもあると考えられる。

2. 保険代理店の規模や業務特性に応じた体制整備の状況について

当ヒアリングにおいては、様々な規模や業務の特性を有する保険代理店を対象としたところであるが、その結果、例えば、社内規則等については、大規模な保険代理店においては、保険代理店自らが策定・制定しており、小規模な保険代理店においては、保険会社等から提供された定型（サンプル）をアレンジしたものを使用しているという傾向が見受けられた。

また、業務管理面（業務の適切性の確認など）に関しては、大規模な保険代理店においては、専門部署（コンプライアンス部署、監査部署）を設置、中規模な保険代理店においては、専担者を配置、小規模な保険代理店においては、店主自ら又は全員で実施するといった体制を構築しているという傾向が見受けられた。

～大規模な保険代理店～　　～中規模な保険代理店～　　～小規模な保険代理店～

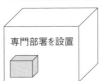
専門部署を設置

専担者を配置

店主自ら又は全員

| 大規模な保険代理店においては募集管理業務や監査業務を担う専門部署を設置している。 | 中規模な保険代理店においては募集管理業務や監査業務を担う専担者を配置している。 | 小規模な保険代理店においては募集管理業務や監査業務を店主自ら又は全員で担っている。 |

「意向把握・確認義務」に係る創意工夫の事例について①

「意向把握・確認義務」に関しては、当該義務の規定の趣旨に照らしても

「顧客本位の業務運営」が求められるものであることからも、保険代理店においては、創意工夫のもと、法令等に基づく実務フローに照らして、以下のような取組みが行われていた。

具体的な取組事例について

Step.1 → Step.2 → Step.3 → Step.4　比較推奨販売　証跡管理
意向把握　提案・説明　ふりかえり　意向確認

以下、それぞれの取組事例に付されている［A］や［a］などの表示は、308頁の表にある保険代理店の規模（役職員数）や業務特性（専業／兼業）の別を示すものである。

Step.1　意向把握に係る事例

顧客の意向に適切に応えることが募集人としての責務及び役割であると認識したうえで、顧客の現状や不安に向き合い、親切・丁寧に顧客意向の把握に努めるといった取組みが見受けられた。

	事例1 A／a	事例2 D／a	事例3 B／b
1．目的	当社では、顧客の意向に適切に応えることが保険相談の基本・責務であると考えている。	当社では、顧客は漠然とした不安を抱え、必ずしも明確な意向を持っているとは限らないため、顧客の不安や意向の明確化に努めることも当社の役目と考えている。	当社では、顧客に具体的な保険商品提案の前に、保険の仕組みなどを丁寧に説明、理解してもらってから、顧客の意向を正確に把握する必要があると考えている。
2．取組事例	そのため、当初意向の把握のタイミングを（「初回面談時に」といったように）一律に定めてはいない。また、例えば、相談のきっかけとなった出来事や、どうすることで顧客	そのため、顧客に対しては、単に保険料などの個別商品を提案・説明するだけではなく、まずは、「保険」というものの考え方を最初に伝えるようにしている。	そのため、顧客に対しては、①保険の提案プランの作成に必要となる基本的な情報を把握、②保険商品の基本的な内容について情報提供し、特に関心が高い保障についてヒアリ

第3章　改正保険業法の解説

	自身や家族の不安を解消できるかなど、顧客の感情面も併せて把握・記録するといった、顧客に合わせた対応をルール（社内規則）としている。	例えば、入院給付金については、日額支払と実費支払があるため、それぞれの顧客にとって、何がよいのか、顧客と一緒に考えるようにしている。	ング、③「意向把握シート」を顧客に提示して、顧客の意向を確認、とすることで、よりスムーズな意向把握を行うことができると考え、意向把握・確認においては、①〜③の各シートを用いている。
3．成果	この結果として、高い契約継続率に結びつくとともに、顧客からは「顧客の立場に立って相談に乗ってくれた」などの声をいただいている。	この結果として、顧客の不安や意向を明確に把握したうえで、保険加入を検討してもらえることで、契約継続率や早期解約率なども改善した。	この結果として、まず、保険の仕組みなどを丁寧に説明することで、保険商品の説明もしやすくなるなど、保険募集業務の効率化が図られた。

「意向把握・確認義務」に係る創意工夫の事例について②

> **Step. 2** 提案・説明に係る事例

顧客に保険商品の内容等を正しく理解してもらえるよう、募集人の資質や知識の向上に努めている。また、「顧客本位」を実質的に捉えたとき、顧客の状況等によっては、保険を提案・説明しないという姿勢も見受けられた。

	事例1	事例2	事例3
	C／a	E／a	A／b
1．目的	当社では、顧客に対して総合的な情報提供を行い、潜在的なニーズを掘り起こ	当社では、顧客に保険商品の内容等を正しく理解して納得して契約していただ	当社では、顧客の意向に適した保険商品を適切に提供・説明するため、顧客と

	すことや募集人の接客能力の向上、募集人間の相互牽制を図ることが重要と考えている。	くことが重要であると考えている。	直接向き合う募集人の資質や知識の向上を図ることを重視している。
2．取組事例	そのため、顧客との面談においては、顧客からの様々な意向に総合的に対応するため、精通する分野が異なる募集人がペアとなって対応することとしている。また、新人の顧客対応力の向上のために、新人と経験のある募集人がペアとなって対応している。	そのため、高齢な顧客に対する保険商品の説明・提案時においては、必要に応じて、簡易な認知能力検査を実施している。これにより、平均レベルの認知能力があるかを確認し、仮に少しでも問題があると感じられた場合には、家族に認知症検査を受けるようアドバイスし、以降、保険商品の提案・説明は行わないこととしている。	そのため、顧客との初回面談後、知識・経験の浅い募集人は、次回面談までの間に、知識や経験が豊富な募集人に対して、面談時の顧客との会話の内容や顧客意向等を伝え、助言を受けている。また、顧客の意向が複雑な場合などには、全ての募集人が、拠点長や本社担当者などから指導・助言を受けることで、募集人資質の向上に努めている。
3．成果	この結果として、顧客からの幅広い保険相談に応じることができ、当初の保険相談とは違った潜在的なニーズを掘り起こせた事例もあった。また、新人の接客能力の向上にもつながっている。	この結果として、顧客の適合性に応じた適切な保険商品の提案・説明を行なうことができており、契約後の苦情は発生していない。	この結果として、顧客に注意を喚起すべき点や顧客の潜在的なリスクに係る指導・助言が適切に行われることで、顧客にとって有益な保険商品の提案・説明を行うことが可能となった。

「意向把握・確認義務」に係る創意工夫の事例について③

Step.1 → Step.2 → **Step.3** → Step.4　　比較推奨販売　　証跡管理
意向把握　　提案・説明　　ふりかえり　　意向確認

Step.3　「ふりかえり」に係る事例

単に保険商品を売るというだけではなく、真に顧客と向き合い、顧客とともに保険加入の必要性を「ふりかえる」という取組みが見受けられた。

	事例1 C／a	事例2 E／a
1．目的	当社では、単に保険商品を売るだけではなく、顧客とともに保険加入の必要性を考えることが重要と認識している。	当社では、募集人の提案が真に顧客の意向に沿ったものであるか、契約締結の前に組織的に検証する必要があると考えている。
2．取組事例	そのため、監督指針（Ⅱ-4-2-2(3)①ウ.）においては、自動車や不動産購入等に伴う補償を望む顧客に対する意向把握・確認にあっては、いわゆる「ふりかえり」（Step.3）は求められていないが、当社においては、①例えば、1年更新の自動車保険であっても、顧客とともに当初意向と最終意向を「ふりかえる」こと、または、数年後に顧客と一緒に「ふりかえる」ことが大切と考えるため、②特定の保険商品だけ「ふりかえり」を行わないといった異なる取扱いをすると事務ミスを招く要因にもなると考えられるため、全ての保険種目に関して、顧客とともに「ふりかえり」（Step.3）を実施している。	そのため、募集人の週次・月次のミーティングにおいて、現在折衝中の顧客に関し、「意向把握・確認シート」と顧客対応状況を記録した「記録シート」を合わせて募集人同士で確認し、「記録シート」に記載された顧客の反応などから、最終的な顧客の意向が適切な提案・説明によるものであるかを他の募集人からの目線でも検証し、そのうえで契約を締結することとしている。

3．成果		この結果として、例えば、数年後、顧客とともに「ふりかえる」ことにより気づきとなる点が増えるなど、顧客との接点が増え、より一層、顧客からの信頼を得ることにつながっていると感じている。	この結果として、ミーティングの中で他の募集人の顧客対応状況を確認することにより、顧客説明に関して良い意味で競争が起こり、各募集人が積極的に勉強するモチベーションにつながっている。 また、保険会社から還元される「お客様からの声」としてお褒めの声が届くようになったほか、他の顧客を紹介してもらえるようになり、保険契約の取扱いの増加につながっている。

「意向把握・確認義務」に係る創意工夫の事例について④

> Step.1 > Step.2 > Step.3 > **Step.4** > 比較推奨販売 > 証跡管理
> 意向把握　提案・説明　ふりかえり　**意向確認**

Step.4． 意向確認に係る事例

保険契約の締結時において、顧客自らが自身の意向に沿った保険商品であるのかを確認できるよう、顧客にとって大切な情報と時間を与えるなどの丁寧な取組みが見受けられた。

		事例1	事例2
		D／a	E／a
1．目的		当社では、例えば、災害が発生した際の顧客への影響が大きい火災保険の特約の付帯をどうするかなどを判断する際、意向把握・確認時に顧客自らが、その必要性を十分に認識しやすくすることが重要であると考えている。	当社では、顧客の保険契約に対する理解を深めるため、複数回の面会を通じて、顧客の保険に係る理解を醸成することにしており、特に、保険に関する知識が乏しいと思われる新社会人等、丁寧に対応する必要があると考えられる顧客の意向把握・確認をより明確にすることも重要と考えている。

2．取組事例		そのため、当社では、例えば、火災保険の風災、水災、地震保険といった特約の補償を、顧客の意向により、不担保とする場合には、保険会社の意向把握・確認の雛形では分かりづらいため、当社独自の意向確認書を用いて、当該不担保に係る意向確認を行っている。	そのため、新社会人等に意向把握・確認を行う際には、理解度を確認するために、例えば、3ヶ月程度といった一定期間を空けて最終確認を行うこととしている。当該期間経過後、保険に関する理解が十分であり、意向が変わっていなければ契約手続きを行うことにしている。
3．成果		この結果として、この取組みが、個人の火災保険に係る苦情やトラブルがない要因の一つになっているほか、顧客から「火災保険に係る契約状況が明瞭になり、自分の保険において何が付保されているか分かりやすくなった」という称賛の声があった。 また、火災保険のような長期保険の場合、年数が経過すると契約時の担当者が変更になる場合もあるが、当初意向の把握・確認が明瞭になっているので、別の担当者になっても情報連携がしやすくなった。	この結果として、顧客は契約手続きまでに保険商品等に関し十分に理解する時間を持つことができ、仮に、理解が不十分であるとした場合、当社では顧客に対して納得がいくまで複数回説明を行うことにより、顧客は十分な理解を持つことができる。 また、この取組みは、顧客からの信頼感の醸成に寄与しているほか、顧客の意向に適した提案に結びつき、結果として、当社の取り扱った保険契約の契約継続率が向上し、保険料の未納や苦情は一切発生していない。

「意向把握・確認義務」に係る創意工夫の事例について⑤

Step.1　Step.2　Step.3　Step.4　比較推奨販売　証跡管理
意向把握　提案・説明　ふりかえり　意向確認

比較推奨販売における事例

　比較推奨販売の適切性や推奨方針・ルールの実効性を確保するため、外部監査による「顧客の目線」に立った検証や、募集人の給与体系の在り方を含めた組織的な取組みが見受けられた。

	事例1 C／a	事例2 D／a	事例3 E／a
1．目的	当社では、比較推奨販売に関する社内規則等の定着までには、一定の時間を要してしまうことから、研修等を通じた指導・教育に加えて、ルールの実効性等を把握する必要があると考えている。	当社では、比較推奨販売や意向把握・確認義務等といった保険募集に関する法令上の義務が、顧客に対して適切に履行されていることを確認する必要があると考えている。	当社では、顧客の意向に合った適切な保険商品を提案するため、顧客に対して募集人が無理に保険契約を奨めたり、顧客の意向に沿わない保険商品を奨めないようにする必要があると考えている。
2．取組事例	そのため、募集人が同一レベルで説明することができるようトークスプリクトの作成やロールプレイング形式による研修を実施している。 また、比較推奨販売の実施状況については、責任者が「意向把握確認書」を全件チェックしているほか、比較推奨販売の適切性を検証するため、業務監査を外部監査機関に委託している。	そのため、比較推奨販売や意向把握・確認に係る社内規則等に基づく調査を、外部業者に依頼し、当該業者が相談者を装って来店し、店頭で募集人の対応の適切性を確認することで、実際の募集現場で社内規則等に基づく正しい保険募集が行われているかなど、第三者の目（顧客目線）で確認してもらっている。	そのため、募集人の給料は「固定給」とし、保険会社が行うキャンペーンや手数料ランクなどを募集人に開示していない。また、保険会社にも募集人には一切伝えないよう依頼している。 顧客対応は一募集人が担う（担当する）ことなく、例えば、来店した顧客に対し、拠点長などが同席し、隣から募集人の顧客対応を把握し、必要に応じて、助言等のサポートを行うなど、全募集人で顧客対応を行えるようにしている。これが有効にできるの

第3章 改正保険業法の解説

			も「固定給」だからこそと考えている。
3．成果	この結果として、比較推奨販売に関する社内規則等を、より実務に則したものとなるように改善した。また、募集人一人一人の理解が向上し、顧客から感謝の言葉を頂く機会が増えた。	この結果として、当社の社内規則等に沿った適切な保険募集の実効性の確認に加えて、真に顧客と向き合うといった当社募集人の姿勢も確認できた。	この結果として、上記目的達成につながるほか、例えば、契約者の保全管理業務なども全募集人でスムーズに対応できるようになるなど、顧客の利便性も高まった。

「意向把握・確認義務」に係る創意工夫の事例について⑥

> Step.1 > Step.2 > Step.3 > Step.4 > 比較推奨販売 > 証跡管理

意向把握　提案・説明　ふりかえり　意向確認

証跡管理における事例

　大切な顧客の情報を適切に保存することで、事後的な保険募集の適切性の検証に活かすだけではなく、顧客からの要望や信頼に応えられるようにするといった取組みが見受けられた。

	事例1	事例2	事例3
	D／a	D／a	E／a
1．目的	当社では、担当者不在時や災害時等、どのような状況においても顧客の対応を行い、しっかりと顧客の信頼に応えることが必要だと考えている。	当社では、顧客にしっかりと商品内容等を理解していただくとともに、その情報を適切に管理することで、顧客からの問い合わせに担当者以外の者でも対応できるようにすることが必要だと考えている。	当社では、顧客が当社とのやりとりを正確に覚えているとは限らないことから、当社の側からこれまでの折衝状況を提供することが顧客の利便に資するものであると考えている。

2. 取組事例	そのため、契約締結にあたっては、顧客意向（どういう保障が必要か。保険の目的など）や顧客属性、交渉経緯を詳細に記載した書類を、店主が全て確認のうえ、証跡として紙媒体と電子媒体の両方で保存することとしている。これにより、保険事故等が生じた場合、担当者が不在であっても顧客情報等がすぐに確認でき、また、災害発生時にパソコン等が使えない場合は、紙媒体で保存している顧客情報等を確認することで、必要な対応が可能となっている。	そのため、①顧客の基本情報、②初回の要望確認、③当初意向と最終意向の比較を含めた意向確認、④保険種別毎の必要保障（補償）範囲、⑤比較推奨に関する確認などといった商談メモ、などから構成されるシートを用いて保険募集を行うとともに、当該シートを保存・分析することで顧客に生じ得るリスクも把握している。合わせて、システム上にも当該シートの情報を保存している。	そのため、契約未成立となった顧客から、数年後に再度、相談があった場合に備え、未成立分の「意向把握・確認シート」についても、顧客との対応記録と合わせて、当分の間、保存することとし、顧客からの相談に活用している。
3. 成果	この結果として、担当者だけではなく組織としても顧客対応が行えるようになり、顧客対応時の質も向上したことから、事故時などの対応で、顧客からお褒めの言葉をいただくことが多くなった。	この結果として、募集人による保険募集の質が向上したほか、契約時に顧客にお伝えしている当社フリーダイヤル（事務の従業員が受電）に問い合わせがあった際にも、適切な対応を行うことで、顧客のための業務運営が行えていると実感している。	この結果として、顧客が覚えていない場合だけでなく、担当する募集人が変更となった場合においても、スムーズな顧客対応を行うことができるようになった。

保険代理店の規模や業務特性に応じた体制整備の状況について①

1．「PDCAサイクル」の活用について

「保険募集人の体制整備義務」(法第294条の3)に関しては、監督指針(Ⅱ-4-2-9)において、以下のとおり規定されている。

> 保険募集人においては、保険募集に関する業務について、業務の健全かつ適切な運営を確保するための措置を講じているか。
> また、監査等を通じて実態等を把握【C】し、不適切と認められる場合には、適切な措置を講じるとともに改善に向けた態勢整備を図っているか。【A】
> (1) 保険募集に関する法令等の遵守、保険契約に関する知識、内部事務管理態勢の整備(顧客情報の適正な管理を含む。)等について、社内規則等に定めて【P】、保険募集に従事する役員又は使用人の育成、資質の向上を図るための措置を講じるなど、適切な教育・管理・指導を行っているか。【D】(※当文中の【 】については、便宜上、記載したもの。)

一方、保険代理店の規模や業務特性は様々であり、それらの規模や業務特性を踏まえ分類した場合、上記の監督指針の規定(いわゆる「PDCAサイクル」の活用)に照らして、次ページ以降にあるような体制の整備が見受けられた。

2．当ヒアリングの対象とした保険代理店の規模や業務特性について

(単位：先)

		役職員：101名以上	役職員：61名〜100名	役職員：31名〜60名	役職員：11名〜30名	役職員：1名〜10名	計
		[A]	[B]	[C]	[D]	[E]	
専業代理店	[a]	8	5	12	31	25	81
兼業代理店	[b]	1	1	1	5	11	19
計		9	6	13	36	36	100

※1 「専業代理店」とは、保険会社等からの委託を受けて、生命保険募集人、損害保険募集人又は少額短期保険募集人として、そのいずれか、又はすべてのために保険募集を行う者(社)のうち、※2の兼業代理店以外の者(社)をいう。

※2 「兼業代理店」とは、※1の保険募集(業)以外に、①金融商品仲介業、②小売業、③自動車整備業などの他の業務を営む者(社)をいう。

保険代理店の規模や業務特性に応じた体制整備の状況について②

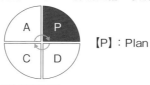

【P】：Plan

監督指針（Ⅱ-4-2-9）の規定

> 保険募集に関する法令等の遵守、保険契約に関する知識、内部事務管理態勢の整備（顧客情報の適正な管理を含む。）等について、社内規則等に定める。

様々な規模・業務特性に応じた取組事例について

以下、それぞれの取組事例に付されている［A］や［a］などの表示は、308頁の表にある保険代理店の規模（役職員数）や業務特性（専業／兼業）の別を示すものである。

社内規則等の整備関係

事例1	A／a	➢ 社内規則等については、「保険募集管理方針」のもと、「保険募集管理規程」・「顧客情報保護管理規程」・「外部委託管理規程」などの規程類を独自に策定・整備しているほか、「保険募集に関するガイドライン」や各種マニュアル、各種帳票・シートなどのサポートツールを独自に作成・活用している。また、これらの社内規則等を研修等により周知・徹底しているほか、社内イントラネットで常時閲覧を可能としている。
事例2	D／a	➢ 社内規則等の策定・整備にあっては、当社の既存の社内規則等と保険会社から提供された規程（定型）を統合する作業を行ったところ、保険会社から提供された規程（定型）には、難しい保険の専門用語が多用されていたため、当社の実務に照らして、わかりやすい単語に変更することによって、募集人の理解を容易にし、顧客に対しても、わかりやすい説明が行えるようにカスタマイズした。

専担部署(者)の設置・配置関係

事例3	A/a	➢ 適切な業務運営を確保するため、経営企画やコンプライアンス(保険募集管理を含む)、監査等を担う専門部署を設置し、それぞれの所掌業務を定めたうえで各部門に責任者を配置している。また、経営計画を策定し、定期的に開催される各種会議や委員会等において、当計画に基づく業務運営状況等を把握し、必要に応じて、改善指示を行うことができる体制を構築している。
事例4	D/a	➢ 個々の募集人毎ではなく、会社組織として契約者をサポートする必要があると考え、営業部門と事務部門などの専門部署から成る組織化を図っている。社員一人一人に得意分野を活かしつつ、分業制により会社全体で顧客対応を行うことで、業務の均一化、効率化を図るとともに、専門性をもって対応することで、顧客に対してきめ細かいサービスの提供が可能となった。
事例5	D/a	➢ 社内規則等に係る周知・徹底を図るため、店主(総括責任者)自らが朝礼や会議を通じて、打ち合わせ事項に関連する社内規則等の確認を行っているほか、社内規則等の遵守状況については、店主が、意向把握シートと顧客対応履歴や、比較推奨販売に係る記録など全件を確認し、不備事項が認められた場合には、店主が募集人を個別に指導することとしている。

保険代理店の規模や業務特性に応じた体制整備の状況について③

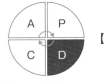

【D】: Do

監督指針(Ⅱ-4-2-9)の規定

保険募集に従事する役員又は使用人の育成、資質の向上を図るための措置を講じるなど、適切な教育・管理・指導を行っているか。

様々な規模・業務特性に応じた取組事例について

事例1	A/a	➢ 社内規則等に基づく業務が適切に行われるよう、改正保険業法に関する情報を社内ポータルサイトに掲載しているほか、募集文書に関する各保険会社のルールの一覧表や募集文書を独自に作成する際の主なチェックポイントの解説書などを作成・活用することで、募集人の育成や資質の向上を図っている。
事例2	B/a	➢ 改正保険業法の施行に伴い「保険募集管理規程」や当規程に基づく保険募集の適切な運用を図るため「保険募集マニュアル」を策定したうえで、これらの社内規則等の浸透や各部署からの疑問点へ対応するため、社内横断的なプロジェクト・チームを設置し、当プロジェクト・チームのメンバーが各営業拠点を巡回し、個別指導を実施している。
事例3	C/a	➢ 「保険募集管理規程」や「コンプライアンスマニュアル」などといった社内規則等を募集人一人一人が正確に理解することで、募集人の資質向上を図ることを目的として、社内規則等に基づく募集プロセスの注意点や所定帳票などをまとめた「募集プロセスロードマップ」や、「教育用ロールプレーVTR」を作成・活用することにより、募集人への教育・管理・指導を行っている。
事例4	D/a	➢ 社内規則等の遵守に加えて、募集人毎の経験による習熟度の違いなどを解消し、「顧客の目線」に立った良質かつ均一のサービス（保険募集）を提供することを目的として、保険募集上の様々なケース（好事例や失敗事例）に関して、会議での発表を通じて、募集人の間で事例を共有するとともに、共有された事例をフローチャート化（蓄積化）することで、保険募集の資質の向上・均一化に努めている。
事例5	D/a	➢ 保険商品が複雑化していく中、顧客対応が個々の募集人の知識等によりバラツキがあったため、顧客対応の資質向上が必要と考え、保険種目や業務内容に応じて担当者（キーパーソン）を配置した。また、ミーティング（毎週）においては、各担当者が商品改定や社内規則等の改定、顧客サービス対応などに関して、他の募集人に対して、レクチャーを行うことで、社内規則等に基づく適切な業務の遂行に加えて、募集人相互の知識の共有化やスキルアップを図っている。

保険代理店の規模や業務特性に応じた体制整備の状況について④

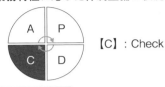

【C】：Check

監督指針（Ⅱ-4-2-9）の規定

監査等を通じて実態等を把握しているか。

様々な規模・業務特性に応じた取組事例について

事例1	A/a	➤ 社内規則等の遵守状況を確認するため、各拠点において、全ての取扱契約に係る保険募集の適切性の点検（所定のシートの記録を複数名で相互チェック）や本社によるモニタリング、さらには、内部監査を担う部署を設置し、原則、年1回、全ての拠点に対して監査を実施し、その結果を経営会議に報告（毎月）したうえで、問題点の共有、改善対応策を策定・実施している。また、意向把握・確認や比較推奨販売に係る社内ルールの遵守状況を確認するため、外部業者による調査（覆面調査）を実施し、その結果を分析し、対象となった募集人への指導に活用している。
事例2	B/b	➤ 顧客の意向を正確に把握し、適切な商品を提案しているかなど、募集人による意向把握・確認、比較推奨販売に係る社内規則等の遵守状況に加えて、保険商品の提案能力がどの水準にあるかを測るため、「意向把握シート」に関して、①当初意向と最終意向が同じ案件のみの場合は、意向把握を省略していないか、②当初意向と最終意向の変化について理由の記入がない場合は、ヒアリング方法が未熟ではないか、③最終意向が特定の商品に偏っている場合は、募集人が顧客を誘導していないか、といった観点から確認を行っている。
事例3	D/a	➤ 社内規則等においては、役職者と募集人の個別面談（週1回）を規定している。この面談では、「意向把握シート」を用いながら顧客の当初意向を踏まえた提案商品の相談や顧客の意向が複雑な場合の提案商品の適切性などを確認しているほか、商品提案後においても、提案商品の内容と顧客の反応等を振り返るこ

		とで、社内規則等の遵守状況に加えて、保険募集の適切性を検証している。
事例4	D/a	➤ 失効・解約となった全ての契約に関して、担当した募集人から調書（募集経緯や解約理由など）を提出させ、顧客の意向に適した契約であったか、募集行為が社内規則等に照らして適切なものであったか、などをコンプライアンス責任者が都度確認することとしている。 　また、仮に、問題が認められた場合には、当該募集人に対し個別指導を行うほか、必要に応じて、顧客対応（加入意思の再確認など）を管理部門が直接行うこととしている。

保険代理店の規模や業務特性に応じた体制整備の状況について⑤

【A】：Act

監督指針（Ⅱ-4-2-9）の規定

　不適切と認められる場合には、適切な措置を講じるとともに改善に向けた態勢整備を図っているか。

PDCA サイクルを活用した具体的な改善事例について

事例1	A/a	➤ 従来から実施していた自主点検や内部監査に加えて、改正保険業法の施行を受けて、業務管理部門による募集関連帳票や営業日報、苦情対応状況等のモニタリングを実施している。その中で、実務上の対応の要否も踏まえた上で検証を行い、その結果、①「意向把握シート」に関して、提案履歴等を事後検証することが可能なフォームに改定した、②契約申込後の医的診査で引受条件が付された場合に最終意向の再確認するための欄を設けたなどの見直しを行った。
事例2	A/b	➤ 「意向把握シート」の活用状況を全件チェックした結果、顧客の意向が当初から変わった場合の記載方法に書き漏れや不十分な点が認められたため、当シートの様式を改訂した（どの欄に、何を書くのかを明確にした）。その結果、当時の顧客とのや

		り取りが募集人以外の者が読んでも理解できるような有益なシートに改善された。
事例3	D/a	➤ 当初、社内規則等においては、顧客から寄せられた声を「不満足の表明」・「お叱り」・「その他」と分類・報告することとしていたが、顧客からの声を分析・検証する過程において、改善を要する苦情のみではなく、顧客から寄せられた「感謝」や「励まし」といった声も拾い、好事例として共有することとした。このように顧客からの声を経営に活かすことで、例えば、募集人が顧客対応の経過記録を詳細に記載するようになったなど、募集人一人一人の顧客対応の意識が高まった。
事例4	E/a	➤ 顧客からの申出を検証する過程において、たとえば、顧客の親族から「勝手に保険に加入させられた」と申出があったことを受けて、社内規則等を改正し、顧客が高齢者（70歳以上）の場合には、初回面談時から顧客の家族の同席を求めるほか、顧客に商品内容等をしっかり理解して頂くため、高齢者以外の顧客にあっても、極力、家族の同席を依頼することとした。その結果、顧客だけでなく、家族の方にも十分に商品説明を行うことで、顧客の家族の方との信頼関係も築けるようになった。

（資料）　内閣府金融庁、財務省財務（支）局、内閣府沖縄総合事務局

第4章

電話による保険募集を行う際の留意点

樽川 流・佐藤 寿昭・錦野 裕宗・大村 由紀子

平成27年5月の監督指針改正においては、改正保険業法の施行に伴うもののほかに、保険契約者等保護の観点から、いわゆる「テレホンマーケティング」を用いた保険募集に関する留意点に関して、以下のとおり整理を行った。

> Ⅱ-4-4　顧客保護等
> Ⅱ-4-4-1　顧客に対する説明責任、適合性原則
> Ⅱ-4-4-1-1　顧客保護を図るための留意点
> ⑸　保険会社又は保険募集人が行う電話による新規の保険募集等（転換及び自らが締結した又は保険募集を行った団体保険に係る保険契約に加入することを勧誘する行為その他の当該保険契約に加入させるための行為を含む。）は、非対面で、顧客の予期しないタイミングで行われること等から、特に苦情等が発生しやすいといった特性等にかんがみ、当該行為を反復継続的に行う保険会社又は保険募集人は、トラブルの未然防止・早期発見に資する取組みを含めた保険募集方法を具体的に定め、実行するとともに、保険募集人に対して、適切な教育・管理・指導を行っているか。
> 　また、これらの取組みについて、適切性の検証等を行い、必要に応じて見直しを行っているか。
> 　その際の取組みとしては、以下の措置を含めた適切な取組みがなされているか。
> ①　説明すべき内容を定めたトークスクリプト等を整備のうえ、徹底していること。
> ②　顧客から、今後の電話を拒否する旨の意向があった場合、今後の電話を行わないよう徹底していること。
> ③　通話内容を記録・保存していること。
> ④　苦情等の原因分析及び再発防止策の策定及び周知を行っていること。

⑤　保険募集等を行った者以外の者による通話内容の確認（成約に至らなかったものを含む。）及びその結果を踏まえた対応を行っていること。

 監督指針の規定の背景について

　当規定は、電話による保険募集は、「非対面で、顧客の予期しないタイミングで行われること等から、特に苦情等が発生しやすい」といった特性等をもつことにかんがみて、保険会社および保険募集人に対して、トラブルの未然防止・早期発見に資する取組みを求めたものである。[PC.587、588]

 当規定の適用範囲について

　当規定の適用は、業として反復継続的に電話による保険募集を行っている場合を想定している。特に、電話帳を利用した電話募集や、乗合代理店等における自組織の保有情報を利用した他保険会社の加入顧客への乗換案内を電話で行う場合などにおいては、顧客は電話がかかってくることを予期しておらず、苦情等のトラブルを惹起する懸念があるため、当規定は、このような顧客の能動的な行為を前提としない場合においても、適切な保険募集が行われることを確保するために留意点をまとめたものである。

　そのため、たとえば、顧客から保険会社または保険募集人（保険代理店）に電話連絡し、契約手続を行うものや、保険会社または保険募集人（保険代理店）のHPやコールセンターに資料請求を行った顧客に対して、後日、保険会社または保険募集人が電話と資料送付のみで保険募集を行うケースなどは、顧客の能動的な行為が起点となっていることから、当規定が対象とするものではない。

　また、営業職員などが行う既契約者に対する訪問のアポイント取得等、契約保全や既契約の更新（更改）を目的とした電話についても、当改正の趣旨に該当しない限りは、当規定にある措置を講じる必要はない。

ただし、たとえば、顧客宛てに推定した意向に基づくプランを提案するダイレクトメールを発送し、当ダイレクトメールに「後日、電話により顧客の意向を確認する」旨を付記したうえで、当ダイレクトメールの到着後に保険募集を行うこととした場合などについては、当ダイレクトメールを一方的に送付したことをもって、当規定の対象から除外されるものではない。[PC.590]

また、営業職員等が行う保険募集においても、顧客の予期しないタイミングで行われることはあり、保険会社等においては、当規定の趣旨に配慮した対応を行うことが必要と考えられる。[PC.578～586]

当規定の適用範囲に関しては、もう１つ、電話による行為が「保険募集」に該当するものか否かが問題となる。「そもそも電話による行為が「保険募集」に該当しないのであれば、当該電話による行為は当規定の対象とならない」と考えられるためである。この点については、具体的な商品説明の程度などを踏まえたうえで電話によって行われる特定の行為が監督指針Ⅱ－４－２－１(1)②ア．およびイ．に該当するか否かを総合的に判断する必要がある。[PC.589]

なお、保険募集人に対し、顧客のために行動することを求める今般の改正保険業法の趣旨等にかんがみれば、保険募集人等においては、たとえば、「具体的な商品説明の程度」について、保守的に判断し、慎重に行動することが期待されるところである。

また、当規定において、「保険募集等（転換および自らが締結した、または保険募集を行った団体保険に係る保険契約に加入することを勧誘する行為その他の当該保険契約に加入させるための行為を含む。）」を対象としたのは、転換や団体保険における加入勧奨行為についても、顧客の予期しないタイミングで行われる場合には、苦情等のトラブルを惹起する懸念が高いためである。ただし、規則第227条の２第２項各号に該当する団体（125頁参照）内において、当該団体が被保険者となるものに対して電話による加入勧奨を行う場合については、それらの行為は、当該団体内のルールに委ねられるものである

ため、当規定の対象ではない。[PC.594]

 当規定が求める具体的な措置内容について

　当規定①〜⑤にある措置については、電話による保険募集に限らず、他の商品等に関して電話を用いて販売・勧誘する場合など、いわゆる「テレホンマーケティング」を行う者のなかでは、広く一般的に講じられているものである。

　当規定の対象となる保険会社または保険募集人においては、トラブルの未然防止・早期発見に資する取組みとして、当規定にあるすべての措置に適切に応じる必要がある。[PC.595]

　各措置に係る具体的な内容や留意点としては、以下のとおりであり、保険会社または保険募集人においては、各措置を具体的に定め、実行するとともに、保険募集人に対して、適切な教育・管理・指導を行う必要があるほか、これらの取組みについて、その適切性の検証等を行い、必要に応じて見直しを行う必要がある。（図表4−1参照）

(1) 説明すべき内容を定めたトークスクリプト等を整備のうえ、徹底していること

　電話によって、顧客に対して説明する内容等が保険募集に該当するか否かに十分留意し、話者が保険募集を行う者（＝保険募集人）である場合と、非保険募集人である場合を明確に区分したトークスクリプトを策定したうえで、無登録募集（保険業法第275条）や無届募集（保険業法第302条）が生じないよう徹底する必要がある。

　また、トークスクリプトは、顧客からの質問等に応じて、個別具体的な商品内容等まで踏み込んだ説明が求められるケースなども想定したものである必要がある。

(2) 顧客から、今後の電話を拒否する旨の意向があった場合、今後の電話を行わないよう徹底していること

　顧客から、今後の電話を拒否する旨の意向が示された場合には、苦情等を

未然に防止する措置として、たとえば、当該顧客情報（データ）に印（フラグ）を付したうえで別途管理することなどにより、当該顧客に対する電話による保険募集が繰り返されないような措置を講じる必要がある。なお、この場合、たとえば、当該顧客の拒否情報を所属保険会社を通じて、他の代理店に共有することまで求められるかという問題がある。

　この点については、かかる対応は、当該顧客の意思に反する場合があるほか、当該顧客の個人情報に該当するものであることから、必ずしも、このような対応が求められるものではない。いずれにしても保険会社および保険募集人においては、個人情報に係る関係法令等にも留意したうえで、適切に対応する必要がある。[PC.596]

(3)　通話内容を記録・保存していること

　通話内容の記録・保存は、保険募集の適切性等を確保するために必要であると考えられるものであり、保険会社または保険募集人においては、事後的に精緻な確認・検証が可能な方法により行う必要がある。

　なお、監督指針において、特に規定していないが、通話内容の記録方法は、必ずしも録音に限定されるものではなく、また、通話内容の保存期間は、保険会社または保険代理店において、保険募集の適切性等を事後的に確認・検証するために適当と考えられる期間、保存することが求められるものと考える。[PC.597～601]

(4)　苦情等の原因分析および再発防止策の策定および周知を行っていること

　電話による保険募集に関するトラブルの未然防止・早期発見に資する措置を講じるうえで、まずは、苦情等の深度ある発生原因分析を行うことが重要であり、その分析結果を踏まえ、実効性のある再発防止策を策定し、周知することにより、組織としてPDCAを回していく必要がある。

(5)　保険募集等を行った者以外の者による通話内容の確認（成約に至らなかったものを含む）およびその結果を踏まえた対応を行っていること

　通話内容の確認については、必ずしも、すべての通話内容を確認することを求めているものではないが、成約に至らなかったものも含め、牽制効果を

確保するためにも、保険募集等を行った者以外の者が行い、その適切性を十分に確認する必要がある。[PC.602、603]

図表4－1　電話による保険募集上の留意点について①
（監督指針Ⅱ-4-4-1-1(5)関係）

```
┌─────────────────────────────────────────────────┐
│ 1 背景及び求められる措置                         │
```

　保険会社または保険募集人が行う電話による新規の保険募集等（注1）は、非対面で、顧客の予期しないタイミングで行われること等から、特に苦情等が発生しやすいといった特性等にかんがみ、当該行為を反復継続的に行う保険会社または保険募集人は、トラブルの未然防止・早期発見に資する取組みを含めた保険募集方法を具体的に定め、実行するとともに、保険募集人に対して、適切な教育・管理・指導を行っているか。

　また、これらの取組みについて、適切性の検証等を行い、必要に応じて見直しを行っているか。　　　　　　　　　　　→ PDCAサイクルの活用

```
┌─────────────────────────────────────────────────┐
│ 2 具体的な措置内容等                             │
```

　その際の取組みとしては、以下の措置を含めた適切な取組みがなされているか。

① 説明すべき内容を定めたトークスクリプト等を整備のうえ、徹底していること
② 顧客から、今後の電話を拒否する旨の意向があった場合、今後の電話を行わないよう徹底していること
③ 通話内容を記録・保存していること
④ 苦情等の原因分析および再発防止策の策定および周知を行っていること
⑤ 保険募集等を行った者以外の者による通話内容の確認（成約に至らなかったものを含む）およびその結果を踏まえた対応を行っていること

（監督指針Ⅱ-4-4-1-1(5)）

（注1）　転換および自らが締結したまたは保険募集を行った団体保険に係る保険契約に加入することを勧誘する行為、その他の当該保険契約に加入させるための行為を含む。
（注2）　本規定については、平成27年5月27日より適用。
（資料）　金融庁保険課作成

図表4-2　電話による保険募集上の留意点について②
　　　　（監督指針Ⅱ-4-4-1-1(5)関係）

1　適用範囲について

パブリックコメントに寄せられたご意見	金融庁の考え方
○保険会社の営業職員等が、保険募集プロセスの一部として電話にて保険募集を行う場合においては、Ⅱ-4-4-1-1(5)①～⑤で規定される措置を講じる必要はないという理解でよいか。【No.578】	○当規定は、営業職員か代理店かに関わらず、業として反復継続的に電話による保険募集を行っている場合を想定したものです。 なお、基本的には、既契約者に対する単なる訪問アポイント取得等の契約保全や既契約の更新（更改）を目的とした電話については、生保・損保に関わらず、今回の改正の趣旨に該当しない限りは、当規定にある措置を講じるなどの必要はないものと考えられますが、営業職員等が行う保険募集においても、顧客の予期しないタイミングで行うこともあり得ることから、当規定の趣旨に配慮した対応が必要と考えられます。
○当該規定については、業として反復継続的に電話による保険募集を行うための設備等を構築しているテレマ業者等が主な対象であり、例えば、保険会社の営業職員等が、保険募集プロセスの一部として電話にて保険募集を行う場合については、当該規定の対象外となるという理解でよいか。【No.579】	

2　具体的な措置内容について

パブリックコメントに寄せられたご意見	金融庁の考え方
○通話内容の保存期間についての記述がないが、適切性の検討等を行うことが可能と考えられる期間を、保険会社または保険代理店等が判断すればよいという理解でよいか。【No.601】	○通話内容の保存期間については、保険会社又は保険代理店において、保険募集の適切性等を事後的に確認・検証するために適当と考えられる期間、保存することが必要と考えられます。

（資料）　金融庁保険課作成

第5章

特別利益の提供の禁止に関する解釈の再整理について

樽川 流・佐藤 寿昭・錦野 裕宗・大村 由紀子

第1節 特別利益の提供の禁止に関する解釈の再整理の背景について

　近年、一般事業会社による保険販売ビジネスへの参入、保険会社・保険代理店と一般事業会社等の提携、募集関連行為従事者の活用・利用の拡大に加え、電子マネーの普及やポイントサービスの多様化など、保険募集・サービス提供を取り巻く環境が大きく変化してきている。

　他方、保険業法においては、保険会社等もしくは外国保険会社等、これらの役員（保険募集人である者を除く）、保険募集人または保険仲立人もしくはその役員もしくは使用人は、保険契約の締結または保険募集に関して、保険契約者または被保険者に対して、保険料の割引、割戻しその他特別の利益の提供を約し、または提供する行為をしてはならない（保険業法第300条第1項第5号）とされている。

　これは、特定の保険契約者等に対して保険料の割引、割戻し、その他の特別な利益を提供する行為は、当該保険契約者等を直接に害するものではないが、その保険契約集団における保険契約者間の平等性・公平性を損なうことになるほか、競争上の理由から過剰な保険料の割引等が行われれば、顧客の適正な商品選択を阻害するおそれや、保険業の健全な発展が阻害されるおそれもあることから、保険業法上、禁止行為とされているものである。

　また、保険募集時の規制の実効性を担保するため、特別利益の提供を約する行為も禁止されているほか、監督指針Ⅱ-4-2-2(8)においては、特別利益の提供に該当するか否かについて、「社会相当性」「換金性・使途の範囲」「公平性」等の要素から個別の事例に応じて総合的に判断されることとなっている。

こうしたなか、近年では、通信事業（たとえば携帯電話会社など）を営む兼業代理店が、通信事業の顧客に対して、保険契約への加入を条件として通信事業に関する契約に基づく顧客の支払債務（たとえば、携帯電話の利用料金など）を減免し、また、インターネット上などにおいて、保険契約に関するアンケートを募り、それに応じた顧客（契約見込客）に対して現金や商品券などを提供するとともに当該顧客の情報を保険会社や保険募集人に紹介し、当該保険会社や保険募集人から報酬（手数料等）を得ている者が出現している。そのことを受けて、一般社団法人生命保険協会等においては、保険会社や保険募集人等による新たなサービス等の提供が「特別利益の提供」に該当するか否かを判断するにあたり、より判断しやすく、また、今後、想定される環境変化等にも対応できるよう自発的な検討が行われ、そのうち法令解釈に係る事項に関して金融庁に照会がなされた。金融庁においては、同協会等から寄せられた照会事項に関して、一定の解釈を示したうえで、それらの解釈に関しては一部の保険会社や保険募集人等においてこれまでに行ってきた顧客へのサービス等の提供を見直す必要が生じる可能性が考えられることから、平成29年1月、保険業界内の他の関係団体に対して以下の節にある内容（特別利益の提供の禁止に関する解釈の再整理に関するもの）の周知・徹底を依頼したところである。

　保険会社や保険募集人等は、上記解釈に照らし、顧客へのサービス等の提供の見直しが必要なものについては、直ちに対応すべきであるが、システム開発や顧客対応等やむをえない事情により一定の期間が必要となる場合については、遅くとも平成29年度末（平成30年3月）までに対応を終える必要があるとしたところである。

第2節 具体的な解釈の再整理について

「特別利益の提供の禁止」に関する解釈の再整理は、以下にある監督指針Ⅱ-4-2-2(8)の規定に係る解釈を示したものである。

> Ⅱ-4-2-2　保険契約の募集上の留意点
> (8)　法第300条第1項第5号関係
> 　①　保険会社又は保険募集人が、保険契約の締結又は保険募集に関し、保険契約者又は被保険者に対して、各種のサービスや物品を提供する場合においては、以下のような点に留意して、「特別利益の提供」に該当しないものとなっているか。
> 　　ア．当該サービス等の経済的価値及び内容が、社会相当性を超えるものとなっていないか。
> 　　イ．当該サービス等が、換金性の程度と使途の範囲等に照らして、実質的に保険料の割引・割戻しに該当するものとなっていないか。
> 　　ウ．当該サービス等の提供が、保険契約者間の公平性を著しく阻害するものとなっていないか。
> 　　なお、保険会社は、当該サービス等の提供を通じ、他業禁止に反する行為を行っていないかについても留意する。
> 　（注）　保険会社又は保険募集人が、保険契約者又は被保険者に対し、保険契約の締結によりポイントを付与し、当該ポイントに応じた生活関連の割引サービス等を提供している例があるが、その際、

> ポイントに応じてキャッシュバックを行うことは、保険料の割引・割戻しに該当し、法第4条第2項各号に掲げる書類に基づいて行う場合を除き、禁止されていることに留意する。

当規定の遵守主体について

【監督指針の規定】（再掲）

> 保険会社又は保険募集人が、保険契約の締結又は保険募集に関し、保険契約者又は被保険者に対して、各種のサービスや物品を提供する場合においては、以下のような点に留意して、「特別利益の提供」に該当しないものとなっているか。　　　　　　　（監督指針Ⅱ-4-2-2(8)）

　当規定の遵守主体は、保険業法第300条を遵守する立場にあるものである。
　具体的には、保険会社等もしくは外国保険会社等これらの役員（保険募集人である者を除く）、保険募集人または保険仲立人もしくはその役員もしくは使用人となるが、これらの者が直接、特別利益の提供をしない場合であっても、保険業法第300条第1項第8号に基づき保険会社等もしくは外国保険会社等の特定関係者（保険業法第100条の3（たとえば、一般事業会社が、保険会社に出資し、主要株主となる場合には、保険業法第100条の3により当該事業会社は当該保険会社の特定関係者となりうる））が特定の利益の供与を約し、または提供していることを知りながら、保険契約の申込みをさせる行為についても当該規制の対象となる。
　また、規則第234条第1項第1号においては、なんらの名義によってするかを問わず、保険業法第300条第1項第5号に規定する行為の同項の規定による禁止を免れる行為を禁止していることから、たとえば、他業を兼業する保険募集人が他業の顧客に対して各種のサービスや物品等の提供を行う場合や、保険会社や保険募集人からの委託、または、それに準ずる関係等にある

第三者が行う場合であっても、それらサービス等の費用を保険会社や保険募集人等が実質的に負担していたり、顧客への訴求方法等によって保険契約の締結、または、保険募集に関して行われたと認められる場合には、保険業法第300条第1項第5号または第9号に該当しうることに留意する必要がある。

したがって、たとえば、通信事業（たとえば、携帯電話会社など）を営む兼業代理店が、通信事業の顧客に対して、保険契約への加入が条件であることの訴求とあわせて、通信事業に関する契約に基づく顧客の支払債務（たとえば、携帯電話の利用料金など）を減免する行為は禁止行為に該当すると考えられる。

また、規則第234条第1項第1号を踏まえると、いわゆる「リーズ業者（見込み客の紹介、見込み客の情報の販売等を行う業者）」等の募集関連行為従事者が見込み客等に現金や商品券等を提供する場合は、保険会社または保険募集人等に防止措置が課せられている募集規制（特別利益の提供）の潜脱に該当しうると考えられる（監督指針Ⅱ-4-2-1(2)①）。したがって、保険会社または保険募集人等は、募集関連行為従事者に募集関連行為の委託等を行う場合には、これを踏まえ、特別利益の提供等の募集規制の潜脱につながる行為を行っていないか管理する必要があることに留意する必要がある。

これらの募集関連行為従事者による見込み客に対して現金や商品券などを提供する行為は、直ちに、保険業法第300条第1項第5号に規定する保険募集に関する「特別利益の提供」に該当する行為ではないものの、たとえば、紹介を受けた保険代理店等が当該顧客に対して保険募集を行うことで、かかる行為と保険募集に一体性・連続性が生じることとなれば、規則第234条第1項第1号の規定を踏まえ、当該保険募集を行った保険会社や保険募集人等は、当該顧客を紹介した者を通じて「特別利益の提供」を行ったと解される可能性があることに留意する必要がある。

また、136頁にある「規則第227条の2第2項に該当するか否かを問わず団体保険の形式を利用して、保険業法第300条第1項に規定する禁止行為などの募集規制を潜脱すること」には、特別利益の提供の禁止（同条第1項第5

号）も含まれることにも留意する必要がある。

保険業法第300条第１項（保険契約の締結等に関する禁止行為）
　保険会社等若しくは外国保険会社等、これらの役員（保険募集人である者を除く。）、保険募集人又は保険仲立人若しくはその役員若しくは使用人は、保険契約の締結、保険募集又は自らが締結した若しくは保険募集を行った団体保険に係る保険契約に加入することを勧誘する行為その他の当該保険契約に加入させるための行為に関して、次に掲げる行為（自らが締結した又は保険募集を行った団体保険に係る保険契約に加入することを勧誘する行為その他の当該保険契約に加入させるための行為に関しては第１号に掲げる行為（被保険者に対するものに限る。）に限り、次条に規定する特定保険契約の締結又はその代理若しくは媒介に関しては同号に規定する保険契約の契約条項のうち保険契約者又は被保険者の判断に影響を及ぼすこととなる重要な事項を告げない行為及び第９号に掲げる行為を除く。）をしてはならない。ただし、第294条第１項ただし書に規定する保険契約者等の保護に欠けるおそれがないものとして内閣府令で定める場合における第１号に規定する保険契約の契約条項のうち保険契約者又は被保険者の判断に影響を及ぼすこととなる重要な事項を告げない行為については、この限りでない。
　五　保険契約者又は被保険者に対して、保険料の割引、割戻しその他特別の利益の提供を約し、又は提供する行為
　八　保険契約者又は被保険者に対して、当該保険契約者又は被保険者に当該保険会社等又は外国保険会社等の特定関係者（第100条の３（第272条の13第２項において準用する場合を含む。第301条において同じ。）に規定する特定関係者及び第194条に規定する特殊関係者のうち、当該保険会社等又は外国保険会社等を子会社とする保険持株会社及び少額短期保険持株会社（以下この条及び第301条の２において「保険持株会社等」という。）、当該保険持株会社等の子会社（保険会社等及び外国保

険会社等を除く。）並びに保険業を行う者以外の者をいう。）が特別の利益の供与を約し、又は提供していることを知りながら、当該保険契約の申込みをさせる行為

保険業法第100条の3（特定関係者との間の取引等）
　保険会社は、その特定関係者（当該保険会社の子会社、当該保険会社の保険主要株主、当該保険会社を子会社とする保険持株会社、当該保険持株会社の子会社（当該保険会社を除く。）その他の当該保険会社と政令で定める特殊の関係のある者をいう。以下この条において同じ。）又はその特定関係者の顧客との間で、次に掲げる取引又は行為をしてはならない。ただし、当該取引又は行為をすることにつき内閣府令で定めるやむを得ない理由がある場合において、内閣総理大臣の承認を受けたときは、この限りでない。
　一　当該特定関係者との間で行う取引で、当該保険会社の取引の通常の条件と著しく異なる条件で行う資産の売買その他の取引
　二　当該特定関係者との間又は当該特定関係者の顧客との間で行う取引又は行為のうち前号に掲げるものに準ずる取引又は行為で、当該保険会社の業務の健全かつ適切な運営に支障を及ぼすおそれのあるものとして内閣府令で定める取引又は行為

保険業法第300条（保険契約の締結等に関する禁止行為）
　保険会社等若しくは外国保険会社等、これらの役員（保険募集人である者を除く。）、保険募集人又は保険仲立人若しくはその役員若しくは使用人は、保険契約の締結、保険募集又は自らが締結した若しくは保険募集を行った団体保険に係る保険契約に加入することを勧誘する行為その他の当該保険契約に加入させるための行為に関して、次に掲げる行為（自らが締結した又は保険募集を行った団体保険に係る保険契約に加入するこ

とを勧誘する行為その他の当該保険契約に加入させるための行為に関しては第1号に掲げる行為（被保険者に対するものに限る。）に限り、次条に規定する特定保険契約の締結又はその代理若しくは媒介に関しては同号に規定する保険契約の契約条項のうち保険契約者又は被保険者の判断に影響を及ぼすこととなる重要な事項を告げない行為及び第9号に掲げる行為を除く。）をしてはならない。ただし、第294条第1項ただし書きに規定する保険契約者等の保護に欠けるおそれがないものとして内閣府令で定める場合における第1号に規定する保険契約の契約条項のうち保険契約者又は被保険者の判断に影響を及ぼすこととなる重要な事項を告げない行為については、この限りでない。

　九　前各号に定めるもののほか、保険契約者等の保護に欠けるおそれがあるものとして内閣府令で定める行為

規則第234条（保険契約の締結又は保険募集に関する禁止行為）

　法第300条第1項第9号に規定する内閣府令で定める行為は、次に掲げる行為とする。

　一　何らの名義によってするかを問わず、法第300条第1項第5号に規定する行為の同項の規定による禁止を免れる行為

　第二号〜第十九号　（略）

第2項〜第8項　（略）

　また、保険会社が保険募集人に対して、特定の募集関連行為従事者への委託等を推奨している場合や保険会社の商品の販売量を供与・継続の条件として募集関連行為従事者に対する紹介料を負担する場合等には、保険会社は自らが募集関連行為従事者に委託等を行う場合と同等の管理（上記推奨等の停止を含む運営の改善措置等を含む）等を行うべきと考えられる。

Ⅱ-4-2-1　適正な保険募集管理態勢の確立

(2)　「募集関連行為」について

　契約見込客の発掘から契約成立に至るまでの広い意味での保険募集のプロセスのうち上記(1)に照らして保険募集に該当しない行為（以下、「募集関連行為」という。）については、直ちに募集規制が適用されるものではない。

　しかし、保険会社又は保険募集人においては、募集関連行為を第三者に委託し、又はそれに準じる関係に基づいて行わせる場合には、当該募集関連行為を受託した第三者（以下、「募集関連行為従事者」という。）が不適切な行為を行わないよう、例えば、以下の①から③の点に留意しているか。

　また、保険会社は、保険募集人が、募集関連行為を第三者に委託し、又はそれに準じる関係に基づいて行わせている場合には、保険募集人がその規模や業務特性に応じた適切な委託先管理等を行うよう指導しているか。

（注１～注４）（略）

① 　募集関連行為従事者において、保険募集行為又は特別利益の提供等の募集規制の潜脱につながる行為が行われていないか。

② 　募集関連行為従事者が運営する比較サイト等の商品情報の提供を主たる目的としたサービスにおいて、誤った商品説明や特定商品の不適切な評価など、保険募集人が募集行為を行う際に顧客の正しい商品理解を妨げるおそれのある行為を行っていないか。

③ 　募集関連行為従事者において、個人情報の第三者への提供に係る顧客同意の取得などの手続が個人情報の保護に関する法律等に基づき、適切に行われているか。

　　また、募集関連行為従事者への支払手数料の設定について、慎重な対応を行っているか。

> （注）　例えば、保険募集人が、高額な紹介料やインセンティブ報酬を払って募集関連行為従事者から見込み客の紹介を受ける場合、一般的にそのような報酬体系は募集関連行為従事者が本来行うことができない具体的な保険商品の推奨・説明を行う蓋然性を高めると考えられることに留意する。

なお、この場合、募集関連行為従事者と保険会社や保険募集人との間における顧客情報の取扱いに関しては、顧客同意を適切に行うなど個人情報保護法等に基づき適切に対応する必要がある。

　「保険契約の締結又は保険募集に関し」について

保険業法第300条第1項第5号においては、保険契約の締結または<u>保険募集に関して、</u>特別利益の提供を約し、または、提供する行為が禁止されている。

これを受けた監督指針Ⅱ-4-2-2(8)の「保険募集に関し」という記載は、一般的に勧誘の段階を含むものであり、「保険募集」の前後を含めてとらえるものと考えられる。

したがって、ある行為が保険会社または保険募集人等が行う募集行為と時間的に連続していないことをもって、直ちに「保険募集に関し」に該当しないことにはならないことに留意する必要がある。

　「経済的価値」「社会相当性」の解釈について

> ア．当該サービス等の経済的価値及び内容が、社会相当性を超えるものとなっていないか。　　　　　（監督指針Ⅱ-4-2-2(8)①）

(1)　「経済的価値」について

「経済的価値」とは、保険会社・保険募集人等（保険募集人等である一般事

業会社を含む）が負担しているものをいう。

他方、保険会社・保険募集人等ではない一般事業会社が負担するサービス等はここでいう「経済的価値」に含まれないが、その実質的な負担者が保険会社・保険募集人等と認められる場合は「経済的価値」に含まれうることに留意する必要がある。

(2) 「社会相当性」について

「社会相当性」の判断にあたっては、当該サービス等の「経済的価値及び内容」の二面から検討する必要がある。

当該サービス等の提供が保険加入の意思を決定づける程度の価値を有するものであるならば、特別利益の提供に該当することとなるが、その程度は一般的に個人の価値観や保険料の水準等によっても異なるものであるため、具体的かつ定量的な基準等を画一的に設けることは困難であり、個別事例に基づき総合的に判断することとなる。

なお、保険業法第300条第1項第5号は、保険契約の締結または保険募集に関して特別利益の提供を行うことなどを禁止しているものであり、社会的儀礼として行われる慶弔関係等（香典・結婚祝い・中元・歳暮・祭りの寄付等）や、保険契約の締結または保険募集に関する提供とは認められないカレンダーの配布等は、同条同項同号には該当しない。

 「換金性の程度と使途の範囲等」について

> イ．当該サービス等が、換金性の程度と使途の範囲等に照らして、実質的に保険料の割引・割戻しに該当するものとなっていないか。
>
> （監督指針Ⅱ-4-2-2(8)①）

保険業法第300条第1項第5号（前段）において、保険料の割引・割戻しが禁じられていることから、割引・割戻しそのものである現金の提供は当然認められないが、ポイントサービス、金券類の形態であっても、実質的な保

図表 5 − 1 「特別利益の提供の禁止」に関する解釈の再整理について

	資金決済に関する法律第 3 条第 1 項（前払式支払手段）に該当	資金決済に関する法律第 3 条第 1 項（前払式支払手段）に非該当
現金・電子マネー（含む交換可能）	**電子マネー** ✕ ※なお、現金は、前払式支払手段ではないが、保険料の割引・割戻しそのものである。	**現金や電子マネーに交換（チャージ）できるもの** ✕ ※（現金・電子マネーへの交換が可能な他のポイント等サービスに交換することで）間接的に交換機能を有しているものも特別利益の提供に該当する。
現金・電子マネー以外	**前払式支払手段に該当するもの（資金決済に関する法律第 3 条第 1 項）** ✕	（使途の範囲と社会相当性の双方の程度を踏まえ総合的に判断） ○ 使途の範囲〔狭い〕／使途の範囲が広いと認められるのは〔特別利益〕に該当。 ✕ 幅広い商品等の購入・交換ができるポイントサービス・金券類等は〔特別利益〕に該当。 （例：大型のショッピングモール内で利用可能なポイント、大型の量販店や通販サイト内での利用可能なポイント、幅広い商品と交換できるカタログギフト等）

第 5 章　特別利益の提供の禁止に関する解釈の再整理について

険料の割引・割戻しに当たるものは、「特別利益」に該当することに留意する必要がある。

　より具体的には、「当該サービス等」を提供する場合には、その「当該サービス等」が以下に該当する場合には、「特別利益」の提供に抵触することに留意する必要がある。

① 　現金や電子マネーに交換（チャージ）できるものは、一般的に換金性が高いと認められるほか、たとえば、「資金決済に関する法律（以下、「資金決済法」という）」（平成21年法律第59号）第3条に定義する「前払式支払手段」に該当するものについても、物品やサービス等の購入等に用いる手段であり、実質的に現金と同等の機能を有するものであること等から、実質的な保険料の割引・割戻しに該当すると考えられることに留意する必要がある。

② 　上記に該当しない場合であっても、使途の範囲と社会相当性の双方の程度を踏まえて判断する必要があることに留意する必要がある。

　なお、幅広い商品の購入・交換ができるポイントサービス・金券類等は「使途の範囲」が広いと認められることから、「特別利益」に該当するものと考えられる。たとえば、ショッピングモール内で利用可能なポイント、大型の量販店や通販サイト内で利用可能なポイント、幅広い商品と交換できるカタログギフト等である。（図表5－1参照）

5　「公平性」について

> ウ．当該サービス等の提供が、保険契約者間の公平性を著しく阻害するものとなっていないか。　　　　　　（監督指針Ⅱ-4-2-2(8)①）

　「公平性」については、保険契約者間の公平性を保つ必要があるものの、実際の保険募集時においては、必ずしも、全員に平等ということにはならないものである。

ただし、過度なサービス提供等によって、「著しく公平性を阻害するもの」であってはならないことに留意する必要がある。

6 その他

(1) なお書きについて

> なお、保険会社は、当該サービス等の提供を通じ、他業禁止に反する行為を行っていないかについても留意する。（監督指針Ⅱ-4-2-2(8)①）

「なお書き」は、サービス等の提供を通じて保険業法第100条の他業禁止に触れないよう留意すべきとする確認的な注意喚起を趣旨とするものであり、保険会社が自らは提供できない「他業」に関するサービス提供先を紹介して、紹介先からマージンを受け取る等した場合、実質的には保険会社が当該サービス等を業として提供するのと同等になりうることに留意する必要がある。

(2) クレジットカードによる保険料収納に係るポイントの解釈について

> （注）　保険会社又は保険募集人が、保険契約者又は被保険者に対し、保険契約の締結によりポイントを付与し、当該ポイントに応じた生活関連の割引サービス等を提供している例があるが、その際、ポイントに応じてキャッシュバックを行うことは、保険料の割引・割戻しに該当し、法第4条第2項各号に掲げる書類に基づいて行う場合を除き、禁止されていることに留意する。（監督指針Ⅱ-4-2-2(8)①）

クレジットカード会社等の第三者が費用を負担しているサービスで「保険料の収納」によりポイントを付与されるもの（保険契約の締結または保険募集に関する提供ではないもの）は、「特別利益の提供」には該当しないと考えられる。

なお、カード会社等が保険代理店である等いろいろなバリエーションが想定されるので、上記に該当しない場合は、個別・具体的に検討・判断すべきと考えられる。

おわりに

　「保険商品・サービスの提供等の在り方に関するワーキング・グループ（WG）」（平成24年6月開始）から数えて4年の歳月を経た、平成28年5月、改正保険業法が施行された。
　あらゆる環境は、4年の歳月の間に少なからず変化するものである。
　この間、保険募集の現場においても、あらゆる変化があり、その多くは、今回の改正保険業法の施行に伴う「変化」に対応するためのものであったのではないだろうか。
　平成25年7月、自身が現職に就いた時、机上にはWG報告書が置かれていた。
　もちろん、私自身は、保険WGの議論の内容なども把握していないどころか、「保険募集」という言葉の定義さえ正確に理解してない状況であった。その後の改正法案の策定・成立、監督指針の改正などを行う過程においては、業界団体と数百時間におよぶ意見交換を通じて、保険会社における実務の把握に努めたほか、実際に保険代理店へ出向いて保険募集の現場を知ることなどに努めたものである。
　今日では、プリンシプル・ベースの行政が指向・実施されているところであるが、今回の「意向把握・確認義務」（法第294条の2）などは、法令ではプリンシプルな規定を定めておきながら、監督指針においては、詳細な規定（ルール）を設けることとなった。また、保険募集人の体制整備義務（法第294条の2）に関しては、「保険募集人の規模や業務特性に応じた体制整備といっても、自らは、何をしてよいのかわからない」といった声も聞かれた。
　今回の改正法による新たなルールが、将来にわたる環境変化のなかで、「ただルールを守ればよい」といった姿勢のみでは、それらの形骸化や形式化を避けることはできないものと考えている。これらのルールを、決して守ることだけを目的とするだけではなく、常に、「顧客のために、自身はどれ

だけ役に立てるのか。そのために何をすればよいのか」と顧客の立場に立った視点から、プリンシプルに沿った自らの立場で考えてみると、その時々において、自らが担うべき一つひとつの目的と行動がみえてくるのではないだろうか。

めまぐるしい環境の変化や顧客ニーズの多様化に万能なルールなどは存在しないものと考え、そんな思いから、監督指針においても『創意工夫』という言葉を用いることで、保険会社や保険募集人自らの行動と責任に委ねたところである。

日頃、霞が関で働く自分は、保険募集の「現場」や「実務」にいちばん遠いところにいるように感じている。

そんな自分が、改正保険業法の対応状況等を確認するためのヒアリングの際に面談したある代理店主は、「保険募集の現場に携われることを誇りに思っている。お互い、自らの仕事に「誇り」をもとうではないか」といって、にこやかに笑い、手を差し出してくれた。その店主の顧客に対する真っ直ぐな姿勢や、穏やかな笑顔、そして、握った手の力強さに、今後の保険募集の現場のあるべき姿をみたような気がした。

このヒアリングの実施を通じて、全国各地で保険募集に従事される保険代理店の皆様の直向きな姿勢や声に触れることができ、私自身強い感銘を受けた。お忙しいなか、快く、ご対応頂けた代理店の店主ならびに役職員の方々には、この場をお借りして深くお礼を申し上げたい。

また、一般社団法人 日本損害保険代理業協会 野元敏昭専務理事のご理解・ご協力のもと、

 株式会社 トータル（長崎県諫早市）　永木保史様
 株式会社 ヒューマン＆アソシエイツ（福岡県福岡市）　生島秀一様
 有限会社 宮地商店（愛知県豊川市）　宮地良和様、宮地幸江様
 株式会社 グッド・サポート（福岡県福岡市）　中島克海様
 株式会社 オフィストゥーワン（大阪府吹田市）　芳賀孝之様ならびに社員の方々、

におかれましては、皆様の経営理念や日頃からの取組みの紹介などを通じて、私に多くの気づきを与えていただけたことに深く感謝申し上げます。

　今後、皆様の益々のご活躍を祈念しております。

　末筆ながら、本書の出版にご協力を頂いた、中川一志様、清水宗一郎様、中島英博様、松垣元彦様、白藤文祐様に感謝申し上げるとともに、本書の出版をご快諾くださり、種々のご配慮・ご指導を承った株式会社きんざいの田島正一郎様、伊藤雄介様、池田知弘様に深く感謝し、心より御礼申し上げます。

平成29年6月

　　　　　　　　　　　　　　　　　　内閣府　金融庁　監督局　保険課
　　　　　　　　　　　　　　　　　　保険サービス監視専門官

　　　　　　　　　　　　　　　　　　　　　　　佐藤　寿昭

改正保険業法の解説
──顧客のための保険募集の実現に向けて

2017年9月7日　第1刷発行

著　者　樽　川　　　流
　　　　佐　藤　寿　昭
　　　　錦　野　裕　宗
　　　　大　村　由紀子
発行者　小　田　　　徹
印刷所　株式会社日本制作センター

〒160-8520　東京都新宿区南元町19
発　行　所　一般社団法人 金融財政事情研究会
企画・制作・販売　株式会社きんざい
　出版部　TEL 03(3355)2251　FAX 03(3357)7416
　販売受付　TEL 03(3358)2891　FAX 03(3358)0037
　URL http://www.kinzai.jp/

・本書の内容の一部あるいは全部を無断で複写・複製・転訳載すること、および磁気または光記録媒体、コンピュータネットワーク上等へ入力することは、法律で認められた場合を除き、著作者および出版社の権利の侵害となります。
・落丁・乱丁本はお取替えいたします。定価はカバーに表示してあります。

ISBN978-4-322-13047-8